Am-NA-a-8

Am-NA-a-8

Kanada

Walter Weiss

Kanada

Von Neufundland zu den Rocky Mountains

Kümmerly + Frey Geographischer Verlag Bern
BLV Verlagsgesellschaft München Bern Wien

Graphische Gestaltung: Kümmerly + Frey, Geographischer Verlag, Bern
Kartographie und Druck: Kümmerly + Frey, Bern
Photolithos: E. Kreienbühl & Cie AG, Luzern
Einband: Stämpfli + Cie AG, Bern
© 1976 Kümmerly + Frey, Geographischer Verlag, Bern
Printed in Switzerland ISBN 3-405-11015-7

Inhalt

Walter Weiss	Einführung	6
George Woodcock	Das Volk	17
Diamond Jenness	Die Indianer	23
James Houston	Die Eskimos	29
Morley Thomas	Boden und Klima	41
F. H. Montgomery	Flora und Fauna	57
Walter Weiss	Wirtschaft	81
	Verkehr	101
	Kultur	117
	Kanada und die Welt	125
Paul St. Pierre	Britisch-Kolumbien	141
Thomas Saunders	Die Prärieprovinzen	147
John S. Moir	Ontario	165
Thomas Sloan	Quebec	173
Will R. Bird	Die Meerprovinzen	189
Walter Weiss	Der Norden	203

Einführung

Von den Kanadiern sagt man, sie seien die grösste kleine Nation der Welt – und hat damit das Typische von Land und Leuten erfasst. Das zweitgrösste Land der Erde hat eine Bevölkerungszahl, die erst an 31. Stelle nach der von China als dem drittgrössten Land erscheint. Nichts prägt Kanada mehr als dieses Ungleichverhältnis von Grösse und Bevölkerung. Da liegen von den rund 10 Millionen Quadratkilometern (genau sind es 9 976 137 km² mit Binnengewässern, wie der Almanach ergänzend angibt) 96% also 9,6 Millionen Quadratkilometer, brach – nur knapp 5% der kanadischen Fläche sind unter Kultur genommen. Wenn die Technik des Menschen weiterhin so fortschreitet wie im letzten Jahrhundert, werden es in einigen Jahren oder Jahrzehnten 7% sein – mehr nicht, dann ist die natürliche Grenze noch so extensiver Landnutzung erreicht. Diese fünf Prozent, so wenig sie erscheinen mögen, ergeben ein Areal von der Grösse Frankreichs.

Aber auch das vom Menschen nicht kultivierte Land wird genutzt – 45% der kanadischen Fläche sind von Wald bestanden, 750 000 km² sind Seen oder Flüsse und bilden damit die grösste Frischwasserreserve der Welt. Der Waldreichtum hat Kanada in die Spitzenposition der Holzverarbeitung und des Holzexportes gedrängt.

Nur an Menschen ist Kanada arm: die grösste kleine Nation zählt 22 480 000 Einwohner. Europa, genauso gross wie Kanada, in eine Vielzahl von Staaten zersplittert, bietet rund 660 Millionen Menschen Lebensraum – ein Vergleich, der deutlich zeigt, wie dünn Kanada besiedelt ist. Die Dichtezahl von 2,2 beweist es. Dichtezahlen aber sind etwas Statistisches – und Statistiken muss man erst lesen lernen. Was hilft die Aussage, dass in Kanada auf jedem Quadratkilometer 2,2 Menschen leben, wenn nur ein Achtel der Riesenfläche tatsächlich besiedelt ist? Was soll der Dichtewert, wenn zwei Drittel der 22,5 Millionen in Städten leben, in denen die Bevölkerungsdichte auf 1000 und mehr ansteigt? Man muss die verschiedenen Angaben in richtige Relation setzen und wissen, dass diese 22,5 Millionen Kanadier entlang eines maximal 500 km breiten Streifens nördlich des 49. Breitenkreises leben, der Grenze gegen die USA. Die 3,5 Millionen Quadratkilometer des Nordens sind von nur 50 000 Menschen besiedelt – soweit man von Besiedlung sprechen kann in einem Land, das nur einige wenige Vorposten und Versorgungsstützpunkte kennt und das in grossen Teilen noch von keines Menschen Fuss betreten worden ist.

Es ist ein unglaubliches Land, dieses Kanada – und nicht nur für den Geographen erscheint seine Form und Besiedlungsgeschichte in vielen Fällen eigenartig. Da dehnt sich ein Staat zwischen zwei Weltmeeren über 5000 km von West nach Ost. Vom südlichsten Punkt, der auf der Breite von Neapel liegt, misst er 4500 km bis zu den nördlichsten Landesteilen der Ellesmere-Insel – und wenn man für die politischen Grenzen das arktische Sektorenprinzip anwendet, reicht Kanada bis zum Nordpol, weitere 1000 km über Packeis. Dieses ungeheure Areal kennt nur wenige Landschaftsformen: den mächtigen Schild des Ostens, die Zone der Prärien in der Mitte von Land und Kontinent, das mehrfach gegliederte Rückgrat der Neuen Welt, die Rocky Mountains im Westen und das Gebiet des Kanadischen Archipels im Norden, das von den Geologen auch Inuit-Region – nach Inuit = Eskimos – genannt wird. Nirgendwo kleinräumige Kammerung wie in Europa, keine Beckenlandschaften oder schmalbemessene Tieflandstreifen, keine isolierten Gebirgsstöcke oder windungsreiche, malerische Flusstäler, an deren Hängen der Wein gedeiht. Nein, in Kanada ist alles grossräumig, weitflächig, einfach.

Tagelang ist der Reisende durch die Schildregion des Ostens unterwegs, begleitet von der undurchdringlichen Mauer der Wälder, die rechts und links die Strassen Ontarios begleiten. Tagelang braucht der Autofahrer, um die scheinbar endlosen Prärien zu durchmessen, in denen nur der weite Horizont das Gesichtsfeld begrenzt. Behäbiges Hügelauf und -ab prägt die Prärien, unterbrochen nur von den bunt leuchtenden Getreidesilos. Dann taucht plötzlich die Mauer der Rockies aus der Ebene, beeindruckend und faszinierend in ihren 3000 relativen Höhenmetern. 600 km Bergwelt sind zu überwinden, 600 km Urlandschaft, die der Mensch nur auf wenige Meter breiten Adern, dem bescheidenen Strassennetz Britisch-Kolumbiens, bewältigt – dann erst steht der Reisende am Pazifik, dem «friedlichen» Ozean, der auf Victoria Island oder den Queen-Charlotte-Inseln nicht so ruhig ist.

Stunden braucht das Flugzeug, um über die schweigende, bis tief in den Sommer hinein vom Schnee bedeckte Landschaft des endlosen Nordens zu fliegen, hinaus über die Grenzen des Waldes, hinweg über die einsame Tundra bis zur Inselwelt des Kanadischen Archipels. Es gibt wenige Kanadier, die ihr Land in seiner ganzen Grösse kennen. Wer war schon auf Baffin-Land oder in Inuvik? Wer nimmt schon die beschwerliche Reise nach Whitehorse oder Dawson City auf sich? London, New York und San Francisco sind näher, und die Binnenwanderung des Kanadiers, wenn er sein Domizil in eine andere Stadt verlegt, zielt noch immer nach dem Westen: die Provinzen der Zukunft heissen Alberta und Britisch-Kolumbien.

Diese Weite des Landes hat den Charakter seines Volkes geprägt. Was sind schon hundert Meilen, wenn man am Abend ausgehen möchte? Wenn der Bewohner Ottawas einen Opernbesuch plant, fährt er mit Liebe und Begeisterung die 150 km nach Montreal, um nach genossener Galavorstellung wieder denselben Weg heimzufahren. Welcher Schweizer fährt schon wegen eines Abends von Bern nach Genf, welcher Österreicher von Wien nach Linz, welcher Franzose von Paris nach Reims? Für den Kanadier sind das keine Strecken, und auch im Urlaub reist der Kanadier mit Vorliebe über Entfernungen, die in Europa nur vom Skandinavier erreicht werden, wenn er an die Costa Brava chauffiert.

Der Kanadier ist noch immer Pionier: wenn er mit seinem Wohnwagen losfährt, sein Land kennenzulernen, wenn er sich in den Norden seiner Provinzen zum Angeln oder Jagen zurückzieht oder sich entschliesst, nach Britisch-Kolumbien oder gar in das Yukon-Territorium zu gehen, um dort härter zu arbeiten, aber auch weit mehr zu verdienen als im Osten.

Das vorliegende Buch soll dieses riesige Land und seine sympathischen Bewohner dem Leser nahebringen. Wer immer auszieht, dieses Land zu entdecken – bereuen wird er es sicher nicht.

Wien, 1976   Walter Weiss

1 Gardemusikkorps vor den kanadischen Parlamentsgebäuden, Ottawa
2 Die Royal Canadian Mounted Police
3/4 Rodeo in Calgary, Alberta
5–10 Angehörige sechs verschiedener Volksgruppen Kanadas
11 Strassenkehrer aus Chinatown, Vancouver
12 Studenten in der Gastown von Vancouver
13 Junge Indianerinnen aus Kenora, Ontario
14 Farmerporträt, Ontario
15 Detailaufnahme eines Totempfahles aus Lake Louise, Alberta
16 Häuptling der Blackfoot, des mächtigsten Indianerstammes um 1700
17 Häuptling der büffeljagenden Kootenay-Prärie-Indianer
18 Blackfoot-Indianer auf Büffeljagd in den Grossen Ebenen, 18. Jahrhundert
19 Indianerzelt (Tepee), wie es früher von den Stoney-Indianern Albertas verwendet wurde

2 △

3

4

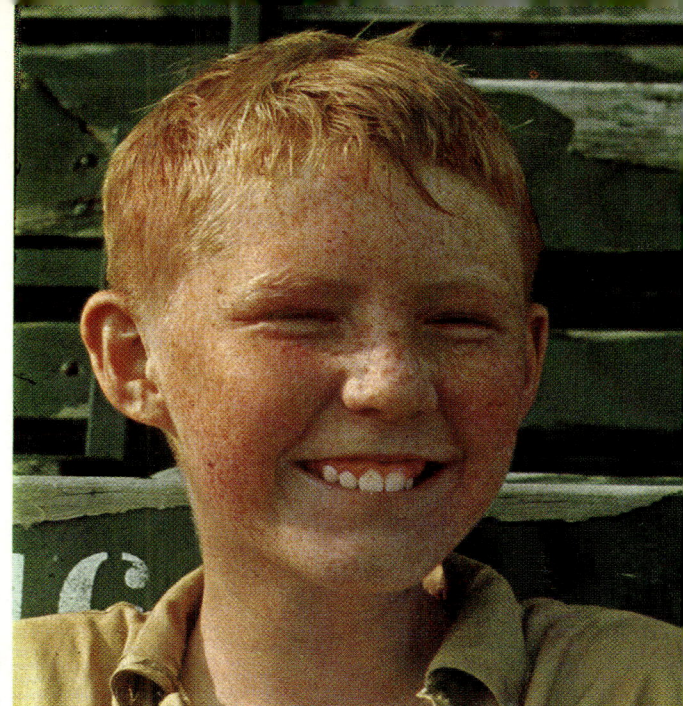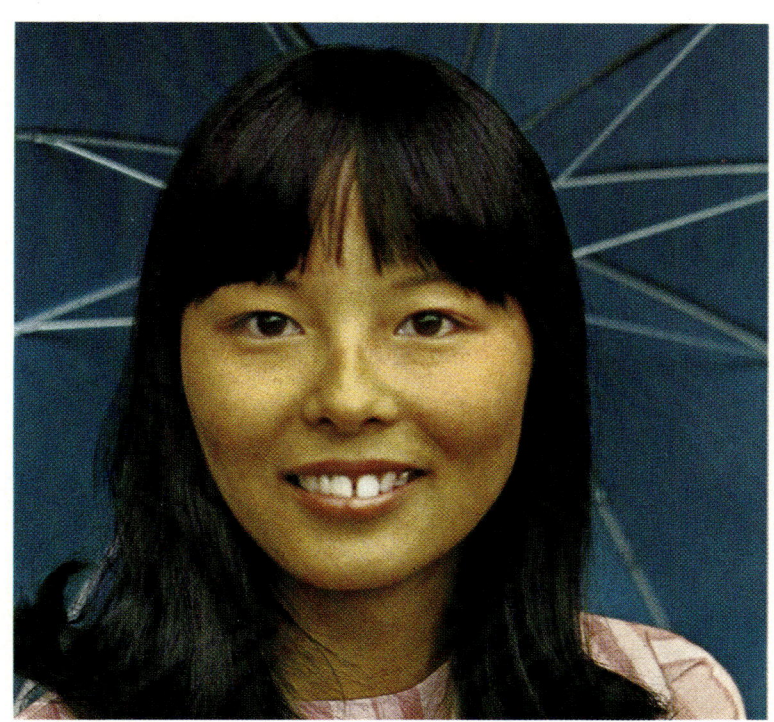

12
13
14

19

Das Volk

Ein leeres nördliches Land von Wäldern und Prärien mit unendlich weiten Räumen, durch die sich vom Atlantik bis hin zum Pazifik die Eisenbahnen wie Silberschlangen winden, wo der Schnee in langen Monaten im Winde liegt, wenn nicht auf den Feldern, wo in kurzen Sommern der Weizen golden wogt und die Flüsse von Lachsen überquellen: Mit diesem Bilde verbinden viele auch heute ein Pionierland Kanada, das der ersten Erschliessung seiner Naturschätze harrt. In ihrer Vorstellung lebt eine Galerie kanadischer Porträts fort: der gedrungene Habitant von Quebec auf seinem Farmlandstreifen längs des St. Lorenz, der Homesteader in der Einsamkeit der Prärien, die Trapper und Prospektoren auf ihrem Wege nordwärts zu den Tundren, die Mounties auf Schlitten über zugefrorenen Gewässern und die Holzfäller vor der Küste des Pazifik.

Auf frühere Zeiten wird diese Darstellung zutreffen, doch heute ist sie überholt. Zwar leben Nachkommen dieser Gestalten auch im modernen Kanada und werden sich wie dieses verändert haben; aber sie sind nicht länger die typischen Vertreter seines Volkes. Denn gerade im 20. Jahrhundert hat sich in diesem Land eine grundlegende Wandlung vollzogen: Landwirtschaft und Holzaufarbeitung, Bergbau und Fischfang wurden von den aufstrebenden Industrien in den Hintergrund gedrängt und büssten ihre beherrschende Rolle ein. Von neun Kanadiern lebt nur mehr einer aus den Erträgnissen der Farm, und die meisten Einwohner sind, wenn überhaupt, nur in den Ferien noch im Freien tätig.

Im Jahre 1976 zählt Kanada 22,5 Millionen Menschen. Von ihnen leben nur ungefähr 30% auf etwa 8 Millionen Quadratkilometern, die übrigen bewohnen vorwiegend schmale Landstreifen von weniger als 20% der Landesfläche. Im Raume des Yukon und der Nordwest-Territorien, die sich zusammen über 3,5 Millionen Quadratkilometer erstrecken, liessen sich kaum fünfzigtausend nieder, da ein grosser Teil dieser Gebiete nördlich des Arktischen Polarkreises liegt. Bevölkerungsmässig war die Anziehungskraft des hohen kanadischen Nordens zu keiner Zeit bedeutend. Die Massenbewegung der letzten Jahrzehnte verlagerte sich auf die kleinen und grossen Städte, in denen sich heute 76% der Gesamtbevölkerung zusammenballen. Unter den Französisch sprechenden Grossstädten der Welt folgt Montreal nach Paris an zweiter Stelle, und Toronto wuchs zur Zweieinhalb-Millionen-Stadt heran. In den Städten des Prärieölgürtels Edmonton und Calgary stieg die Bevölkerung allein im vergangenen Jahrzehnt um das Doppelte an.

Geht mit der raschen Wandlung der Kanadier zu einem urbanen Volk auch ein stärkerer Trend zur Gleichschaltung einher, wie er beim Stadtleben wohl unvermeidlich ist, so blieben doch Merkmale regionaler Verschiedenheit in Sitten, Bräuchen und im Erbgut der zahlreichen Rassen des kanadischen Völkermosaiks unverkennbar erhalten. Zahlenmässig bilden die Abkömmlinge der Briten mit ungefähr 44% auch heute die grösste Volksgruppe gegenüber 30% französischen Ursprungs, während die Angehörigen der ethnisch heterogenen Minderheit vor allem europäischer Herkunft sind und grösstenteils in den Jahren nach Ende des Zweiten Weltkriegs einwanderten.

Mit Ausnahme der Indianer und der Eskimos sind alle Kanadier in Wirklichkeit Einwanderer oder Nachkommen von Einwanderern, die nach 1535 kanadischen Boden betraten. In diesem Jahre hatte Jacques Cartier bei Stadacona, dem heutigen Quebec, sein erstes Winterquartier aufgeschlagen. Zur Zeit seiner Ankunft lebten im ganzen Lande nicht mehr als 250 000 Ureinwohner. Die Irokesen des St.-Lorenz-Tales waren die ersten kanadischen Farmer; in der Nähe ihrer Dörfer pflanzten sie Mais, Tabak und Getreide. An der fernen Pazifikküste lebten zu gleicher Zeit wohlhabende Fischerstämme, die ihren Reichtum grossen Lachserträgen verdankten. Sie bauten Dörfer aus massiven Holzhütten, entwickelten Rituale und schufen eine der grossen Traditionen früher Kunst, mit der die Totempfahl-Skulpturen in Beziehung gebracht wurden. Doch waren diese verhältnismässig sesshaften Völker eine Minderheit unter den Eingeborenen Kanadas. Die Mehrzahl durchstreifte als Jäger und Sammler die grossen Prärien und Waldgebiete Zentralkanadas und die baumlosen Einöden des Nordens.

Im 19. Jahrhundert begannen auf diesem Kontinent bisher unbekannte Krankheiten wie Pocken und Masern Indianer und Eskimos in wachsender Zahl dahinzuraffen, die um die Wende des 19. zum 20. Jahrhundert noch hunderttausend betrug. Die Klage vom aussterbenden Roten Mann schien tragischerweise berechtigt. Nach dem Rückgang der Epidemien stieg die natürliche Zuwachsrate jedoch erneut und höher als die irgendeiner andern ethnischen Gruppe an. Heute dürfte es wieder eine Viertelmillion Indianer geben.

Erforschung und Einwanderung

Die ersten Europäer, die den Versuch einer Besiedlung Kanadas unternahmen, scheinen Altnorweger gewesen zu sein, die Ende des 10. Jahrhunderts von Grönland aus in See stachen, die Küsten Labradors erforschten und sich für kurze Zeit auf einem Landstreifen niederliessen, den sie *Vinland* nannten, dessen Lokalisierung in den heutigen Meerprovinzen archäologisch bisher jedoch nicht gelang. Diese frühen Bewohner des Nordens verliessen ihre Stützpunkte in der Neuen Welt, ohne sich mit der Urbevölkerung vermischt zu haben. Erweisen sich die kürzlich vorgebrachten Theorien des Historikers Oleson als richtig, dann siedelten sich gewisse norwegische Jäger in der Arktis an, vereinigten sich mit den Eingeborenen und gründeten so eine Seitenlinie der modernen Eskimorasse.

Bleibt diese Annahme zunächst ungestützt, so waren nach verbrieftem Wissen die ersten Einwanderer in Kanada Franzosen, die im frühen 16. Jahrhundert mit Jacques Cartier an Land gingen. 1608 errichteten sie unter Champlain eine Siedlung nahe der heutigen Unterstadt Quebecs. Die ersten Ankömmlinge in der Frühzeit Neufrankreichs waren hauptsächlich Pelzhändler und Missionare, die an der Errichtung einer permanenten Kolonie nicht interessiert waren. Der urkundlich erste europäische Farmer auf dem Boden der späteren Provinz Quebec war ein früherer Apotheker namens Louis Hébert, der um 1617 hier ankam und während Jahren sein Land in Einsamkeit bebaute.

Die wirkliche Kolonisierung kanadischen Gebietes begann 1633 unter der Schirmherrschaft Kardinal Richelieus. Die ersten Seigneurs und Grossgrundbesitzer wohnten damals längs des St. Lorenz und besiedelten ihre Ländereien mit Familien aus dem französischen

Mutterland, deren Nachfahren heute noch in Quebec leben. Frauenmangel liess die Kolonie anfänglich stagnieren; diesem Missstande begegnete man durch das Aufgebot von über tausend Bauernmädchen im französischen Mutterlande, die auf Frachtschiffen nach Kanada verbracht wurden, um jene Soldaten und vormals kontraktlich verpflichteten Diener des Königs zu heiraten, die sich hier niederzulassen bereit waren.

Mit der wachsenden Bevölkerung dieser Kolonie begannen die Habitants auch die Ufergebiete des St. Lorenz und einiger seiner Nebenflüsse zu besiedeln, wo sie Wälder rodeten und Farmen mit engen Wasserfronten bauten. Andere wurden Pelzhändler und Trapper, *Coureurs de bois*, die in den immensen Wäldern westlich von Quebec wie Eingeborene lebten und auf ihren Erkundungsstreifzügen bis ins Herz des Kontinents vorstiessen. Kleinstädte erstanden: Montreal, Quebec, Trois-Rivières; selbst ein Miniaturhofstaat bildete sich um den Gouverneur. Eine Provinzialaristokratie trat in Szene, deren Angehörige sich schon zu Beginn des 18. Jahrhunderts als *Canadiens* betrachteten, um sich von den hochmütigen Franzosen des Mutterlandes zu distanzieren.

Doch blieb die Bevölkerungszahl Neufrankreichs klein. Es wird angenommen, dass vor der Eroberung durch die Briten 1760 nicht mehr als zehntausend Auswanderer nach Kanada gekommen waren: alle Franzosen und alle katholisch, da die Hugenotten von der Kolonie strikte ausgeschlossen wurden. Nach Übernahme der französischen Besitzungen durch die Engländer betrug die Zahl der Frankokanadier bereits 65 000. In den letzten zwei Jahrhunderten müssen sich diese in ausserordentlicher Weise vermehrt haben; denn es lebten nach der Volkszählung 1971 nicht weniger als fünfeinhalb Millionen von ihnen im Lande. Hinzu kommen rund eine Million Nachfahren jener Kanadier französischen Ursprungs, die nach Neuengland emigriert waren. In verhältnismässig kurzer Zeit hat sich somit der französische Anteil der Bevölkerung Kanadas verhundertfacht.

Heute leben die Frankokanadier vor allem in der Provinz Quebec, dem Neufrankreich Cartiers und Champlains, oder in den Grenzgebieten von Neubraunschweig und Nordontario. Bei der Erschliessung Westkanadas spielten sie im Dienste der *North West Company* und der *Hudson's Bay Company* eine wichtige Rolle als Begleiter der forschenden Pelzhändler des frühen 19. Jahrhunderts.

Zwei Jahre nach der Gründung Quebecs durch Champlain wurden 1610 die ersten englischen Siedlungen auf Neufundland ins Leben gerufen; ihre Bewohner waren mehrheitlich Engländer und Iren der unteren sozialen Stufen, die dem Dorschfang nachgingen. In Neuschottland hatten sich Engländer und Franzosen in der Ausübung der Macht seit dem ersten misslungenen französischen Versuch zur Besiedlung Akadiens im Jahre 1604 abgelöst. Die erste britische Kolonie von Dauer wurde aber erst 1749 in Halifax gegründet, das später als Kriegshafen zu Bedeutung gelangen sollte. Nach der Eroberung von 1760 schlugen die britischen Handelsleute ihren Wohnsitz in den französischen Städten längs des St. Lorenz auf. Die erste grosse Einwandererwelle setzte nach dem amerikanischen Unabhängigkeitskrieg ein, als Bewohner der aufständischen Kolonien, die *United Empire Loyalists*, sich nach Norden wandten, um nicht unter amerikanischem Regime leben zu müssen. Sie strömten nach Neuschottland, Quebec und in die Gebiete der heutigen

Provinzen Ontario und Neubraunschweig; später trafen dort auch Amerikaner britischer Herkunft von Neuengland ein. Einwanderer aus Grossbritannien begannen im Laufe des frühen 19. Jahrhunderts in ständig zunehmenden Kontingenten kanadisches Territorium zu betreten, wählten Cape Breton zu ihrer neuen Heimat und schufen in Nordostkanada die Grundlage zahlreicher schottischer Kolonien.

Andere Höhepunkte britischer Immigration waren in Kanada die Niederlassung schottischer und irischer Siedler in der Red River Colony der Prärien im Jahre 1812 und der Rush nach dem Golde in Britisch-Kolumbien, der 1858 begann und im fernen kanadischen Westen in der Folge zu einer britischen Bevölkerungsmehrheit führte. Seit dieser Zeit hielt der starke Zustrom von Einwanderern aus England unvermindert an und war nur in den Jahren der grossen Wirtschaftsdepression und zur Zeit der beiden Weltkriege unterbrochen. Die Erschliessung des Westens in der Zeitspanne zwischen 1880 und dem Ersten Weltkrieg brachte die verschiedensten Menschengruppen nach Kanada. So erschienen hier erstmals Asiaten, wenn auch in kleiner Zahl. Chinesen arbeiteten als Lastenträger beim Bau der *Canadian Pacific Railway* und geben heute Städten der Pazifikküste wie Victoria und Vancouver den Hauch eines fernöstlichen Gepräges. Zu gleicher Zeit zogen Einwanderer aus Ost- und Mitteleuropa in die Prärieprovinzen, arbeiteten bei den Eisenbahnen und schlugen überall auf dem Gebiete der Great Plains ihre Wohnstätten auf, wo die Möglichkeit zum Anbau von Weizen bestand. Ihre körperliche Robustheit war einer der ausschlaggebenden Faktoren der Erschliessung dieses Landesteils. Heute bilden die kontinentaleuropäischen [nichtfranzösischen] Emigranten fast die Hälfte aller Einwohner der Prärieprovinzen. Unter ihnen überwiegen die Ukrainer, deren zwiebelförmige Kirchen in der Landschaft ein vertrauter Anblick sind.

Das wechselvolle Bild des kanadischen Völkermosaiks muss vor dem Hintergrund des sozialen Wandels, vor allem aber vor den beiden Hauptpfeilern des kanadischen Fortschritts, der Industrialisierung und der Urbanisierung, betrachtet werden. Im Jahre 1901 hatte Kanada noch ländlichen Charakter; seine Arbeitskräfte lebten zu 50% von den Erträgnissen des Bodens, und gross war die Zahl derer, die für den Lebensunterhalt direkt von den Farmern abhängig waren. Das Leben spielte sich damals in kleinen Städten, Dörfern und Gehöften ab, und zu einer Zeit, da nur wenige Verbindungswege bestanden und das Transportwesen noch kaum entwickelt war, dämmerten die von fernen Mutterländern nach Kanada eingeführten Bräuche und Sprachformen in ziemlicher Abgeschiedenheit dahin. Abgelegene Weiler in den nördlichen Prärien waren der Spiegel der Bewohner, die sie verlassen hatten, und in den Farmen auf Cape Breton war Gälisch immer noch Umgangssprache. Gleichzeitig fassten neue Lebensformen Fuss, blühten auf und schwanden dahin, wie die durch finnische Sozialisten auf der fernen Insel Sointula Britisch-Kolumbiens gegründete Utopische Kolonie und der praktizierende Christliche Kommunismus einiger tausend Russen der Duchoborzensekte, den sie während nahezu dreissig Jahren in einsamen Bergtälern westlich der Rocky Mountains aufrechterhielten.

Heute werden Einzelfarmen mehr und mehr von grossen mechanisierten Landwirtschaftsbetrieben absorbiert, die Zahl der Dörfer sinkt, und ihre Bewohner werden von den

Agglomerationen der Städte und Industrien, der Verwaltungssiedlungen und der Universitäten aufgenommen. Hinzu kommt ein weiterer Faktor, der sich in einer Beschleunigung der Tendenz zur Gleichförmigkeit auswirkt: die unmittelbare Nähe der mächtigen, kulturell aufdringlichen Vereinigten Staaten längs der viertausendachthundert Kilometer langen Landgrenze Kanadas. Durch diese hochpermeable Grenze können sich die Kanadier praktisch frei bewegen, hören amerikanische Radioprogramme, sehen amerikanische Television und lesen amerikanische Magazine. Der von Seattle nordwärts nach Vancouver oder von Buffalo nach Toronto reisende ausländische Besucher wird seine Mühe haben, kanadische Städte von amerikanischen zu unterscheiden. Er wird denselben Supermarkets und Shopping-Centers begegnen, derselben vorstädtischen Bautätigkeit, demselben Werbestil, derselben Kleidermode und denselben Teenagermarotten.

Ein besonderes Volk

Nach einigen Wochen Aufenthalt im Lande wird der Besucher zum Schlusse kommen, dass Kanada ausser im kontinentalen Sinne nicht Amerika ist und dass das kanadische Volk zahlreiche Verhaltensmerkmale trägt, die weit mehr sind als blosse örtliche Eigenheiten. Nach Lebensstil und Erscheinung unterscheidet sich zum Beispiel der Einwohner Vancouvers von jenem des Neufundländers, dessen Einkommen weit niedriger ist und den die Arbeitslosigkeit stärker bedroht. Mit dem Bewohner Torontos wird sich der Vancouveraner auch schon deshalb nicht vergleichen lassen, weil er nicht in extremem, sondern in gemässigtem Klima lebt, weil Meer und Berge seine Umwelt sind und er in viel grösserer Entfernung von New York, dem Zentrum amerikanischen Einflusses, wohnt.

Noch anschaulicher ist der Fall der Frankokanadier. In Quebec, wo mehr als fünf Millionen von ihnen leben, hat sich der Übergang von ländlichem zu städtischem Leben, von Landwirtschaft zu Industrie im vergangenen Vierteljahrhundert in grossem Tempo vollzogen und war in den letzten zehn Jahren von einem geradezu revolutionären Wandel des sozialen Verhaltens begleitet. Der auf der Hierarchie von Priestern und Rechtsgelehrten beruhende traditionelle Konservatismus des alten Quebec mag in einigen Dorfschaften fortleben; in den Städten aber ist er einer radikalen und aggressiven Demokratie gewichen und hat zu einem brüsken Aufflackern von Bestrebungen nationalistischer Tendenz geführt. Die Erhaltung von französischer Sprache und Kultur und die Anerkennung einer französischen Nation innerhalb der Grenzen Kanadas sind heute so brennende Fragen geworden, dass sie die politische Einheit des Landes zeitweise zu erschüttern drohen. Sozial progressiv, doch stolz auf ihr historisches Erbe, antiamerikanisch und öfters als vielleicht wünschbar antibritisch, stellen die Franzosen der modernen kanadischen Nation einen Machtfaktor im Kampfe gegen eine Verschmelzung mit einer wie auch immer gearteten amerikanischen Massenkultur dar.

In der ihm eigenen schweigsamen Art ist der Anglokanadier nicht weniger unabhängigkeitsbewusst. Das Streitgespräch über die Identität Kanadas, darüber, ob sie existiert und was sie bedeutet, scheint die Intellektuellen der Städte und der Hochschulen dauernd zu beschäftigen. Dass sie das Problem bisher keiner Lösung haben näherführen können, hindert sie nicht daran, die Kanadier als besonderes Volk zu betrachten, auch wenn sie unsicher sind in der Frage, worauf diese Besonderheit beruht.

Vielleicht müssen wir den Kanadier als politisches Wesen kennenlernen, um zu erkennen, wie sehr er sich wirklich von seinem amerikanischen Nachbarn unterscheidet. Kanada hat nicht eine präsidentielle, sondern eine parlamentarische Regierungsform. Sie entspringt nicht zuletzt der Neigung des Volkes, dem Bilde des Grossen Bruders, wie es sich um politische Gestalten südlich seiner Grenze rankt, misstrauisch gegenüberzustehen. Die politische Überempfindlichkeit der Kanadier zeigt sich auch darin, dass sie im Unterschied zu den beiden auswechselbaren Parteien der Vereinigten Staaten nicht weniger als fünf Parteien auf Bundesebene unterstützen und in provinziellen Fragen oft ganz anders als in Belangen des Bundes stimmen. In Alberta und Britisch-Kolumbien waren *Social Credit*-Regierungen mehrere Jahre an der Macht, doch sind sie im Unterhaus von Ottawa nur durch sehr wenige Mitglieder ihrer Partei vertreten. Kanadier werden auch seltener als Amerikaner von politischer Panik erfasst, und Hexenjagden à la McCarthy wurden hierzulande stets mit Unbehagen verfolgt. Aus demselben Grunde ist die kanadische Tendenz zu radikaler politischer Haltung auch grösser. So findet in Kanada zum Beispiel die aufstrebende sozialistische Bewegung «Neue Demokratische Partei» Unterstützung, die in Ottawa über eine starke Minderheit verfügt und in Saskatchewan lange Zeit regierte.

Kanada und Vereinigte Staaten: Vergleiche drängen sich auf, und die Kanadier werden nicht müde, solche anzustellen. Sie sind sich bewusst, zwischen dem machtvollen Nachbarn im Süden und der arktischen Wildnis im Norden zu leben. Es erfüllt sie mit Genugtuung, wenn nicht mit Selbstgefälligkeit, in Nuancen toleranter und unabhängiger als ihre Nachbarn zu sein; doch zwingt sie ihre Lage zu einer gewissen Bescheidenheit des Verhaltens, und sie haben gelernt, auf ihre leicht hochmütige Art ironisch herabzublicken. Die Kanadier sind durchaus mit dem Gedanken vertraut, dass ihr Land in absehbarer Zukunft die mittlere Macht bleibt, die es heute ist, und dass es weder in der Lage sein wird, die Welt zu retten noch sie zu beherrschen.

Die Indianer

In den letzten fünfzig Jahren haben kanadische Archäologen in seit Jahrtausenden unberührtem Boden Speerspitzen und andere vom Menschen geformte Gegenstände gefunden. Von welcher Rasse sie stammten, woher diese kam und welches ihr Schicksal war, weiss niemand. Zwischen Atlantik und Pazifik wurden an hundert verschiedenen Stellen ausser andern Spuren auch Knochen von Menschen entdeckt, die zu Beginn des christlichen Zeitalters gelebt haben müssen. Diese Überreste lassen uns einen flüchtigen Blick auf die Gemeinschaft kleiner Indianertrupps werfen, die hier über Stromschnellen setzten, dort an Land gingen, an Seeufern ihre Zelte errichteten und in den heutigen Provinzen Ontario und Britisch-Kolumbien feste Wohnstätten bauten, wo sie während Jahrzehnten oder Generationen sesshaft wurden.

Um das Jahr 1000 nach Christus hob sich der Schleier der Vergangenheit für kurze Zeit, als nordische Abenteurer über den unbekannten Ozean nach Westen und Süden segelten und an den Küsten von *Vinland* landeten, das vermutlich Neufundland war. Mit einiger Besorgnis nahmen sie eines Tages neun Fellboote wahr, die sich ihnen vom Meer her näherten und von «fremden Menschen mit breiten Backenknochen und pechschwarzem Haar» gerudert wurden. Es war die erste Begegnung von Europäern mit den Eingeborenen Kanadas und das erste Zusammentreffen dieser Ureinwohner mit den Menschen von jenseits des Atlantik. Dann fiel der Vorhang erneut für fünf Jahrhunderte und hob sich erst wieder, als 1535 der französische Forscher Jacques Cartier den St. Lorenz hinauffuhr und an der Stelle des modernen Quebec das Land betrat.

Zur Zeit der Ankunft Cartiers konnten die Indianer, zusammen mit den Eskimos, das ganze kanadische Territorium zu Recht als ihren Besitz betrachten. Doch war das Land so ausserordentlich gross und so spärlich bewohnt, dass man Hunderte von Kilometern ins Innere vordringen konnte, ohne einem Menschen zu begegnen. In ihrer Hautfarbe unterschieden sich die Indianer nur leicht von den Europäern, obschon einige von hellerer Farbe als andere waren und die Gesichter der Prärie-Indianer gerötet schienen. Die Siedler der Pazifikküste waren untersetzter als die in den östlichen Gebieten lebenden, ihr Gesicht flacher und breiter, ihre Augen fast unmerklich geschlitzt und ihre teilweise mongoloide Herkunft verratend.

Das war die Urbevölkerung Kanadas vor langer Zeit. Heute haben sich viele ihrer früheren Züge gewandelt oder sind ganz verschwunden, nachdem sie vierhundert Jahre mit Weissen zusammengelebt und sich mit ihnen vermischt haben.

Die voreuropäische Bevölkerung war so ungleichmässig über das Land verteilt, wie es die Weissen waren, die ihr folgten. Von der Umwelt abgeschieden und dem Steinzeitalter noch kaum entwachsen, waren die Indianer in über fünfzig Stämme zersplittert und sprachen elf Sprachen, die miteinander so wenig gemeinsam hatten wie Englisch und Arabisch. Aus einigen dieser Sprachen entwickelten sich besondere Dialekte. Viele der Stämme lebten in unabhängigen Gruppen und kontrollierten eigene Jagdgründe und Fischgewässer. In nicht mehr als drei Regionen hatten sie sich zu Gemeinschaften zusammengeschlossen und permanente oder halbpermanente Dörfer gebaut: an der Pazifikküste mit ihren Seehunden und Seeottern, Walen und Lachsen, sowie in Südontario und im oberen Sankt-Lorenz-Tal, das Irokesen vom Ohio-Becken wenige hundert Jahre vor Ankunft des Kolumbus betreten und besetzt hatten. Am Ohio River oder tiefer im Süden betrieben diese Indianer eine Art Ackerbau, der fünf- bis sechstausend Jahre früher in den Hochländern Südmexikos seinen Ursprung hatte. Und Irokesen waren es, die als erste Maiskorn, Bohnen und Tabak in Kanada einzuführen begannen.

Die Irokesen jener Zeit waren nicht eigentlich Farmer, eher Gärtner in unserem Sinne. Es fehlten ihnen die Zugtiere der Alten Welt, Pflüge, Eggen und Metallwerkzeuge. Das Bewässern des Bodens und die Erhaltung seiner Fruchtbarkeit waren ihnen fremd. Zum Zwecke der Rodung der damals unermesslichen Hartholzwälder Südontarios schnitten ihre Krieger die Bäume mit Steinäxten in Ringe, fällten sie mit Feuer und verbrannten Stämme und Zweige. Nachdem sie Saat unter die Stümpfe gestreut hatten, zogen sie auf Jagd und überliessen die Betreuung der Pflanzen ihren Frauen. Jahr für Jahr bewirtschafteten sie denselben Boden, und nur wenn ihm nichts mehr abzuringen war, rodeten sie in einiger Entfernung neuen Wald, verliessen ihr Dorf und richteten es dort wieder auf.

Verbunden mit Jagd und Fischfang bot diese primitive Art des Ackerbaus den Irokesen ebenso reichlich Nahrung wie den Indianern der Pazifikküste der Lachs ihrer Flüsse. Gerade dieser Nahrungsüberfluss gestattete es den Bewohnern dieser beiden Regionen, sich dauernd oder zeitweise niederzulassen und den Wintermonaten zuversichtlich entgegenzusehen. Die verhältnismässig lange Zeit ihrer Untätigkeit begünstigte politische und soziale Entwicklungen, welche bei rentier- oder büffeljagenden Stämmen ohne Dauerquartiere undenkbar waren.

An den Küsten von Britisch-Kolumbien, wo in günstigem Klima gigantische Zedern mit feiner Maserung wuchsen, die sich mit Breitbeilen leicht fällen liessen, bauten die Indianer in der Nähe ihrer Fischgewässer geräumige Plankenhäuser. Es entwickelten sich quasifeudale Gemeinschaften von Adligen, Nichtadligen und Sklaven, denen die Pflege der Malerei, des Holzschnitzens und des Webens von Kleidern aus Zedernborke übertragen wurde. Sie trugen auch zur lebendigen Folklore bei, die auf ihre Art romantisch war.

Wir vergleichen die Indianer der Pazifikküste am besten mit den Griechen der Antike, obwohl sie bis in geschichtliche Zeiten Analphabeten und Wilde waren. Die Irokesen ihrerseits glichen eher den Römern. Durch ihren Ackerbau gefestigt, setzten sie sich die politische Expansion zum Ziele und wurden im Osten Kanadas bald herrschend, bis die Intervention französischer und englischer Siedler ihrem Streben ein Ende setzte. Bald darauf bewiesen die Indianer ihr politisches Talent bei der Bildung einer Konföderation, eines Miniaturstaatenbundes. Mit der Taktik von Opportunisten ergriffen sie im Laufe des englisch-französischen Ringens um die Vorherrschaft in Nordamerika für die gewinnende Seite Partei und erhoben Anspruch auf den Status eines Alliierten, sobald der Kampf beendet und die Schlacht geschlagen war.

Das Pferd

Den Ureinwohnern Nordamerikas war das Pferd unbekannt. Zu Fuss durchstreiften einige Indianertrupps die offenen Prärien, pirschten sich auf Bogenschussdistanz an Büffelherden heran, jagten sie über Abgründe oder trieben sie in kreisförmige Gehege. Beim ersten Schneefall zogen sich die Jäger mit ihren Familien in den Schutz der Wälder zurück und verbrachten den Winter in Pfahlhütten, die sie mit Tierfellen oder Baumrinden bedeckten. Dann erschienen Kolumbus und seine Nachfolger; sie brachten spanische Pferde nach Mexiko und damit den Beginn einer völligen Umwälzung auf dem Kontinent. Viele der Tiere streunten, verwilderten und verbreiteten sich in nördlicher Richtung nach den Vereinigten Staaten, wo sie von Indianern eingefangen und zur Büffeljagd abgerichtet wurden. Der Erfolg war gewaltig. Er schlug nicht nur die alten Präriebewohner in seinen Bann, auch die ackerbauenden Indianerstämme verliessen ihre Kornfelder, um an dem atemraubenden Abenteuer teilzunehmen. Das Unvermeidliche geschah. Galoppierende Pferde und flüchtende Büffel begannen die ohnehin unklaren Grenzen der Territorien zu verwischen, friedliche Stämme prallten mit kriegerischen zusammen, und die Prärien wurden zum grossen Schlachtfeld, auf dem die Indianer einander um den Preis von Skalps und Pferden bekämpften.

Im frühen 18. Jahrhundert erreichte dieser Krieg-plus-Büffel-Komplex den kanadischen Raum und zeitigte hier dieselben Folgen wie in den Vereinigten Staaten. Indianische Jäger nördlich des Lake Superior und westliche jenseits der Rocky Mountains stiessen in den Central Plains aufeinander. An die Stelle der primitiven Bogen und Pfeile waren Vorderladergewehre getreten, die hundert Jahre später vom noch tödlicheren Repetiergewehr verdrängt wurden. Schliesslich kam die Transkontinentale Eisenbahn. Indem sie die Wanderrouten der Büffelherden durchschnitt, besiegelte sie das Schicksal dieser Tiere. Ihre Herden wurden immer kleiner, bis sie fast aufgerieben waren und die unglücklichen Indianer verstört auf der Prärie zurückblieben. Um sie vor drohender Hungersnot zu bewahren, schuf die kanadische Regierung Indianerreservate, wo sie im Führen von Farmbetrieben unterrichtet wurden.

Eine vierte Gruppe kanadischer Ureinwohner, die Algonkin, bewohnte das Gebiet zwischen den Prärien und dem Atlantik, mit Ausnahme einiger fruchtbarer Landstriche in Südontario, die ihnen die Irokesen abgerungen hatten. Der Algonkin ist der klassische Märchenbuchindianer mit seinem Schlitten, Schneeschuh, Wigwam und dem Birkenrinden-Kanu. In den Seen fing er Forellen und Hechte, in den Flüssen Lachse. Durch die Wälder seiner Heimat zogen Schwarzbär, Elch, Karibu, Weisswedelhirsch, Stachelschwein, Waschbär und zahlreiches Kleinwild. Algonkin waren es, die den ersten weissen Siedlern Kunde von der kanadischen Wildnis brachten, die Champlain, La Vérendrye und andere Forscher westwärts ins Innere des Kontinents und nach Norden zur Hudson Bay führten. Sie waren die Pioniere der grossen Wasserrouten der frühen Pelzhändler, die auf dem Mackenzie River zum Arktischen Ozean fuhren, via Peace River die Rocky Mountains durchquerten und Britisch-Kolumbien erreichten. Tausende im nördlichen Waldgürtel der drei Prärieprovin-

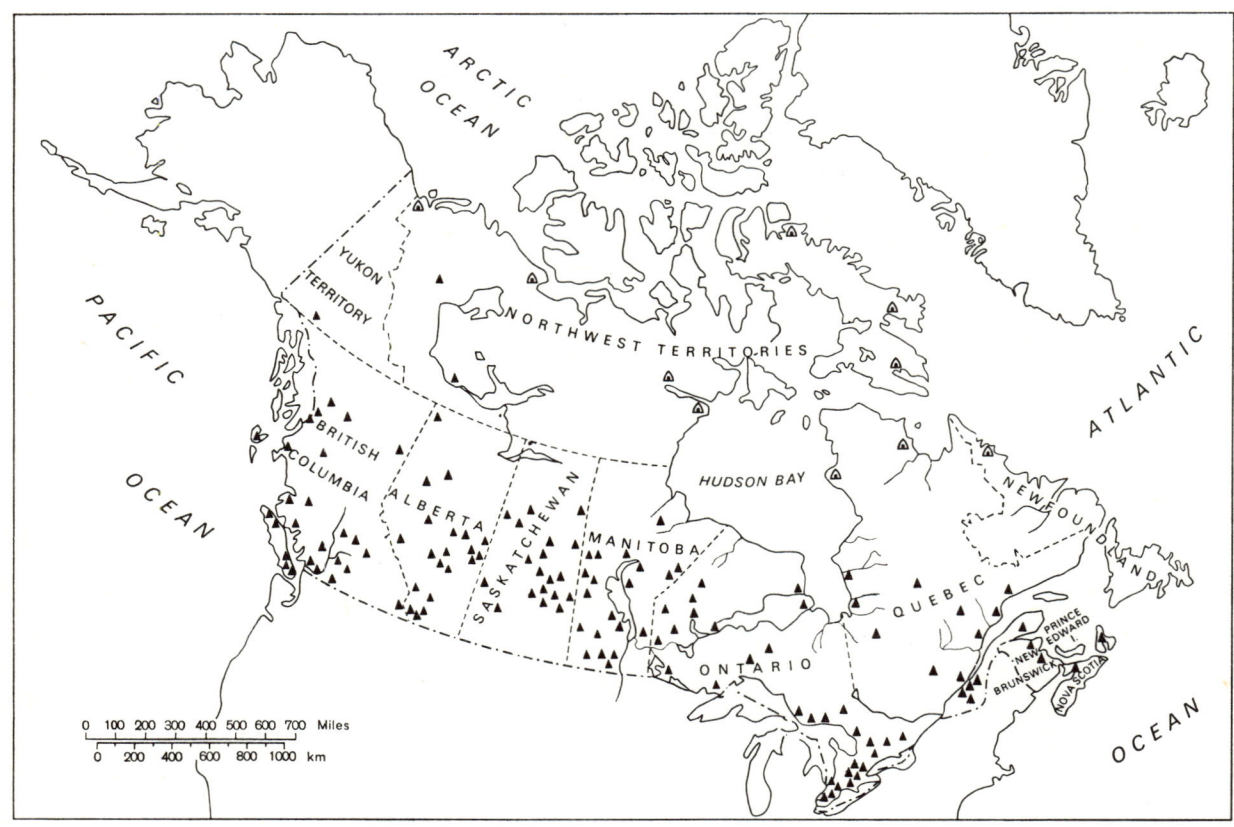

Heutige Siedlungen der Indianer und Eskimos in Kanada ▲ Indianer △ Eskimos

zen verstreut lebende *Métis* oder Mischlinge sind Nachkommen von frankokanadischen und algonkinschen Trappern, die längs der alten Kanu-Routen Gestrandeten und Zurückgebliebenen, als der Pelzhandel seinem Ende entgegenging und die Zeit der schnelleren Transportmittel anzubrechen begann.

Das Becken des Mackenzie River war Heimat einer fünften Gruppe von Indianerstämmen, der Athapasken, deren Sprache der tibeto-chinesisch-siamesischen Sprachfamilie Ost- und Südostasiens zugehört. Wie diese unterscheidet auch sie die Bedeutung von Wortsilben nach dem Tonfall ihrer Aussprache. Auf seiner Reise nordwärts zum Polarmeer durchfliesst der Mackenzie eine ausgedehnte Ebene mit düsteren Fichten-Kiefern-Wäldern, in denen Feldahorn, Eichen, grosse Birken und andere Harthölzer Ostkanadas fehlen und wo die Fauna spärlicher ist. Die Athapasken fingen Fische, jagten Rentier, Elch, Bären, Stachelschwein und Hase und spürten ausserhalb ihrer Wälder in den Tundrengebieten Karibus und Moschusochsen auf. Doch war in diesem Landesteil das Wild so sehr verstreut und des

Jägers Glück so unverlässlich, dass man ihn «Land des Hungers und des Festes» nannte. In diesen Breitengraden waren die Gaben der Natur kärglich und reichten den Bewohnern kaum zum Leben. Das Fehlen der Birkenrinde, wie sie die Indianer im Süden besassen, zwang die Athapasken zum Bau primitiver Kanus aus Rottannenborke, mit der sie auch Dächer und Wände ihrer Hütten überzogen. Aus Rottannenwurzeln flochten sie wasserdichte Körbe, in denen sie auf heissen Steinen Fleisch und Fische kochten. In grauer Vorzeit erzwangen sich abenteuerliche Stämme einen Weg in südlicher Richtung und gelangten fast bis Mexiko, wo die Navaho-Indianer heute noch einen Dialekt der Athapasken sprechen. In ihrer Mehrzahl lebten die Athapaskenstämme jedoch im Norden fort und hatten, da sie täglich um ihr Leben kämpften, keine Aussicht auf materiellen, sozialen oder politischen Fortschritt. In Kunst und Handwerk waren ihre besten Leistungen Stickereien aus Stachelschweinfedern auf Fellmänteln und Mokassins.

Einige nicht bestimmbare Stämme liessen sich in Hochebenen und in Tälern entlang der Westseite des Felsengebirges nieder, wohin sie zum Teil von ihren stärkeren Nachbarn getrieben wurden. Hier war das Klima milder, Fische und Kleinwild reichlich vorhanden. Von den Okanagan und Kootenay Valleys aus erreichten kleine Indianertrupps im Sommer mühelos Alberta, in dessen Prärien sie Büffel jagten. Da hohe Bergketten sie voneinander trennten, kamen diese Stämme selten miteinander in Berührung. Die meisten trieben Handel mit Indianern der Pazifikküste und übernahmen einige ihrer Bräuche.

Kein Indianer Kanadas hat je beseelte von unbeseelten Naturgeschöpfen unterschieden oder die materielle Welt deutlich von der geistigen getrennt. Für ihn waren alle Dinge von Leben, Sinn und Geist durchdrungen: das Wasser des Flusses, der Fels des Gebirges, die Bäume der Wälder, die Wolken des Himmels. Verglichen mit der natürlichen Welt war der Mensch kein höheres Wesen; und die Welt an sich war geistig.

Welches sind die heutigen Nachfahren der Indianer zur Zeit des Kolumbus? Tausende von ihnen haben sich mit den europäischen Siedlern Kanadas vereinigt, und viele bekleideten hohe Stellungen im Staate, ohne sich ihrer indianischen Blutsverwandtschaft bewusst zu sein. Zweihundertsechzigtausend Indianer jedoch werden täglich daran erinnert, wie sehr sich ihre Hautfarbe von der des weissen Mannes unterscheidet, trotzdem sie alle vor dem Gesetze kanadische Bürger sind. Hundertsechzigtausend leben in Reservaten, die längst vergessene Gesetzgeber für sie hatten errichten lassen. Hier stagnieren diese Nachkommen der Ureinwohner Kanadas, die ihr indianisches Erbe zum grossen Teil verloren haben, ohne Anteil an seinem Reichtum zu gewinnen. Verarmt, ohne Bildung und häufig in Apathie versunken, stellen sie eine besonders tragische Einheit im kanadischen Heere der Arbeitslosen, Unterbeschäftigten und Arbeitsunfähigen dar, die eine wachsende Belastung des Staates sind und grosse Schatten auf seine Wirtschaft werfen.

Die Eskimos

Ich wanderte auf dem Eise des Meeres
Und hörte verwundert sein Lied
Und das grosse Seufzen des neugebildeten Eises
Geh denn, geh! Kraft der Seele
Bring Wohlergehen dem festlichen Kreise

Die Worte dieses Eskimoliedes erreichen uns über endlose Weiten wie ein Kleinod des Marco Polo aus Cathay. Vom Schleier der Legenden umhüllt, ist die abweisende ferne Eskimowelt in ihrer Abgeschiedenheit ein Eishauch der Unwirtlichkeit. Sie ist sehr viel grösser als die kontinentalen Vereinigten Staaten mit einer stellenweisen Ausdehnung von 2500 km, was einer Distanz von Quebec bis Florida entspricht. In diesem baumlosen Land alter Gebirge, Flüsse und welliger Tundren von wilder Schönheit leben zwölftausend Eskimos, die ein System der Anpassung an ihre rauhe Umwelt entwickelt haben, das auf der grossen Beweglichkeit selbstversorgender Familiengruppen beruht und das Überleben ihres Volkes sichert.

Bis zum heutigen Zeitpunkt der Eskimogeschichte haben geographische Lage und Klima die Arktisbewohner vor dem Einbruch der modernen Zivilisation bewahrt. Nun hat die Notwendigkeit arktischer Verteidigung zweier Kontinente plötzlich und gewaltsam in ihr Leben eingegriffen.

East Cape als äusserster Vorposten der Sowjetunion ist eine der frühesten Zugangspforten; hier blieben fünfzehnhundert der letzten asiatischen Eskimos zurück und weisen auf die ausgetretenen Pfade ihrer einstigen Wanderungen hin. Ihre rastlosen Vorfahren hatten die Beringstrasse überquert und waren in Alaska an Land gegangen, wo sie ihr erstes Quartier in der Neuen Welt errichteten. Dann folgten sie in nördlicher Richtung der Küste, durchzogen die immense kanadische Arktis und erkundeten alle Inseln und unfruchtbaren Küstenstriche. Nach langer Fahrt den Gletschern und Eisbergen entlang erreichten sie in Ostgrönland eine Gegend, die sie *Angmagssalik* tauften. Hier fand die frühe Wanderbewegung der Eskimos ein Ende, da sie vom Nordatlantik für alle Zeiten in Schach gehalten wurden.

Herkunft

Die Eskimos sind Spätankömmlinge Nordamerikas. Ihre frühesten bekannten Wohnstätten lassen darauf schliessen, dass sie den Kontinent vor fünftausend Jahren betreten haben. Das Volk dagegen, das wir Indianer nennen, erreichte vor zehn- bis zwanzigtausend Jahren von Asien her Amerika, als die beiden Kontinente vermutlich durch eine Landbrücke oder eine Kette kleiner Inseln miteinander verbunden waren. Das Überqueren der Meerenge scheint weder Indianern noch Eskimos Schwierigkeiten bereitet zu haben und ist für sie auch heute kein Problem.

Als verwegene Meerjäger von ungewöhnlich robuster Natur müssen sie schon vor dem Verlassen Asiens eine Form des Überlebens in arktischen Klimaverhältnissen entwickelt haben. Methodisch und mit grossem Geschick wussten sie sich auf ihren ausgedehnten Erkundungsreisen der wechselnden geographischen Umwelt anzupassen und ertrugen wie kein anderes Volk auch tiefste Temperaturen.

Die Eskimos waren seit alters listige Taktiker mit ausserordentlicher praktischer Begabung. Früh schon lernten sie aus Steinen Menschengestalten zu formen, die es ihren Frauen und Kindern erlaubten, Herden wilder Rentiere durch Ebenen und Hügelgelände in Schluchten oder an Flussübergänge zu treiben, wo Speerjäger die Tiere erwarteten und erlegten. Das mit Seehundfellen bespannte Kajak des Seejägers und das breitere Frauenboot sind ebenfalls ihre Erfindungen. Die leichte, vorzüglich zugeschnittene Pelzkleidung schützt auch heute noch weit besser vor Kälte als vergleichbare Winteranzüge des weissen Mannes. Ihre aus Stein gefertigte einfache Tranlampe spendet regulierbar Licht und Wärme.

Die Eskimogesellschaft ist wie die der Polynesier als eine in ihrer Entwicklung stehengebliebene Zivilisation beschrieben worden, deren Völker einen ihr Überleben sichernden Rahmen geschaffen haben, innerhalb dessen sie ein zurückgezogenes Dasein fristeten, gleichzeitig aber ihre Werkzeuge vervollkommneten und ihre technischen Fähigkeiten mehrten. Die Eskimos verblieben deshalb in der Arktis, weil ihre Art zu jagen auf diese Gebiete ausgerichtet war. Einige Ausbruchsversuche nach Süden hatten feindselige Reaktionen seitens der Indianer zur Folge.

Die Eskimos kannten weder Früchte noch Gemüse, und Landwirtschaft spielte in ihrem Leben keine Rolle. Ihr einziges Haustier war der Hund. In sehr früher Zeit scheinen sie eine besonders kleine Hunderasse aufgezogen zu haben, deren ungewöhnlicher Geruchsinn ihnen die Jagd erleichterte. Im Laufe des kulturellen Wandels vor etwa tausend Jahren züchteten sie grössere Hunde, die Lasten trugen und Schlitten zogen. Was die Erfindung des Rades für die moderne Gesellschaft, war jene des Hundeschlittens für die Eskimos; er vergrösserte Beweglichkeit und Reichweite beträchtlich und erhöhte das Transportvolumen für Nahrung und Ausrüstung.

Das Eskimovolk lebte in Frieden. Es kannte keine strikte Ordnung des Landbesitzes, die in seinen Augen eine ständige Ursache von Zwist und Hader war. Ihr Prinzip der Nahrungsteilung unter Familien schützte sie einerseits vor den Gefahren des Hungers, stärkte anderseits die nachbarlichen Bande und war die Quelle ihrer sprichwörtlichen Gastfreundschaft. In einem Lande ohne Ackerbau hatten alle Energien der Nahrungsbeschaffung zu dienen. Kriegführung war undenkbar. Herrschte Unfriede unter Familien, so mussten diese die Gemeinschaft verlassen.

Soziale Struktur

Innerhalb der Familiengruppe waren Stolz und Würde des Eskimo gewahrt. Die Verbundenheit unter Familienangehörigen war gross, und Kinder wurden mit Güte behandelt. Als Versorger erwiderten sie diese später ihren Eltern und hörten in allen wichtigen Fragen auf deren Rat. Zur Erhaltung ihrer Rasse wurden bei drohender Hungersnot Eskimokinder getötet und nahmen sich alte Leute freiwillig das Leben. Die Grösse der Familie hing teilweise vom Erfolg des Vaters bei der Jagd und vom Vorhandensein jagdbarer Tiere ab. Grundreligion der Eskimos war der Schamanismus mit seinen Symbolen Beschwörung, Maske und Trommel. Diese Glaubensform ist eine der ältesten und am weitesten verbreiteten der Erde; sie hat ihren Ursprung in Asien, wo viele Völker des Nordostens ihr auch heute noch nachleben. Ihr liegt die Annahme zugrunde, dass eine feindselige Geisterwelt durch *Schamanen* genannte Zauberpriester beschwichtigt werden muss, die seherische Kräfte besitzen und befähigt sind, sich diesen Geistern in geheimer Sprache kundzutun. Die Eskimos lebten im Glauben, durch diese Mittler ihr Jagdglück mehren, Krankheiten austreiben und künftige Ereignisse voraussehen zu können.

Erziehung und Ausbildung erfolgten ausschliesslich im Kreise der Familie. Die Mutter lehrte die Kinder Nächstenliebe, gegenseitige Achtung und Gehorsam. Dem Knaben vermittelte der Vater durch Wort und Beispiel das umfangreiche Wissen, das für den arktischen Jäger unentbehrlich war. Alle wesentlichen Dinge wurden dem Gedächtnis eingeprägt und mit Umsicht und Sorgfalt von einer Generation auf die andere übertragen, da die Eskimos keine Schriftsprache kannten.

Das Erreichen der Volljährigkeit als Jäger war Anlass zu grosser Feier. Seine erste Jagdbeute durfte der junge Jäger nicht selbst essen, sondern musste sie unter die Angehörigen des Lagers verteilen. Mit dieser Tradition war der Wunsch verbunden, ihm die Wichtigkeit der Nahrungsteilung und seiner Rolle als Ernährer vor Augen zu führen.

Der Ehe kam in der Eskimogesellschaft eine besondere Bedeutung zu und wurde als ein Lebensbund im Sinne des Wortes betrachtet. Zur Erleichterung seiner Brautwahl waren dem Bräutigam mehrere Versuchsehen von einigen Monaten Dauer gestattet. In dieser Übergangszeit lebte das junge Paar bei den Brauteltern, und der junge Mann ging nur für seinen künftigen Schwiegervater auf Jagd. Kam nach erfolglosem Eheversuch ein Kind zur Welt, so wurde es in den meisten Fällen von Verwandten oder Bekannten aufgenommen. Die Eskimos gaben ihre Kinder sehr oft zur Adoption weiter; diese Annahme von Kindern an Eltern Statt war bei ihnen beliebt, da im Grunde die Nomadengruppe eine erweiterte Familiengemeinschaft war. Besonders erfolgreiche Jäger besassen gelegentlich mehrere Frauen, häufig Witwen oder junge Mädchen, die ihren Vater verloren hatten und auf diese Weise einen Beschützer fanden.

Bei Todesfällen im Eskimolager wurde der Verstorbene durch eine zu diesem Zwecke angebrachte seitliche Öffnung des Zeltes oder Schneehauses ins Freie gelegt, damit im Falle der Rückkehr des Geistes dieser den Eingang nicht mehr finde. Zum Schutze vor Hunden und wilden Tieren wurden die Toten auf dem gefrorenen Boden mit Steinen zugedeckt. Den Friedhof kannten die Eskimos nicht, und auch Grabstätten schenkten sie keine Beachtung, da nach ihrem Glauben die Seele des Hingeschiedenen mit seinem letzten Atemzuge diese Welt verlassen hat.

Die neuen Verbindungswege und das Aufkommen des Luftverkehrs waren für die Wandlung der Arktis in den letzten Jahren von ausschlaggebender Bedeutung; sie haben recht eigentlich eine Phase des Umbruchs eingeleitet. Schulen, Spitäler, Kleinkaufhäuser, Flugfelder, Kirchen und Verwaltungsgebäude entstanden. Dort liessen sich die Eskimos nieder, um die angebotenen Vorteile auch wahrzunehmen. Doch wurden mit der Bildung solcher Kleinzentren in gewissem Sinne mehr Probleme geschaffen als gelöst. Trotz der Tatsache, dass auch bescheidener Wohlstand die Hungergefahr bannt, können sich die Neuansiedler im grossen ganzen an ihre neue Heimat nicht gewöhnen. Um seine Familie zu ernähren, bleibt dem Eskimojäger keine andere Wahl, als fern von Siedlungen zu leben.

Die althergebrachte Eskimokunst des Steinmeisselns und Elfenbeinschnitzens hat überall in Kanada offene Märkte gefunden. Dadurch macht die kanadische Bevölkerung sich die natürliche Begabung der Eskimos zunutze, ohne ihre traditionelle Lebensweise zu gefährden, und fördert damit ein erhaltenswertes Gewerbe.

Heute leben rund 12000 Eskimos in Kanada. Doch beginnen Pelztiere und Vögel vor dem Lärm der Dörfer und dem Gewehr des Jägers zu flüchten. Mineralvorkommen, Bergbau und Erdölförderung bieten den Eskimos heute vermehrt jene Sicherheit, die sie stets suchten. Auch wurden in verschiedenen Teilen der Arktis Produzenten- und Konsumentengenossenschaften ins Leben gerufen, die dem Eskimo die Möglichkeit einer direkten Teilnahme an der im Aufbau begriffenen neuen Wirtschaft geben.

20 Eskimos auf Sverdrup Islands im Nördlichen Polarmeer
21 Junger Seehund auf Basque Island, Neuschottland
22 Eisbären im Nördlichen Polarmeer
23 Frobisher Bay auf Baffin Island, Nordwest-Territorien
24 Fischerboot auf Land vor der zugefrorenen Frobisher Bay
25 Erdölarbeiter im Mackenzie-Delta
26 Iglu auf Banks Land an der Beaufort-See
27 Arktische Meerschwalbe am Milne Inlet, Nordwest-Territorien

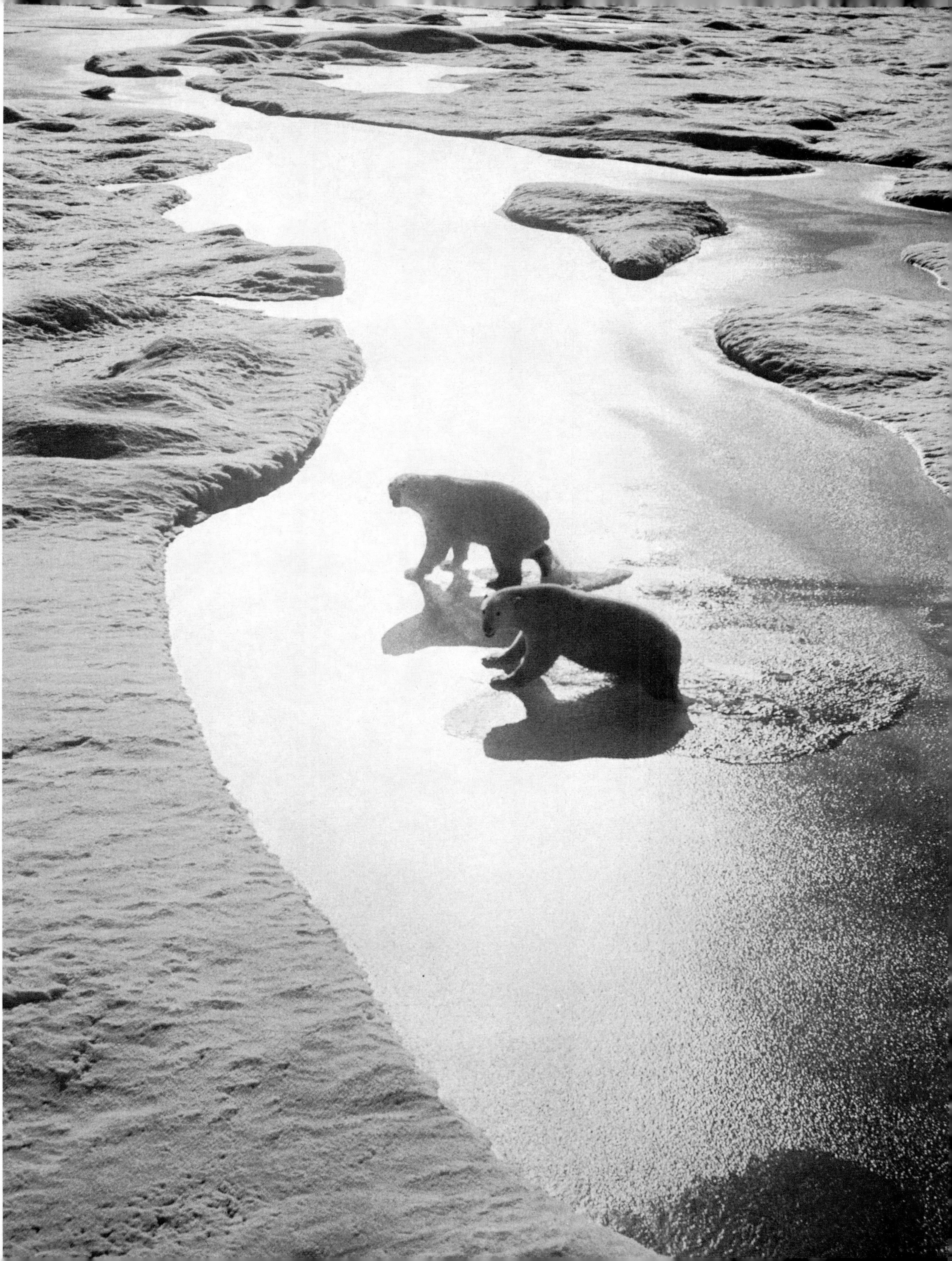

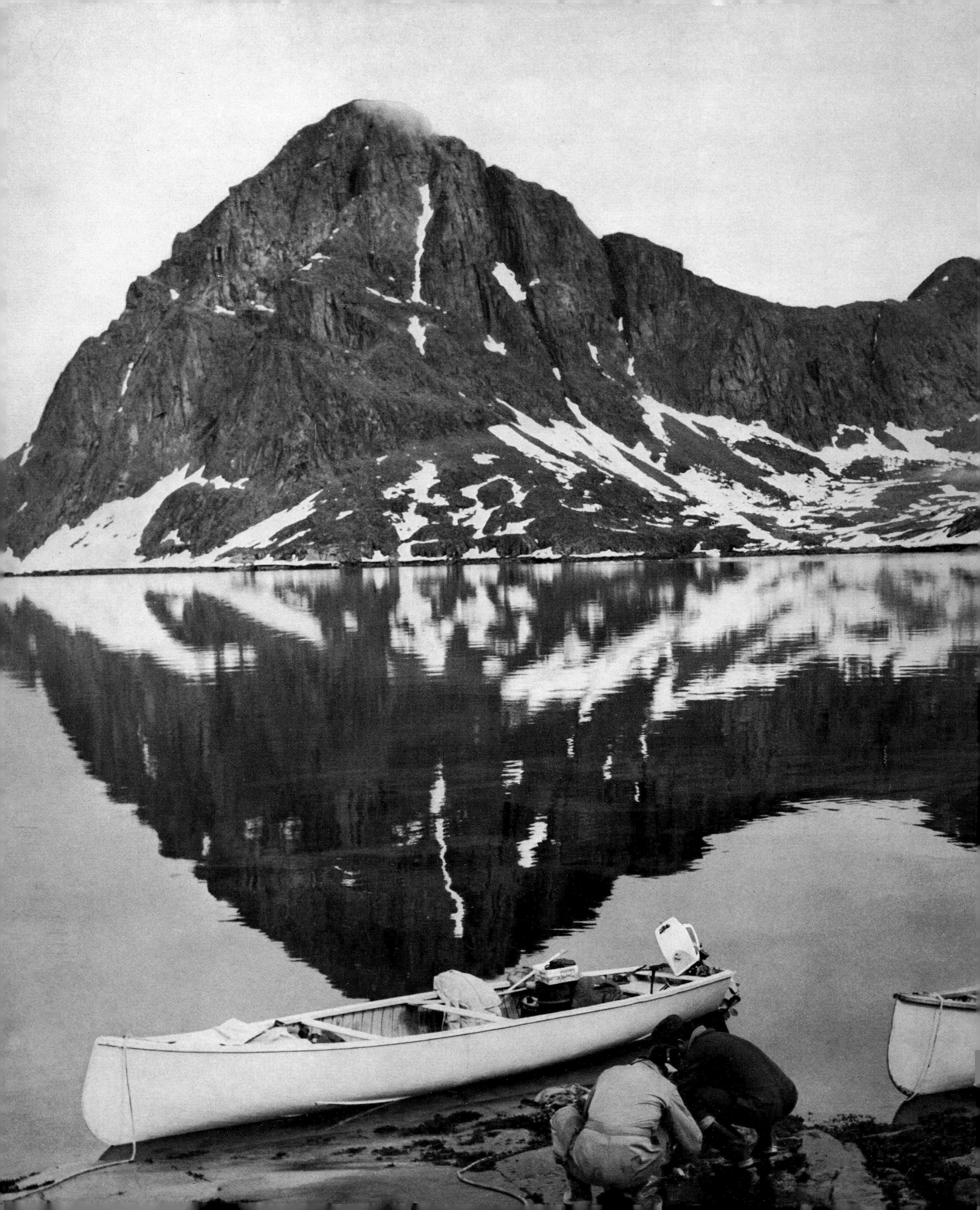

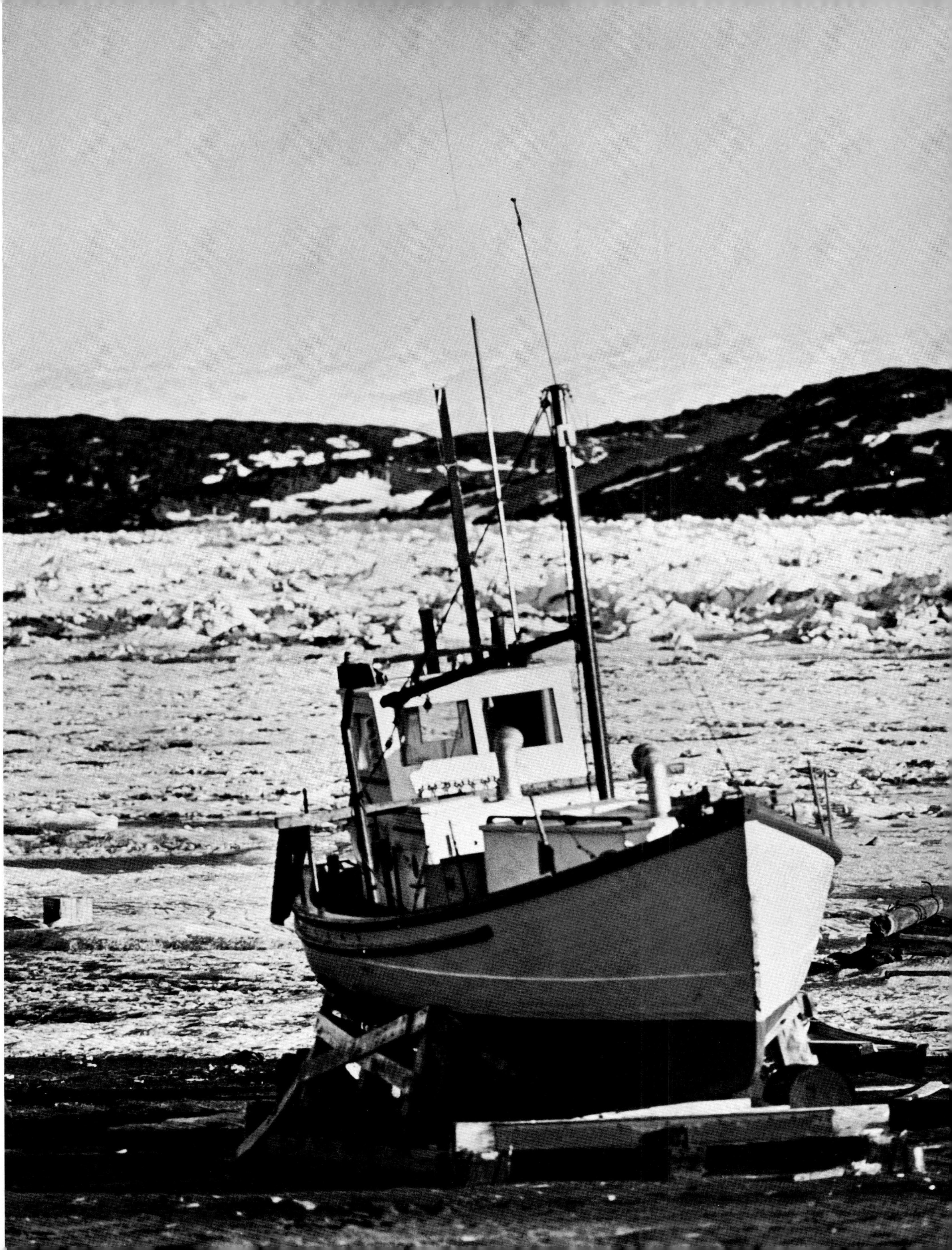

25

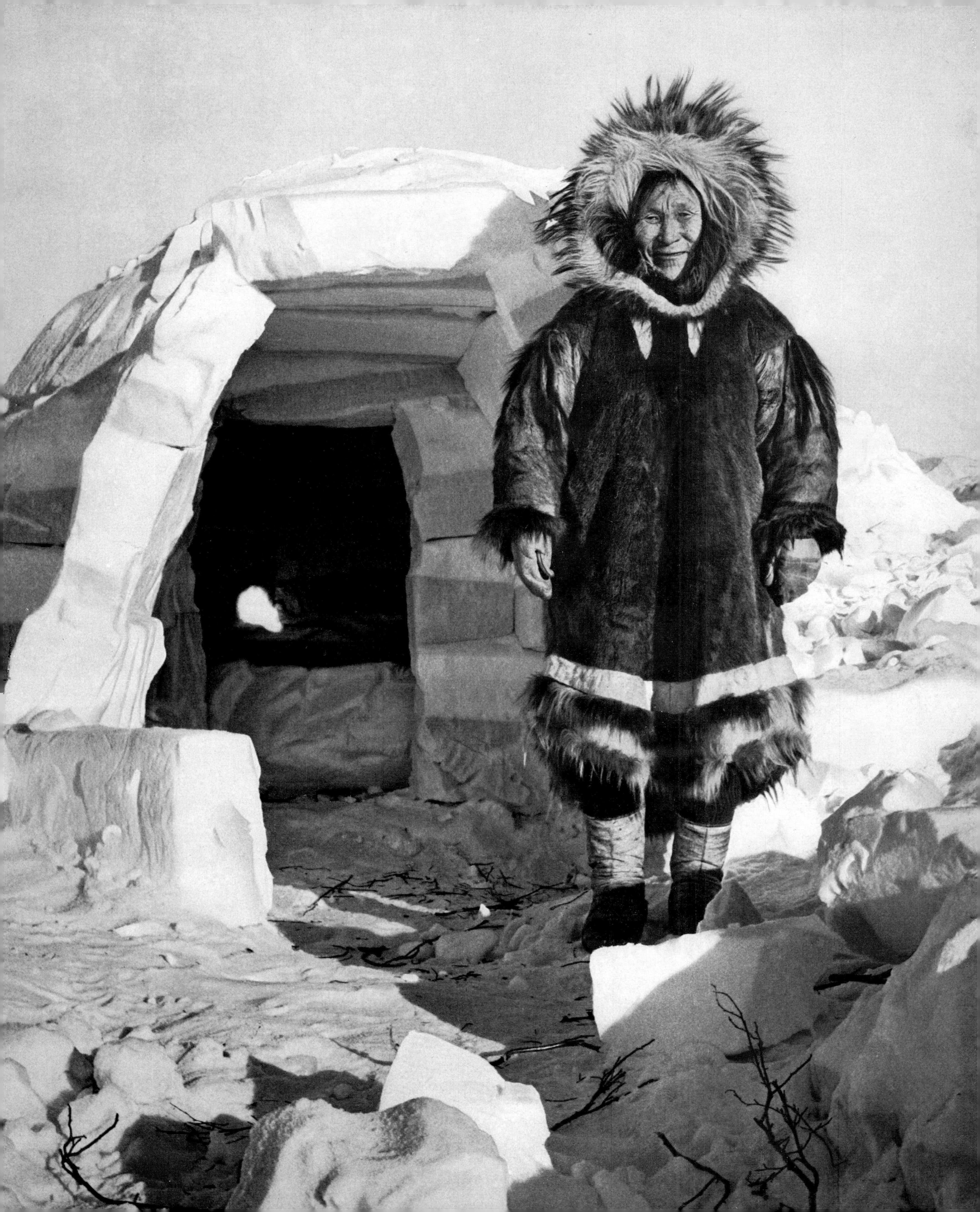

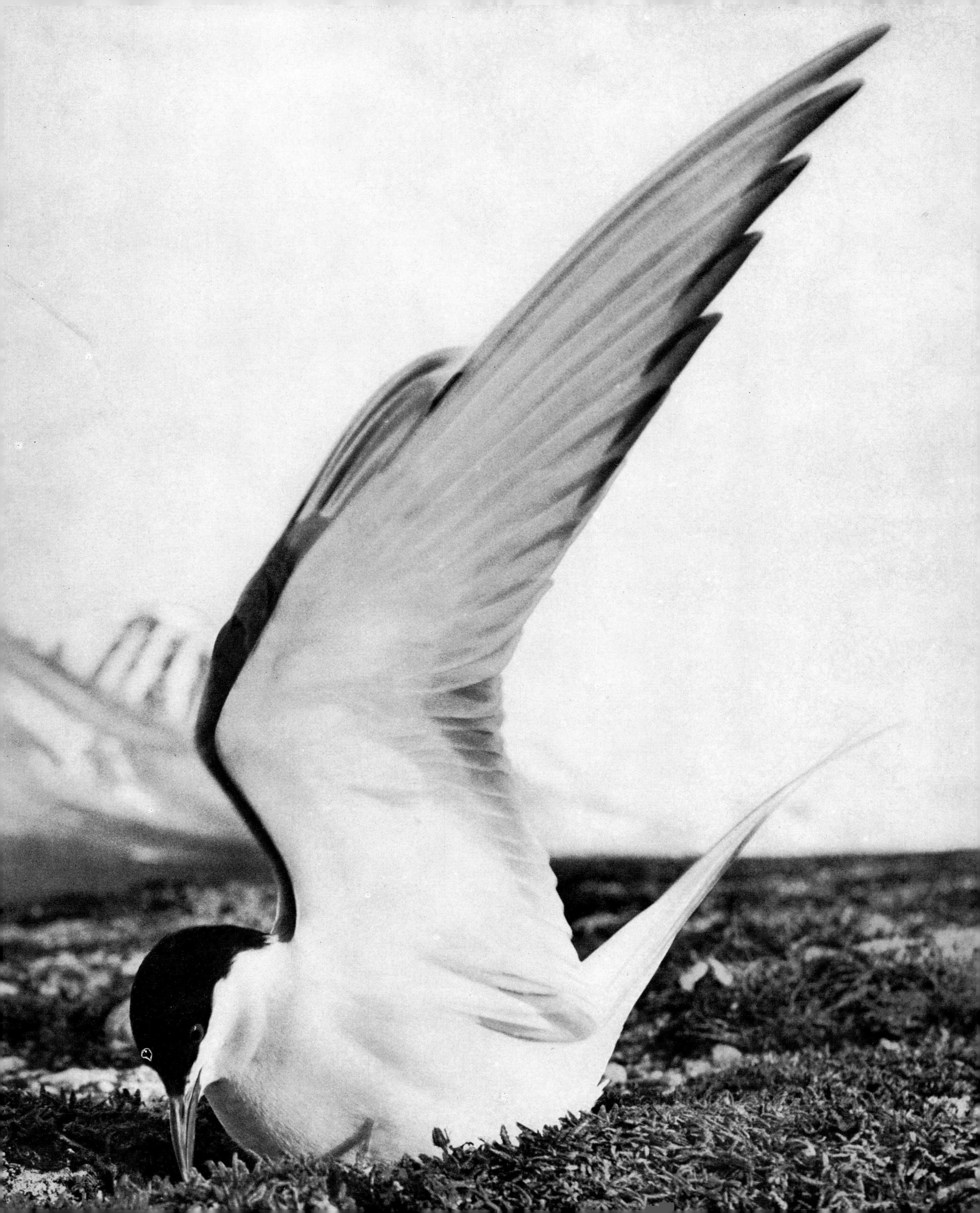

Boden und Klima

Kanada gilt vielfach als bitterkaltes, schneereiches Land. Eine solche Feststellung wird die Kanadier vor allem bei tropischem Sommerwetter überraschen; doch ist anzuerkennen, dass andere Kontinente klimatisch günstiger liegen. Mit −63° C hält Kanada den Kälterekord Nordamerikas, und sein Schneereichtum im Winter wird wahrscheinlich von keinem andern Land übertroffen. Da Wissenschafter behaupten, rauhe, unbeständige Klimate brächten besonders lebenstüchtige Völker hervor, sind die Kanadier der Natur vielleicht zu Dank verpflichtet.

Die Antwort auf die Frage, worauf das relativ harte Klima Kanadas beruht, geben Lage und Bodengestalt des Landes. Da es in den mittleren und hohen Breiten des Kontinentes liegt, verliert es jedes Jahr mehr Wärme an den Weltraum, als es von der Sonne bezieht. Dieses atmosphärische Wärmedefizit wird durch Advektion, die natürliche Einfuhr verhältnismässig warmer Luft von Pazifik, Atlantik und den Vereinigten Staaten, nur teilweise ausgeglichen. Es kommt auch zu periodischen Einbrüchen kalter arktischer Luft von Norden her, und über weiten Räumen des Landes kämpfen Kaltluft- und Warmluftmassen dauernd um die Vorherrschaft: Kampfzonen, die in Form ausgedehnter Wolkendecken und in Niederschlägen sichtbar werden.

Ebensosehr wie die geographische Lage haben die Bodenformen Kanadas Einfluss auf das Klima. Ihr Gesamtcharakter ist Grosszügigkeit und Einheit in der Vielfalt. Sechs Grossregionen bestimmen das Reliefbild des Landes: die Appalachen im Osten, das Gebiet der Grossen Seen und des St.-Lorenz-Strom-Tieflandes, die Innern Ebenen, die Kordilleren im Westen, der Präkambrische Schild und die arktische Inselwelt, die sogenannte Inuit-Region, im Norden. Mit Ausnahme der Appalachen haben sie subkontinentale Ausmasse, was sich auch in der Differenzierung der Klimaräume deutlich ausprägt.

Meist gelten die Appalachen, ein altes, stark abgetragenes Faltengebirge, als Bergregion. In Wirklichkeit übersteigen auf kanadischem Boden nur wenige Gegenden 500 m. Mit den vorgelagerten Inseln beanspruchen sie kaum 1% der Fläche ganz Kanadas. In den Grundzügen ein erstarrtes Wellenmeer von Hügeln und Tälern, wird das Innere von wechselnd breiten Flachküstensäumen umgeben, die vielfach an die Marschen Nordwesteuropas erinnern. Gegen Westen fallen die Appalachen sanft zur Niederung des St.-Lorenz-Stromes ab, der als Torweg Kanadas die Geschicke des Landes seit der europäischen Landnahme weithin und tief beeinflusste. Seine Fortsetzung findet dieses Stromland in den Grossen Seen, in einer Gewässerregion, deren Untergrund älteste Gesteine bilden, deren Oberflächenformen indessen weitgehend junger Vereisung und Moränenbildung ihre Eigenart als Flachhügelland verdanken.

Nach Westen und Norden verschmilzt es mit vielfach ähnlichen, nach ihrer Entstehung aber sehr verschiedenen Landschaften. Den gesamten Norden des Staates, nahezu seine Hälfte, nimmt der Kanadische oder Präkambrische Schild, auch das Laurentische Hochland genannt, eine «Fastebene», ein, die zu den ältesten geologischen Gebilden der ganzen Erde gehört. Vor Milliarden von Jahren ein Hochgebirge gleich den jetzigen Rockies oder den Alpen, wurde es im Laufe der Zeit zum Rumpf abgetragen, der jedoch, als Ergebnis eiszeitlicher Gletscherarbeit, von Tausenden von Seen durchsetzt ist. Der Schild ist nicht nur

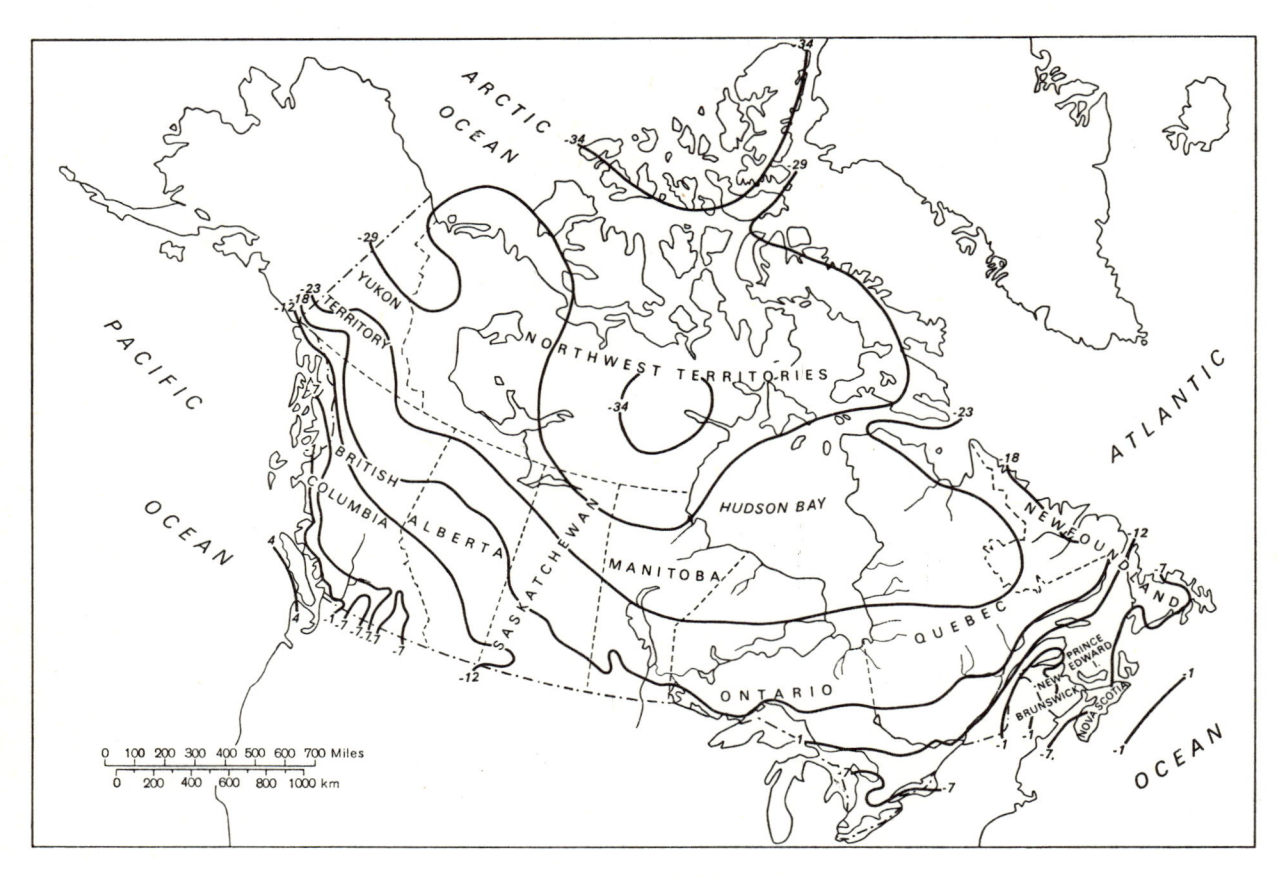

Mittlere Januartagestemperaturen in Grad Celsius

ein kanadisches Sommer- und Winterferiengebiet, mehr noch führt er, mit Recht, die Prädikate «Kanadisches Schatzhaus» als Grundlage beinahe unerschöpflicher mineralischer Reichtümer und «Kanadisches Wasserreservoir», womit ihm nicht zuletzt auch die Bezeichnung der «typischen Landschaft Kanadas» ohne Einschränkung gebührt.

Zu immensen Ebenen weitet sich Kanada auch westlich der Grossen Seen. Im Unterschied zu den Flachländern des Ostens und Nordens steigen sie in riesigen Treppen, durchteilt von grossen, zur Hudson Bay und zum Nordpolarmeer ziehenden Flüssen, zum Hochgebirge der Kordilleren an, welche Kanada gegen den Pazifik markant abschliessen. Diese Innern oder Grossen Ebenen unterlagern gleichfalls wie den Schild alte Gesteine, die durch jüngere Ablagerungen bedeckt sind. Auf ihnen entwickelten sich fruchtbare Böden, denen wesentlich die Entfaltung der Plains zum «Brotkorb» Kanadas, das heisst zur bedeutendsten Getreideregion der Erde, zu verdanken ist. Zu ihnen treten die hochgetürmten Kordilleren in schärfsten landschaftlichen Kontrast, ein junges Faltengebirge, das in wechselnder Breite

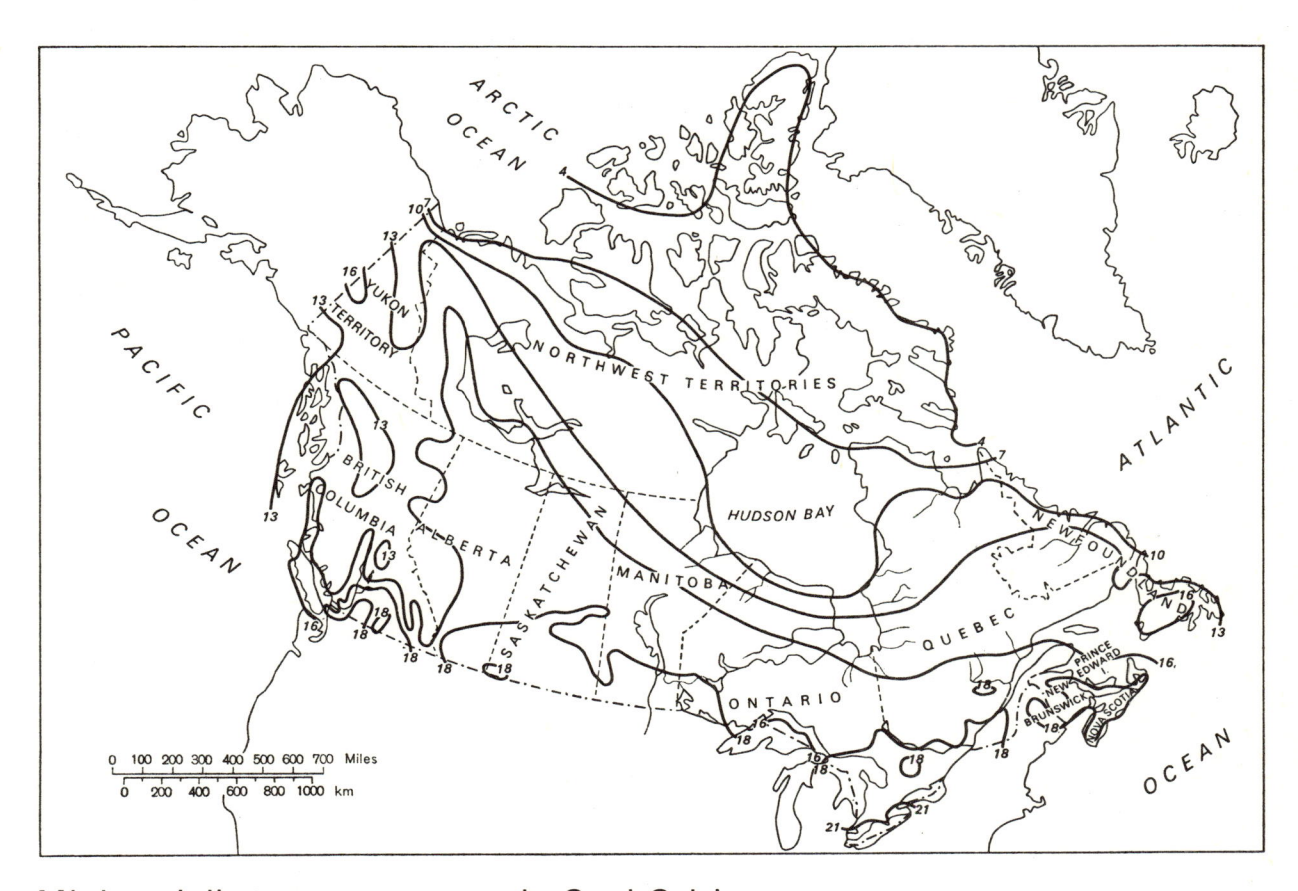

Mittlere Julitagestemperaturen in Grad Celsius

den ganzen fernen Westen Kanadas von der kanadischen Südgrenze bis in den hohen Norden durchzieht. In mehrere Ketten, teils grabenartige Talfluchten und Vulkanplateaus zergliedert, gehört das Kordillerenland zu den vielgestaltigsten Regionen Kanadas, zumal es gegen den Pazifik noch durch einen wechselnd breiten inselreichen Küstensaum mit zahlreichen Fjorden gesäumt wird. Sie kennzeichnen denn auch die mannigfachsten Klimate, durch die auch das Leben, Pflanzen, Wildtiere und menschliche Besiedlung, geprägt sind. Die letzte Landesgegend, Inuit = Eskimo, verrät im Namen ihre Lage im fernsten Norden Kanadas. Schon lange als gegen den Pol zu sich zerfasernder Archipel bekannt, hat sie sich erst nach und nach als Gebirgsgebiet herausgestellt, das starke Vergletscherung auszeichnet. Als heute noch wenig erforschte Bereiche können sie nichtsdestoweniger jenen Regionen der Erde zugeordnet werden, die als ausgesprochenste Länder der Zukunft gelten müssen.

Das klimatische Bild Kanadas ist weitgehend Abbild der Landestopographie. Dies zeigt sich

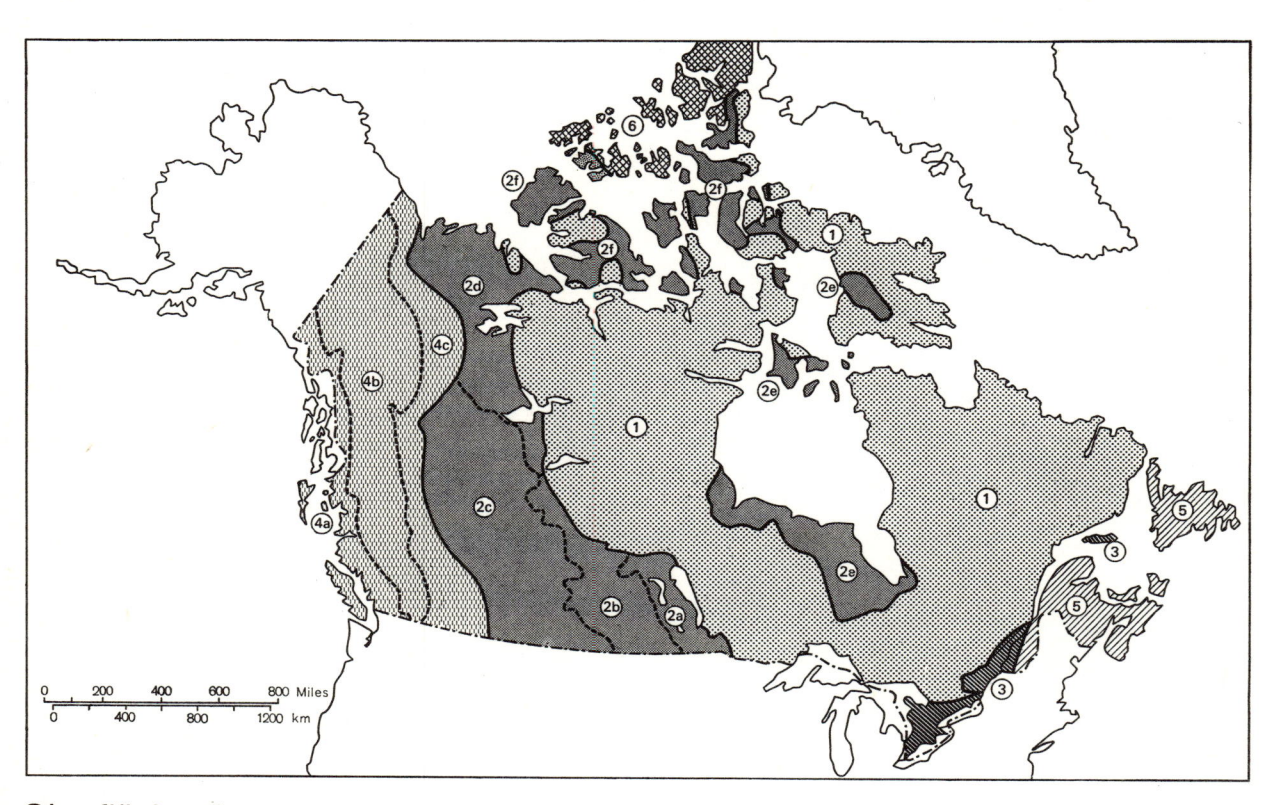

Oberflächenformen

1 Kanadischer Schild
2 Innere Ebenen und Tiefländer
2a Manitoba-Prärie
2b Saskatchewan-Ebene
2c Alberta-Plateau
2d Mackenzie-Tiefländer
2e Nördliche Innere Ebenen und Hudson-Bay-Tiefland
2f Südliche arktische Inseln
3 Grosse Seen und St.-Lorenz-Tiefländer
4 Kordilleren-Region
4a Küsten- und Inselketten
4b Innere Plateaus
4c Östliche Ketten; Rockies
5 Appalachen
6 Inuit-Region

namentlich in der Gliederung in Klimagebiete, die fast durchgehend den physischen Regionen entsprechen.

Der Pazifik, der im Sommer kühler, im Winter wärmer als das Festland ist, wirkt mässigend auf die Westküste des Landes. Für ostwärts ziehende Luftmassen in den unteren Schichten der Atmosphäre stellen die Gebirge von Britisch-Kolumbien eine Sperre dar, die zu ausgiebigen Niederschlägen an den westlichen Berghängen führt, wenn die Luft über diese hinwegdrängt. Das Fehlen einer solchen Barriere in den Prärieprovinzen gestattet das ungehinderte Vordringen kalter Luft in südlicher Richtung über den Mittelabschnitt des Landes. In den östlichen Zentralgebieten wirken Hudson Bay und Grosse Seen mässigend auf Witterung und Klima, was in wärmeren Wintertemperaturen und in stärkerem Schneefall auf ihren leeseitigen Bereichen zum Ausdruck kommt. Infolge der Weststömung beeinflusst der Atlantik das Klima der kanadischen Ostküste nicht entscheidend; doch sind die äussersten Küstenstriche im Winter wärmer, im Sommer kühler als das Landesinnere.

Was die arktischen Meere betrifft, so bleibt ihr Einfluss auf das Winterklima unbedeutend, während ihre Oberflächen im Sommer die grösste Wolkenbildung und Nebeldichte der Jahreszeit herbeiführen.

Drei Viertel des Landes beherrschen indessen boreale und arktische Klimate; in ihnen sind die Winter lang und kalt. Auf den nördlichen arktischen Inseln dauert die Dunkelheit jährlich drei bis vier Monate, und Sommer, wie wir sie in den gemässigten Breiten kennen, gibt es nicht, ebensowenig Wälder oder Halmgetreide. In den borealen Zonen weiter südlich treffen wir im offenen Grasland vereinzelt Bäume oder Baumgruppen; doch leben auf einer Fläche von mehreren tausend Quadratkilometern keine Menschen. Auf dem Kulturland längs des Südsaums der borealen Regionen reifen in den kurzen Sommern nur die härtesten der widerstandsfähigen Getreidearten.

Die Jahreszeiten der südlichen Klimazonen lassen sich mit denen Westeuropas vergleichen. In Zentralkanada sind die Winter trübe, stürmisch und schneereich, an den Ozeanküsten im Osten und Westen ist das Wetter nasskalt; in ländlichen Gebieten besteht die Gefahr der Isolierung durch Schneeblockaden. In Südkanada ist der Frühling oft nicht besonders ermutigend; auf Strassen und Feldern liegt schmelzender Schnee, und arktische Einbrüche mit eisigem Schneetreiben sind bis anfangs Mai nicht selten. Der Druck steigt jedoch ständig, die Luft erwärmt sich, und die Vegetation gedeiht.

In voller Blüte steht die Pflanzenwelt der meisten Gebiete Südkanadas im Juli, dem wärmsten Monat des Jahres. Mit fortschreitendem Sommer treten in den Prärieprovinzen oft Dürreperioden auf und Hitzewellen in Südontario und Quebec. Im Herbst sinken die Temperaturen regelmässig, und schon im Oktober wird der Winter erwartet. Vor Ende dieses Monats fällt in Südkanada mindestens einmal Schnee. Im Spätherbst und Frühwinter sind die Perioden schlechten Wetters mit tiefhängenden Wolken in ganz Kanada besonders lang. Januar und Februar sind die kältesten Monate, doch werden nach dieser Zeit die Tage länger und das hellere, frisch-kalte Wetter ist ideal für den Wintersport.

Pazifik

Die pazifische Region Kanadas ist auf die den Küsten vorgelagerten Inseln und einen schmalen Streifen längs der Küste von Britisch-Kolumbien beschränkt. Sie hat eines der eigentümlichsten Klimate Kanadas. Selbst mitten im Winter liegen die durchschnittlichen Temperaturen über dem Gefrierpunkt, während im Sommer wegen des mässigenden Einflusses des Ozeans die Werte selten über 27° C steigen. Mit einem Jahresdurchschnitt von über 2000 mm ist diese Zone regenreicher als alle andern des Landes, doch werden je nach Topographie starke lokale Schwankungen verzeichnet. Das im Regenschatten auf Vancouver Island liegende Victoria misst jährlich normalerweise nur 686 mm, im Unterschied zu Vancouver auf der Windseite eines Festlandgebirges, wo doppelt soviel registriert werden. Auch die Schwankungen innerhalb des Kalenderjahres sind beträchtlich, da der meiste Regen im Winter fällt und die Sommer relativ trocken sind.

Kordilleren

Das Relief der Provinz Britisch-Kolumbien ist vielgestaltig; es wird von mindestens drei nordwest-südostwärts ziehenden Hochgebirgsketten mit dazwischenliegenden Tälern und Plateaus bestimmt. In dieser Zone ist die Höhe für die Klimabeeinflussung von grösserer Bedeutung als der Breitengrad; wüstenähnliche Täler befinden sich oft in nächster Nähe bewaldeter Berghänge. Der Klimacharakter der Kordilleren ist kontinental. Bei starken jährlichen Temperaturschwankungen verteilt sich der Niederschlag eher gleichmässig auf das Jahr, und der Winterschneefall ist gross. In den südlichen Tälern sind die Sommertagestemperaturen oft extrem hoch und können 32°C übersteigen; doch sind die Nächte kühl, und die Luft ist im allgemeinen ziemlich trocken.

Östlich der Kordilleren breiten sich die weiten Flachländer aus, die nach ihrer Lage Innere Ebenen, nach ihrer ursprünglich vorwiegenden Vegetation Prärien genannt werden. Es sind die eigentlichen Farmgebiete Kanadas, die Provinzen Alberta, Saskatchewan und Manitoba. Für den Farmbetrieb sind die Niederschläge verhältnismässig gering und schwanken von 380 bis 635 mm jährlich; allerdings fällt im Frühsommer ein Regenmaximum. Zu jeder Jahreszeit bleiben die Temperaturen extrem veränderlich; sie erreichten im Sommer schon 46°C und sanken im Winter auf nicht weniger als minus 45,6°C. In den östlichen Abschnitten bewegen sich die Januartemperaturen in Winnipeg und Regina durchschnittlich um 0°C und steigen im Juli auf 20°C. Im Westen sind die Winter von Calgary und Edmonton mit –8,3 und –13,9 leicht wärmer, im Juli jedoch wegen ihrer höheren Lage mit einer Durchschnittstemperatur von 17,2°C etwas kühler. Die Winterniederschläge sind im ganzen Gebiet unbedeutend, und die Schneehöhe variiert zwischen 1010 und 1524 mm jährlich.

Ein Wetterphänomen in den westlichen Prärien ist der *Chinook*; er bringt trockene, warme Luft von Westen her, führt innert weniger Stunden zu starkem Temperaturanstieg und häufig auch zur Schneeschmelze. Anderseits unterliegen die Prärien den Blizzards, wenn extreme Unter-Null-Temperaturen von stürmischen Schneewinden begleitet sind.

Grosse Seen und St. Lorenz

Der Winter dieses hügeligen Herzlandes Kanadas ist kürzer als in allen andern Gebieten, trotzdem die Januardurchschnittswerte in Ottawa und Quebec bei –11°C liegen. Mit durchschnittlich über 2500 mm in den unmittelbar leeseits gelegenen Ufern der Grossen Seen und im St.-Lorenz-Tal ist der Schneefall beträchtlich. Die jährlichen Niederschlagsmittel betragen für Toronto 787, für Montreal 1067 mm, und die Niederschläge sind relativ gleichmässig über das ganze Jahr verteilt. Die Grossen Seen beeinflussen das Klima Südwest-Ontarios, nicht aber jenes von Ottawa oder von Süd-Quebec. Bei Tagesextremwerten von 26,7 bis 15,6°C bleiben die Sommertemperaturen recht angenehm.

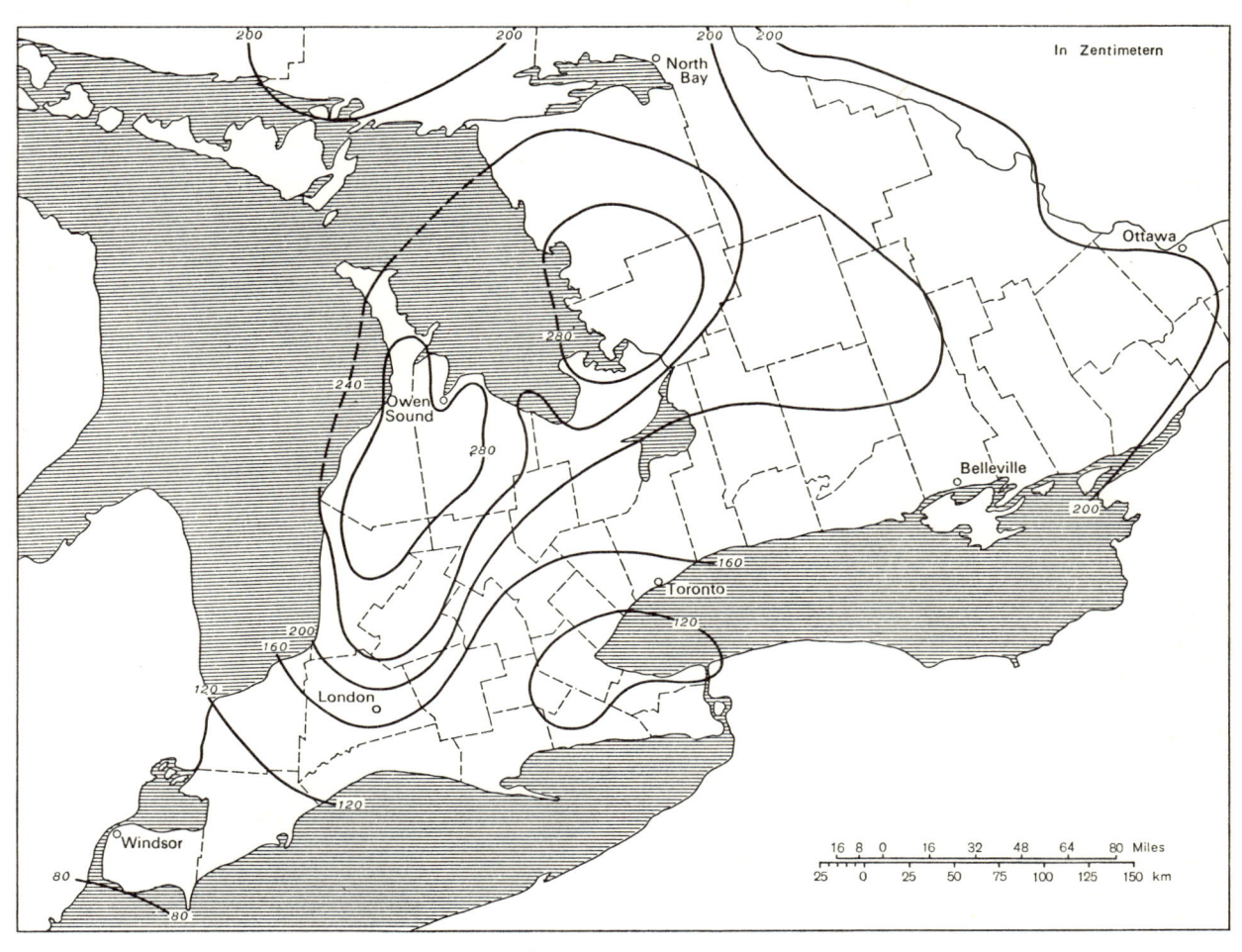

Mittlerer Jahresschneefall im südlichsten Landesabschnitt

Die Arktis

Die arktische Klimazone erstreckt sich über die Arktischen Inseln und schliesst den Saum des Festlandes nördlich einer Linie mit ein, die ungefähr der nördlichen Baumgrenze entspricht. Sommer indessen, wie sie die grossen Siedlungsgebiete der Nordhemisphäre kennen, gibt es hier nicht; denn die Durchschnittstemperatur des wärmsten Monats liegt unter 10° C. Die Temperaturextremwerte der Arktischen Inseln reichen von +18,3° bis –53,9° C. Schneefall ist relativ unbedeutend, für grosse Teile der Arktis im Durchschnitt 760 bis 1000 mm. Doch bleiben Täler und Niederungen während mindestens neun Monaten jährlich schneebedeckt, da es in diesen Breiten nur kurze Tauwetterperioden gibt. Ausgedehnte Flächen sind selbst im Sommer kahl, wenn auch an einigen Stellen Blütenpflanzen wachsen.

Die atlantischen Gebiete

Obschon stellenweise maritim, ist das Klima der Atlantikzone, die Neubraunschweig, Neuschottland, Prince Edward Island und Neufundland umfasst, vorwiegend kontinental. Dies geht deutlich aus den jährlichen Temperaturschwankungen von Halifax hervor, deren Mittelwerte von −5° C im Februar bis 18,3° C im Juli und August betragen können. Noch ausgesprochener kontinental sind die Temperaturen in Neubraunschweig, wo man im Winter schon −47,2, im Sommer mehr als + 39° C gemessen hat. Für kanadische Verhältnisse ist der Niederschlag eher stark; es wurden folgende jährliche Durchschnittsmengen gemeldet: für Chatham auf Neubraunschweig 940, für Charlottetown auf Prince Edward Island 1090, für St. John's auf Neufundland 1346 und für Halifax auf Neuschottland 1371 mm. Zahlreiche Orte verzeichnen Schneehöhen von über 2500 mm, doch sind Perioden milden Wetters in Küstennähe häufig. Die Atlantikzone wird auch von den meisten Stürmen gezeichnet, die den Kontinent verlassen. Zahllos sind hier vor allem im Winter Wetterumstürze und Orkane.

Die boreale Region

Nördlich vom Raume des Yukon im Nordwesten bis zum Bereich des Atlantiks im Südosten verläuft ein klimatisch besonderer Gürtel: die boreale Zone. Sie besteht aus Tundra im Norden und bewaldeten Gegenden im Süden. Eine beträchtliche Schneedecke bleibt länger als sechs Monate jährlich erhalten. In dieser Zone wurden einige der tiefsten Temperaturen des Kontinentes gemessen. Die grösste je registrierte Kälte herrschte mit −62,8° C in Snag am Yukon, während einige Stationen derselben Region im Sommer Werte von + 37° C meldeten. Der Nordosten gilt als niederschlagsarm; es werden im Durchschnitt nur zwischen 300 und 400 mm jährlich verzeichnet. In Nord-Quebec und in Labrador beträgt die Niederschlagsmenge im Mittel 640 mm.

---

28 Stromverwilderungen und Flussschleifen im Mackenzie-Delta bei Inuvik
29 Niagarafall im Winter
30 Schleuse am Wellandkanal
31 Der alte St.-Lorenz-Kanal von der Brücke bei Cornwall aus gesehen
32 Segelsport bei hohem Wellengang auf dem Ontariosee
33 Kanu-Transport am Parsnip River, Britisch-Kolumbien
34 Abendbiwak an einem Seitenfluss des Athabasca River, Alberta
35 Fichtenwald in den Rocky Mountains
36 Der grösste Teil der Provinzeinnahmen Britisch-Kolumbiens stammt aus der Holzgewinnung
37 Langholz-Elevatoren an der Tarrace Bay, Ontario
38 Ham Sud und Ham Mountain, Quebec

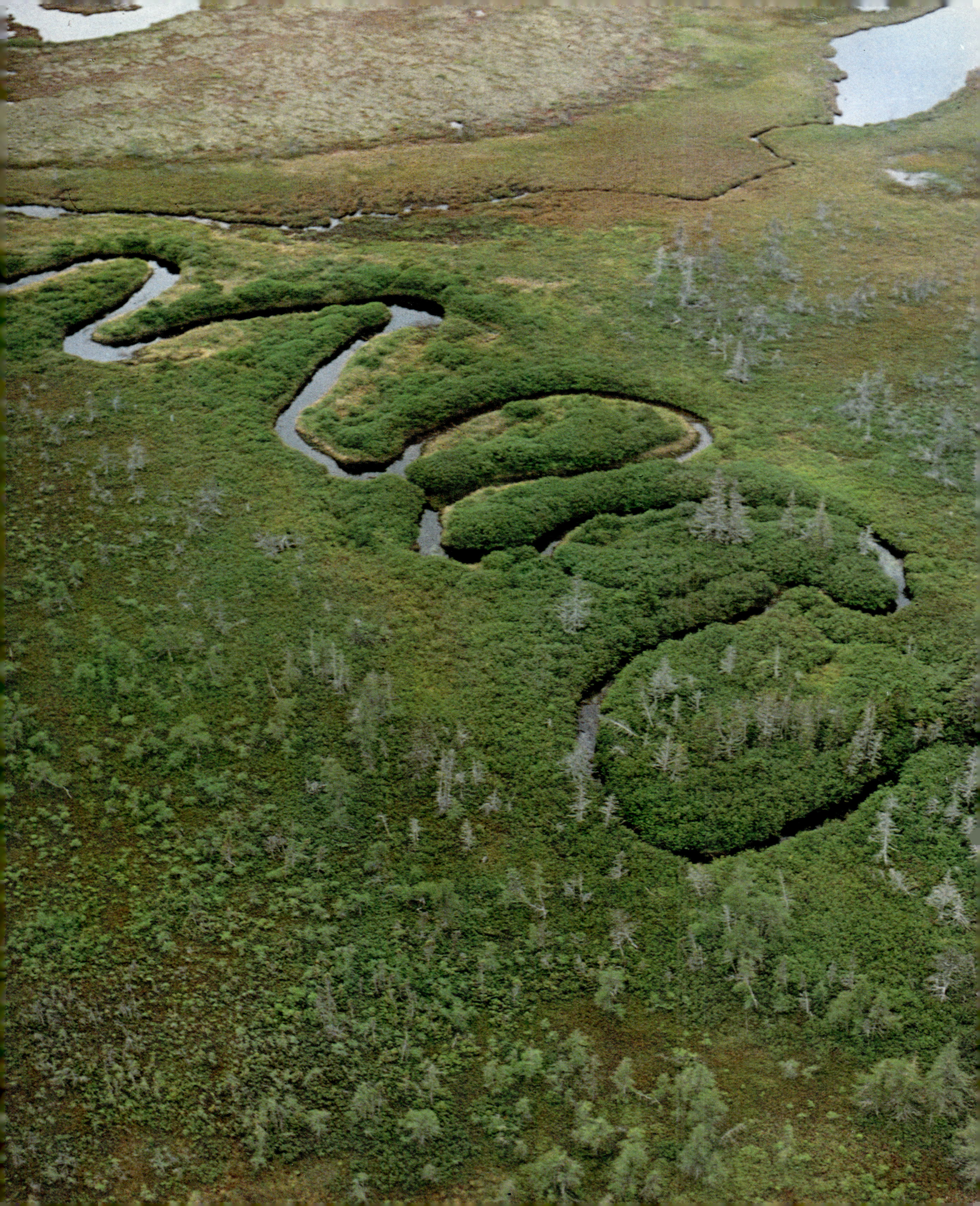

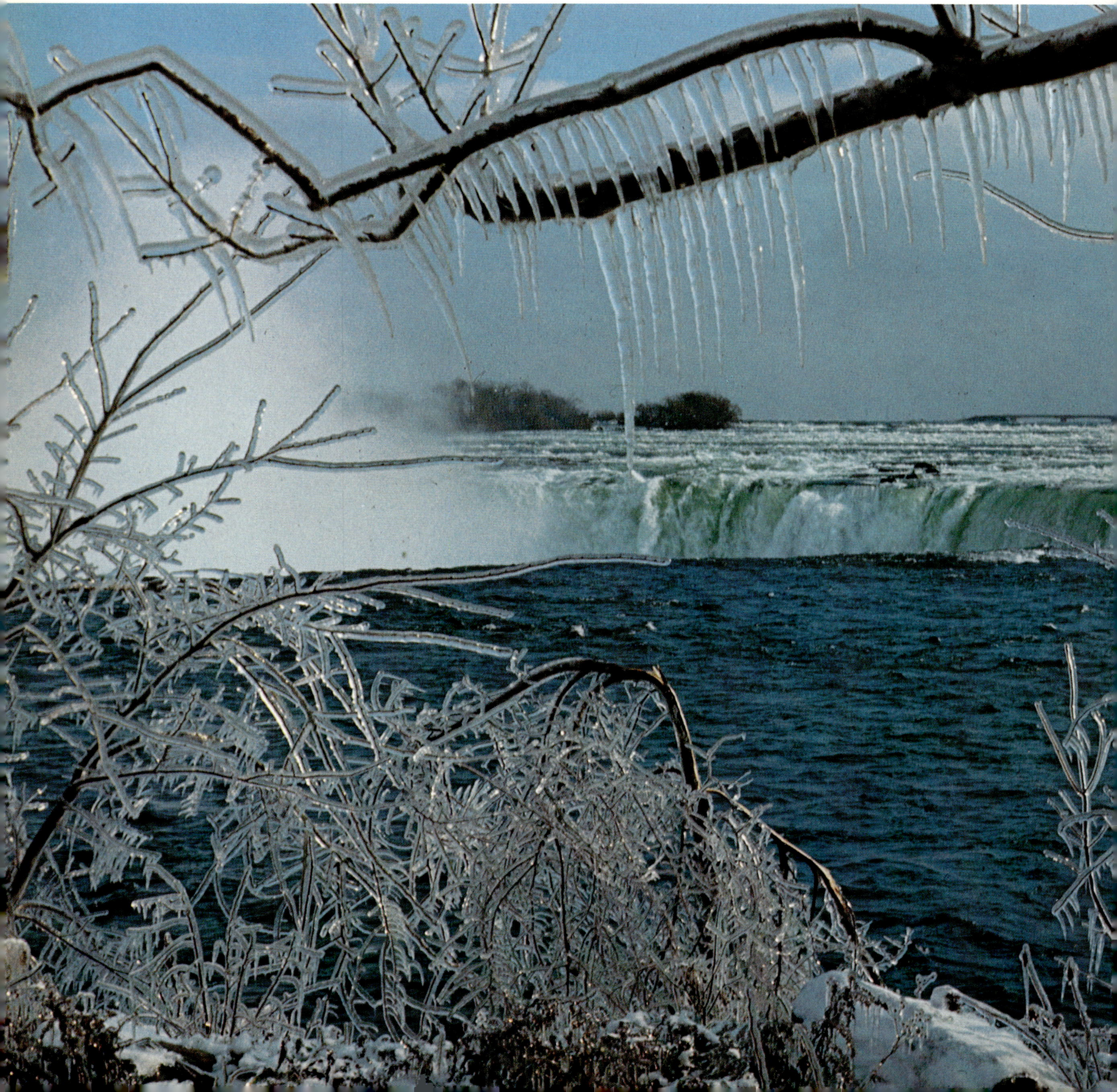

29

30

31

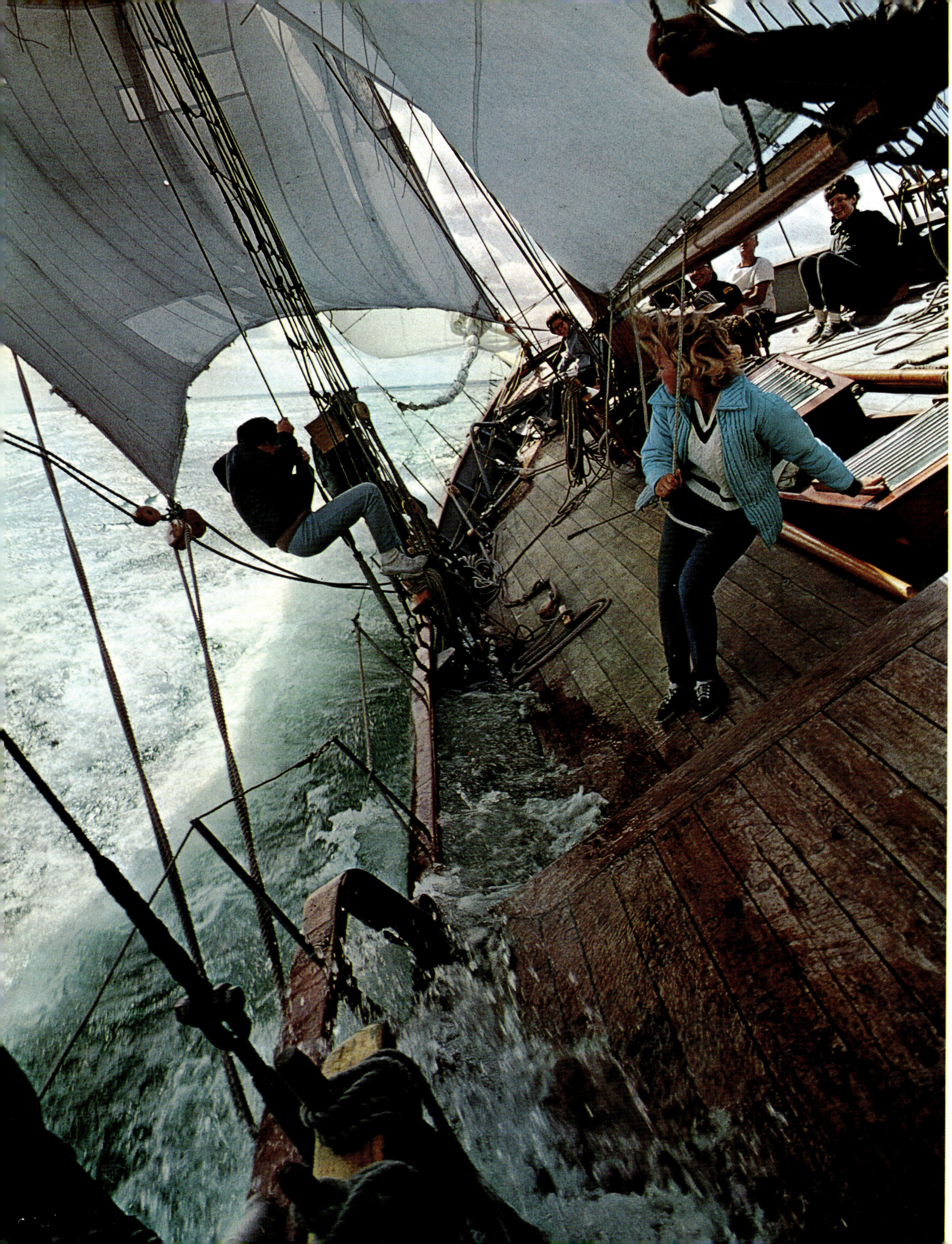

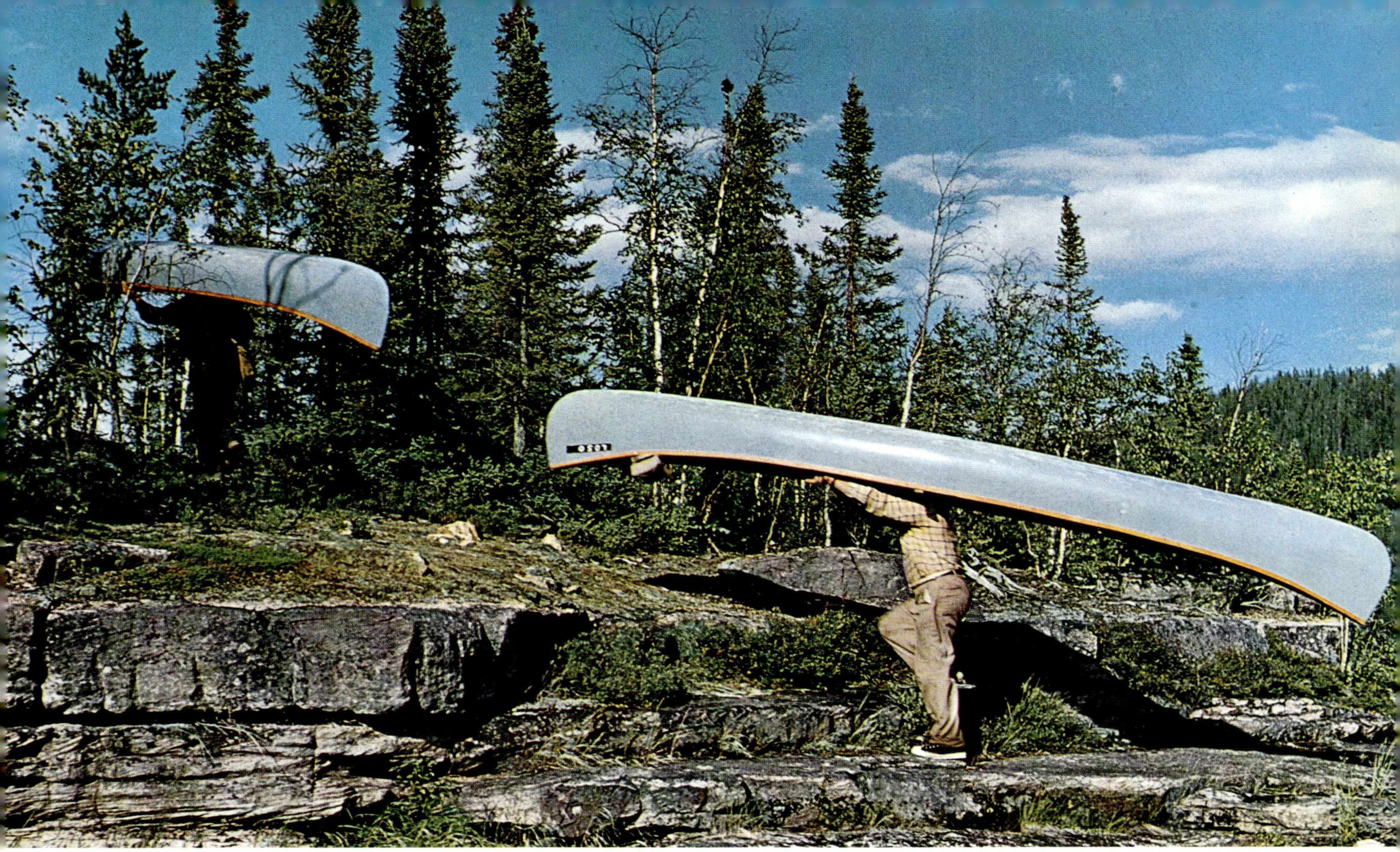

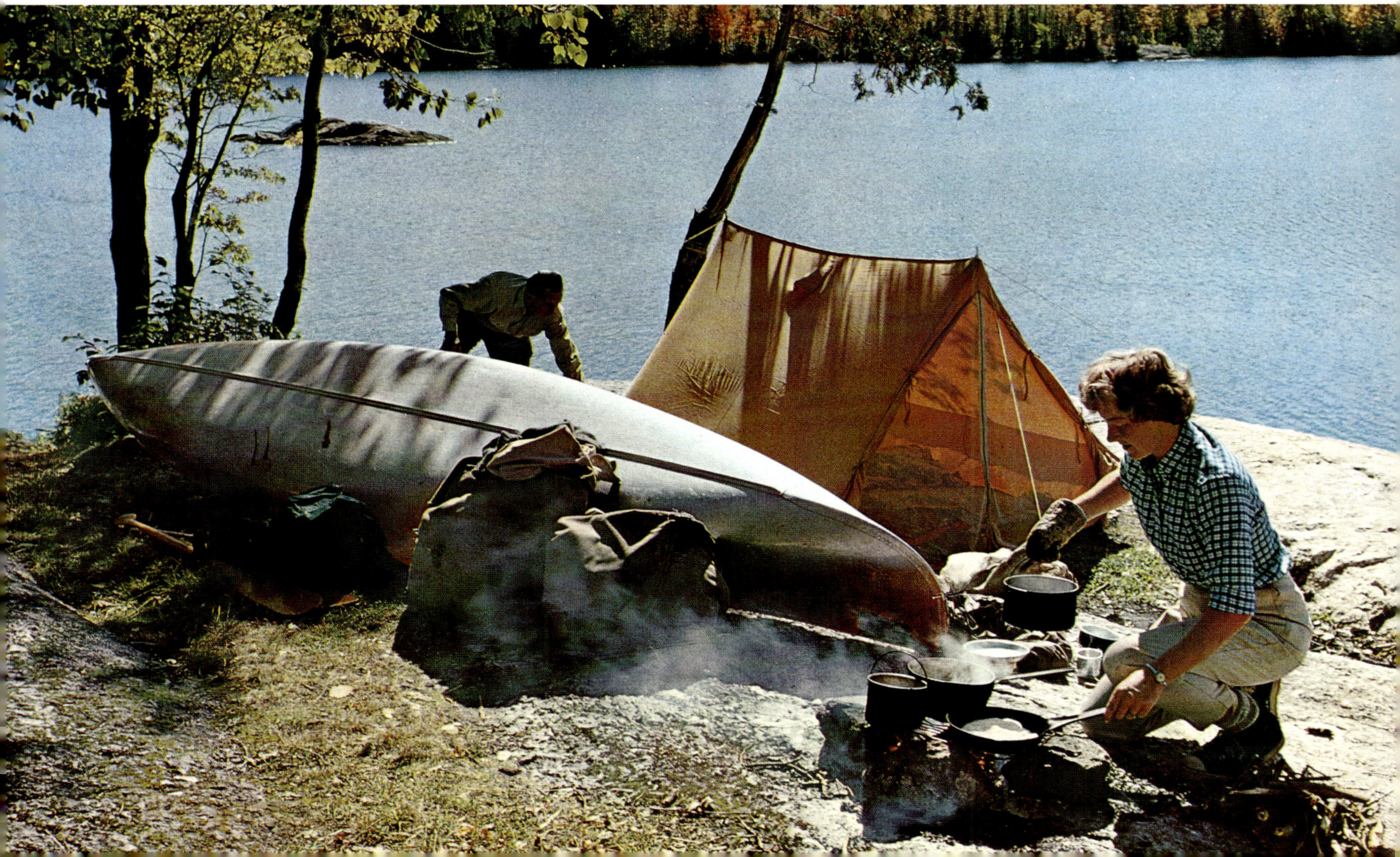

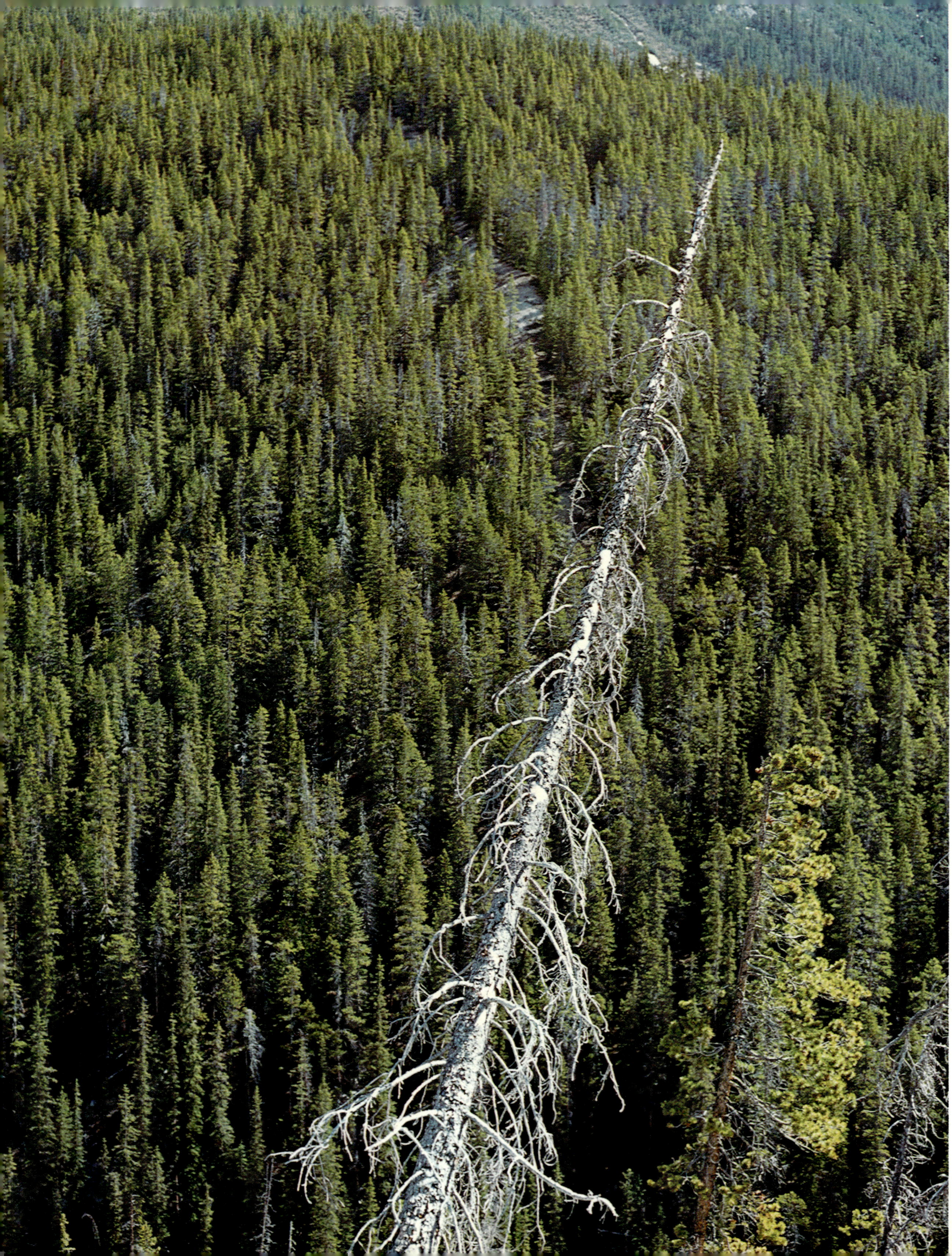

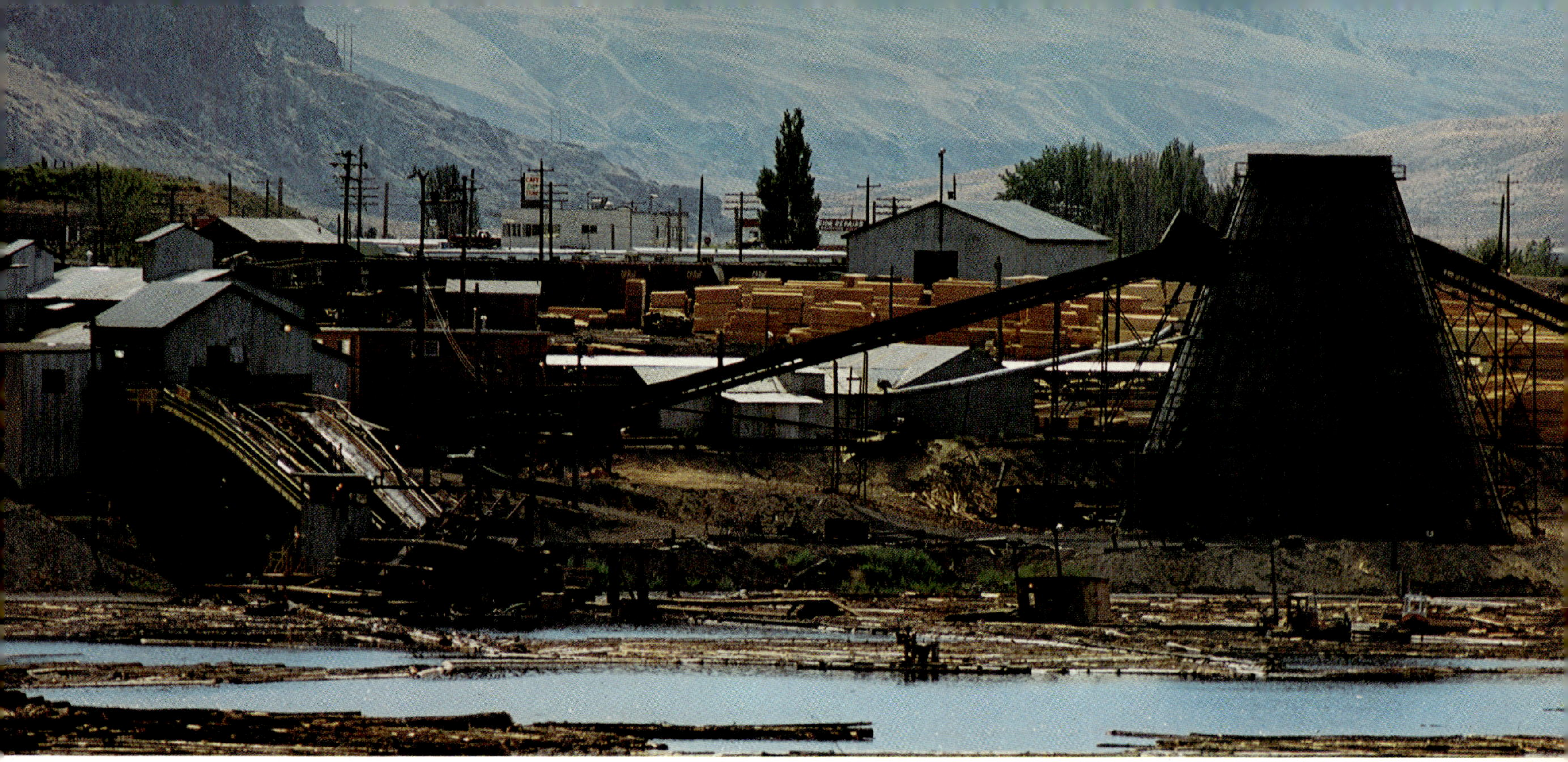

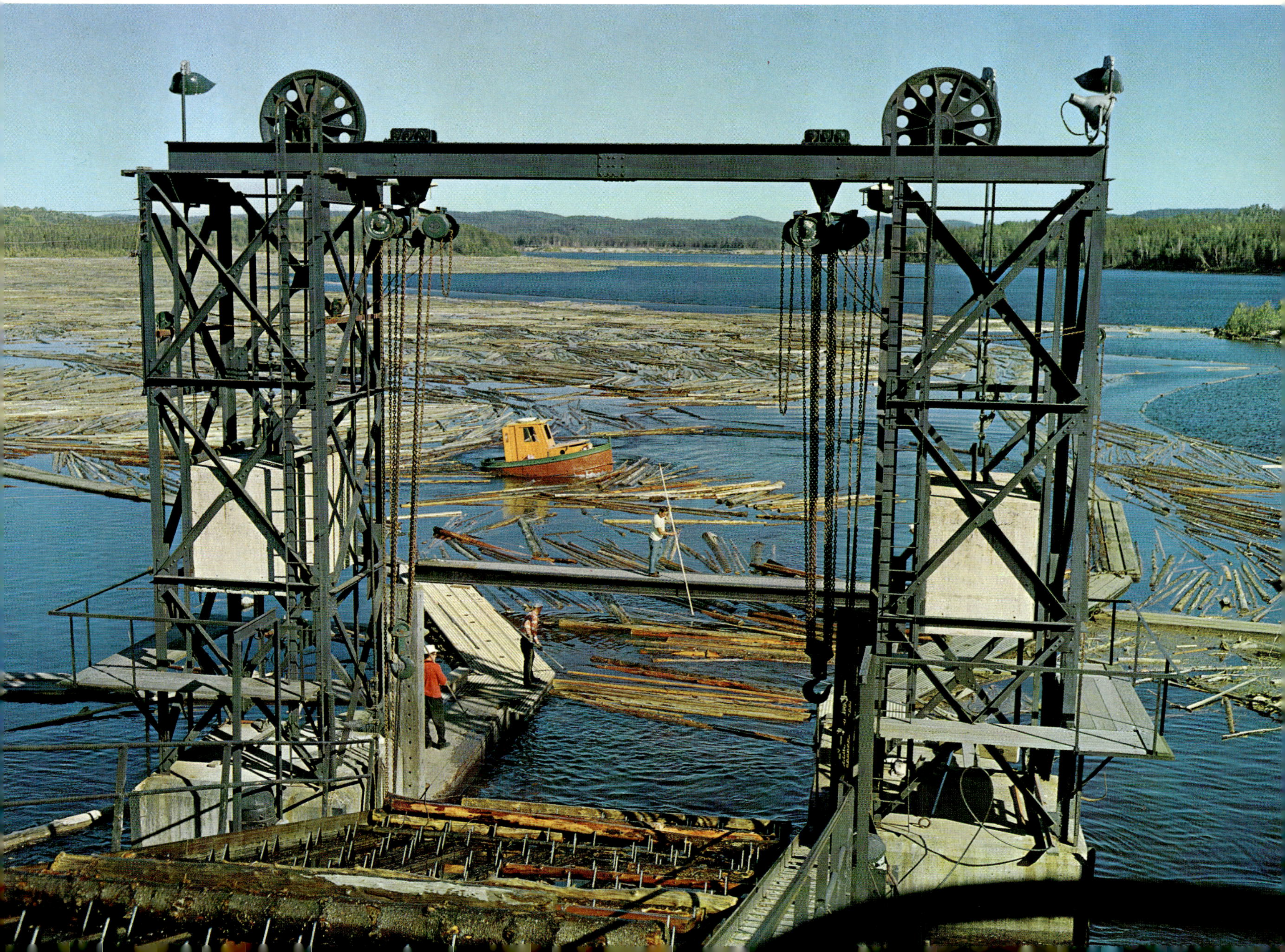

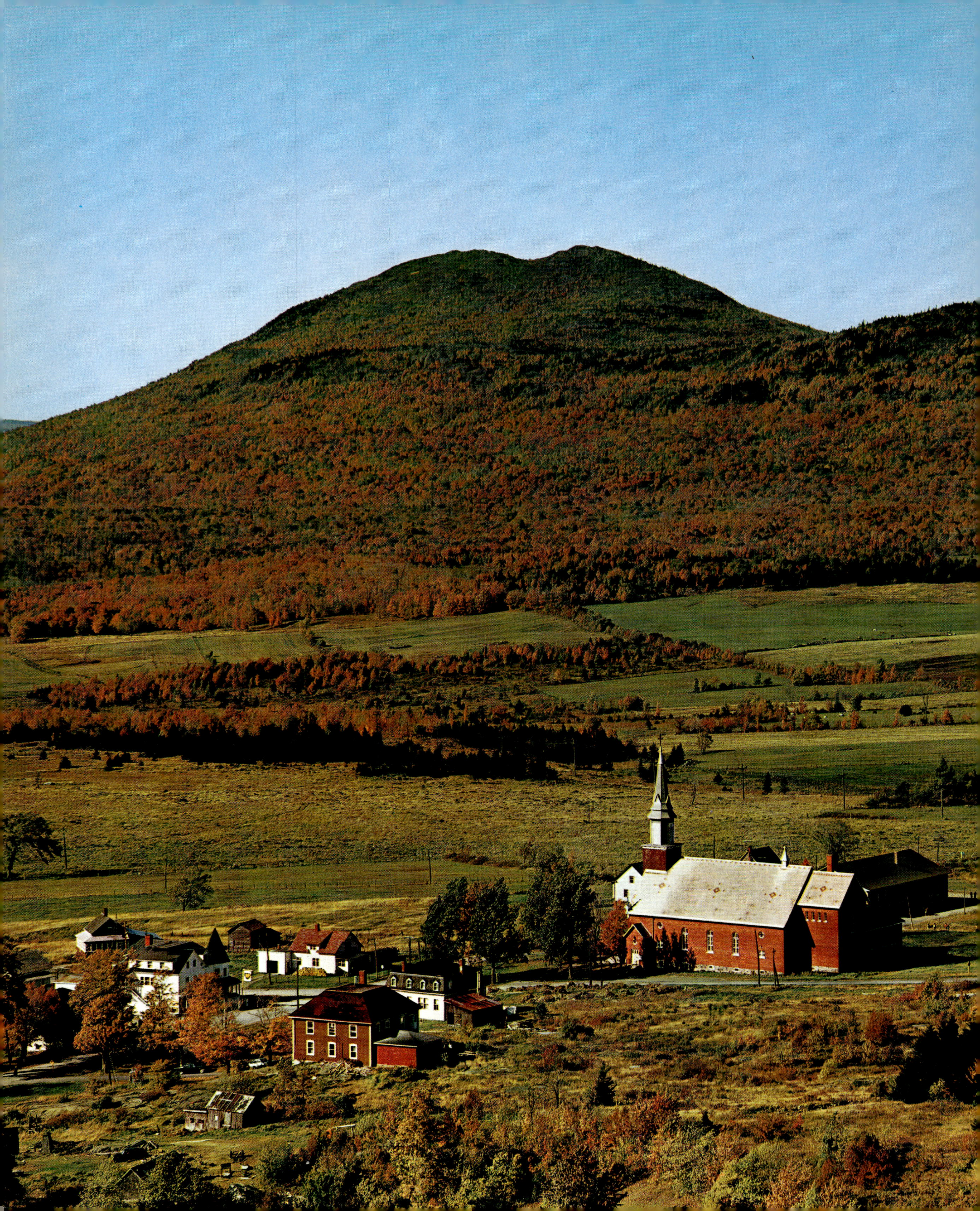

Flora und Fauna

Die Flora

In der Nordhemisphäre fallen die Floren Kanadas, Nordeuropas und Nordasiens durch grosse Ähnlichkeit auf. Sie gleichen einander so sehr, dass Linné und andere frühe Systematiker zahlreichen amerikanischen Pflanzen europäische Namen gaben. Doch führte grössere Vertrautheit zum Nachweis, dass die Mehrzahl der kanadischen Arten sich von den europäischen deutlich unterscheiden.

Bei einer Ausdehnung des Landes von der Atlantikküste Neufundlands bis zur Westküste der Vancouver-Insel über eine Distanz von nahezu 6500 km sind starke topographische, klimatische und ökologische Schwankungen zu erwarten. Die Nordspitze der Appalachen ragt in das Gebiet der Ostprovinzen; der Kanadische Schild, das Laurentische Hochland, zieht sich hufeisenförmig um Hudson Bay und James Bay und setzt sich aus grossen Teilen Manitobas, Ontarios, der andern Ostprovinzen und des Arktischen Archipels zusammen. Die Great Central Plains oder Prärien umfassen ausserdem weite Flächen Manitobas, Saskatchewans und Albertas, und zwei mächtige Gebirge, die Rocky Mountains und die Coast Ranges, sind die beherrschenden Kennzeichen West-Albertas und Britisch-Kolumbiens. Auch in süd-nördlicher Richtung ändern die Umweltverhältnisse erheblich, und die Vegetation reicht von den Subtropen im Südabschnitt Ontarios bis hin in den äussersten Norden.

Trotz seiner immensen Landfläche kann Kanada in neun oder zehn Hauptflorazonen gegliedert werden. Viele Pflanzen kommen auch in andern Gebieten vor; doch gibt es solche, die für eine bestimmte Zone typisch sind und ausschliesslich dort gedeihen. Die folgende Anführung von Arten eines besonderen Bereiches heisst nicht gleichzeitig, dass sie auf diesen allein beschränkt sind, sondern dass sie innerhalb seiner Grenzen vorherrschen.

Die arktische Region

Charakteristisch für dieses Gebiet ist das Fehlen bekannter Baum- und Strauchformen. Zwerghafte Weiden- und Birkenarten und Büsche der Heidekrautfamilie sind überall anzutreffen. Krautige Pflanzen sind selten; von den vorhandenen sind die meisten perennierend und werden als Langtagspflanzen bezeichnet.

Infolge der tiefen Durchschnittstemperaturen tauen nur wenige Zentimeter der oberen Erdschicht auf; darunter herrscht Dauerfrost. In den Sommermonaten, wenn die Sonne vierundzwanzig Stunden täglich scheint, kann die Temperatur der Erdoberfläche weit höher steigen als die der Luft, und innert kurzer Zeit steht die Vegetation in voller Blüte.

Die meisten arktischen Pflanzen sind unauffällig und lassen die Landschaft als Ödland erscheinen. In den nördlichsten Gebieten wachsen vor allem Flechten, Moose, Gräser und Seggen, doch kommen auch augenfälligere Blütenpflanzen vor wie Ganzblättrige Silberwurz, *Dryas integrifolia*; Langwurzeliger Mohn, *Papaver radicatum*; Stengelloses Leimkraut, *Silene acaulis*, und Breitblättriges Weidenröschen, *Epilobium latifolium*. In den

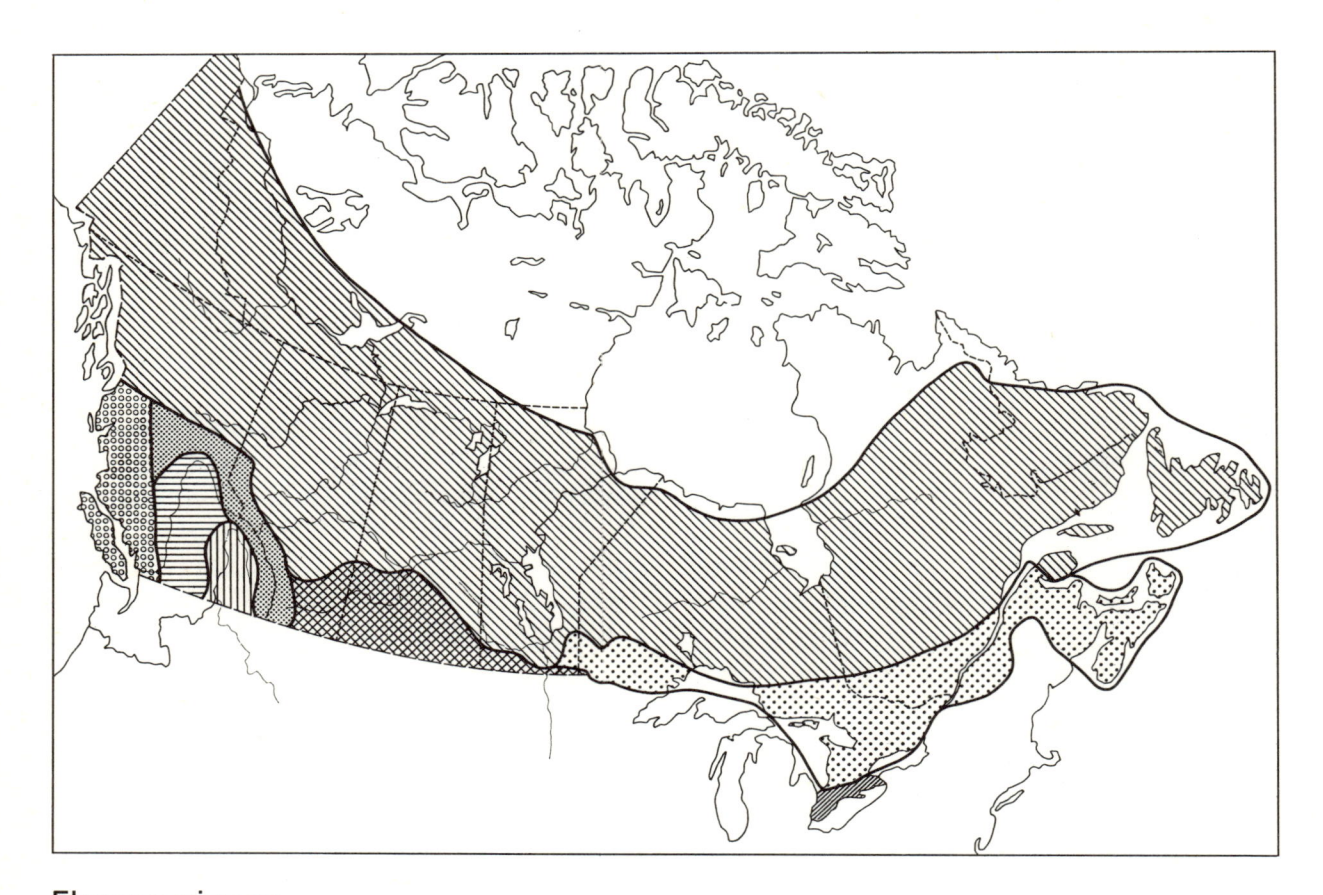

Florenregionen

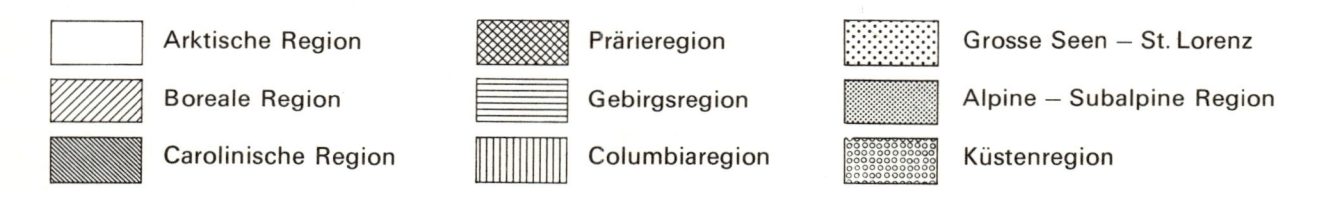

Arktische Region	Prärieregion	Grosse Seen – St. Lorenz
Boreale Region	Gebirgsregion	Alpine – Subalpine Region
Carolinische Region	Columbiaregion	Küstenregion

südlicher gelegenen, grasreichen Tundrengebieten ist die Pflanzendecke dieselbe, doch viel geschlossener und dichter. In diesem sonst kahlen Landstrich wachsen Niederliegender Porst, *Ledum decumbens*; Lappländische Alpenrose, *Rhododendron lapponicum*; Zypressenheide, *Cassiope tetragona*; Labrador-Läusekraut, *Pedicularis labradorica*, und Arktische Lupine, *Lupinus arcticus*. Zahlreiche dieser arktischen Arten sind auch in den viel südlicheren, höheren Bergregionen beheimatet.

Die boreale Region

Dieser Abschnitt erstreckt sich vom nördlichen Felsengebirge und dem Yukon-Territorium ostwärts bis Neufundland. Im Gegensatz zur arktischen Zone sind Bäume hier typisch. Wir sind im Gebiete der unermesslichen immergrünen Wälder Kanadas mit ihren Hauptvertretern Weisse und Schwarze Fichte, *Picea glauca* und *Picea mariana*; Amerikanische Lärche oder Tamarack, *Larix laricina;* Bankskiefer, *Pinus banksiana*, und Balsamtanne, *Abies balsamea.*

Grosslaubige Bäume wie Balsampappel, *Populus balsamifera*, Zitterpappel, *Populus tremuloides*, und Papierbirke, *Betula papyrifera*, sind in der borealen Zone mehr oder weniger dort verbreitet, wo der immergrüne Wald gerodet oder vom Feuer zerstört wurde. Unter den Sträuchern verdienen hier vor allem Beachtung: Blaubeeren, *Vaccinium spp.;* Bärentraube, *Arctostaphylos uva-ursi;* Teebeerenstrauch, *Gaultheria spp.;* Wacholder, *Juniperus spp.;* Büffelbeere, *Shepherdia spp.*, und strauchiges Fingerkraut, *Potentilla fruticosa*. Krautige Pflanzen sind in diesen Gebieten besonders zahlreich, und Bärlappe, Gräser, Seggen, Liliengewächse und Orchideen herrschen vor. Weitere Blütenpflanzen sind der Grönländische Goldfaden, *Coptis groenlandica;* das Schmalblättrige Weidenröschen, *Epilobium angustifolium;* der Kanadische Hartriegel, *Cornus canadensis;* der Fadenförmige Wachtelweizen, *Melampyrum lineare;* das Moosglöckchen, *Linnaea borealis*, und Veilchenarten, *Viola spp.*

Grosse Seen und St. Lorenz

Bezeichnend für die Wälder dieser Gebiete ist das überwiegende Vorkommen des Zuckerahorns, *Acer saccharum*, und der Grossblättrigen Buche, *Fagus grandifolia*, vermischt mit Roteiche, *Quercus borealis*, Grossfrüchtiger Eiche, *Quercus macrocarpa*, Amerikanischer Ulme, *Ulmus americana*, Schwarzlinde, *Tilia americana;* Weymouthskiefer, *Pinus strobus;* Hemlockstanne, *Tsuga canadensis*, und Eschen, *Fraxinus spp.* Zu den auffallendsten Frühlingsblumen dieser Wälder zählen Leberblümchen, *Hepatica spp.;* Amerikanische Zahnlilie, *Erythronium americanum;* Roter und Weisser Drilling, *Trillium spp.;* Gefleckter Storchschnabel, *Geranium maculatum;* Kanadisches Blutkraut, *Sanguinaria canadensis;* Sperrige Flammenblume, *Phlox divaricata;* Schildförmiges Fussblatt, *Podophyllum peltatum*, und Zahnwurz, *Dentaria spp.*

Mit vorüberziehendem Frühling beginnen die Blätter Schatten auf den Waldboden zu werfen und die Blumen immer seltener zu werden. Beim Herannahen des Herbstes erblühen in den Wäldern und ihrer nahen Umgebung die Astern, *Aster spp.*, und die Goldruten, *Solidago spp.* als Vorboten des Winters. In vielen Gebieten dieser Florazone überwiegt das Kulturland. Wo der Boden unbewirtschaftet ist oder verlassen wurde, ergreifen innert kurzer Zeit zahlreiche von verschiedenen Ländern nach Kanada eingeführte Pflanzen von ihm Besitz. Davon sind die meisten Unkräuter, wie schön sie für das Auge auch sein mögen.

Einige Waldfachleute halten es als erforderlich, für die Meerprovinzen Neubraunschweig, Neuschottland und Prince Edward Island ein spezielles Florengebiet zu schaffen. Doch scheinen die Pflanzen der Atlantischen Provinzen teils der borealen, teils der St.-Lorenz-Zone zuzugehören, und die Anerkennung einer Sonderstellung ist umstritten.

Das Carolinische Gebiet

Dieser südlichste Abschnitt Kanadas wird wegen seines gemässigten Klimas, seiner langen Wachstumszeit und seiner selbst im tiefen Süden der Vereinigten Staaten verbreiteten Pflanzenarten als «Bananengürtel» bezeichnet. Wie seine geographische Breite hat zweifellos auch seine Lage in der Nähe der Grossen Seen auf das Klima einen günstigen Einfluss. Das Gebiet ist dicht bevölkert und hochindustrialisiert; in ländlichen Bereichen überwiegt Landwirtschaft. Der ursprüngliche Wald ist verschwunden und die einheimische Flora deshalb unbekannt. In einigen wenigen bisher unberührten Wäldern blieb sie jedoch erhalten und ist erkennbar in Form von Tulpenbäumen, *Liriodendron tulipifera*; Sassafras, *Sassafras albidum*; Nordamerikanischen Platanen, *Platanus occidentalis*; Walnussbäumen, *Juglans nigra*, und Eichen, *Quercus spp.* Ferner begegnen wir Strünken von Kastanienbäumen, die um die Wende des 19. zum 20. Jahrhundert der Trockenfäule zum Opfer fielen und heute fast ausgestorben sind. Von grosser Vielfalt sind auch die Straucharten, von denen der Hartriegel, *Cornus florida*, und der Amerikanische Spindelbaum, *Evonymus atropurpureus*, nur in der Carolinischen Zone wachsen. Eine Anzahl Sträucher der St.-Lorenz-Zone und des Gebietes der Grossen Seen sind auch hier vertreten.

Dasselbe gilt für einige Krautarten der vorerwähnten Zone; doch sind Buschklee, *Lespedeza spp.*; Amerikanischer Columbo, *Frasera caroliniana*; Sumpf-Eibisch, *Hibiscus palustris*; Frühlingsvorbote, *Erigenia bulbosa*; Kanadischer Blattkelch, *Polymnia canadensis*; Schwarze Schlangenwurz, *Cimicifuga racemosa*, und Collinsonie, *Collinsonia canadensis*, ausschliesslich in der hier beschriebenen Zone heimisch.

---

39 Gelbe Ringelblume, *Calendula officinalis*
40 Kanadischer Sumach, *Toxicodendron spp.*
41 Gemeine Kratzdistel, *Cirsium vulgare*
42 Michigan-Lilie, *Lilium michiganense*
43 Bow Valley und Mount Ishbel, Alberta
44 Elch in den Nordwest-Territorien
45 Brütende Kanadagans
46 Bergschafe
47 Bergziege   (alle vier Bilder aus dem
48 Hirsche   Jasper National Park)
49 Schwarzbär

39
40
41
42

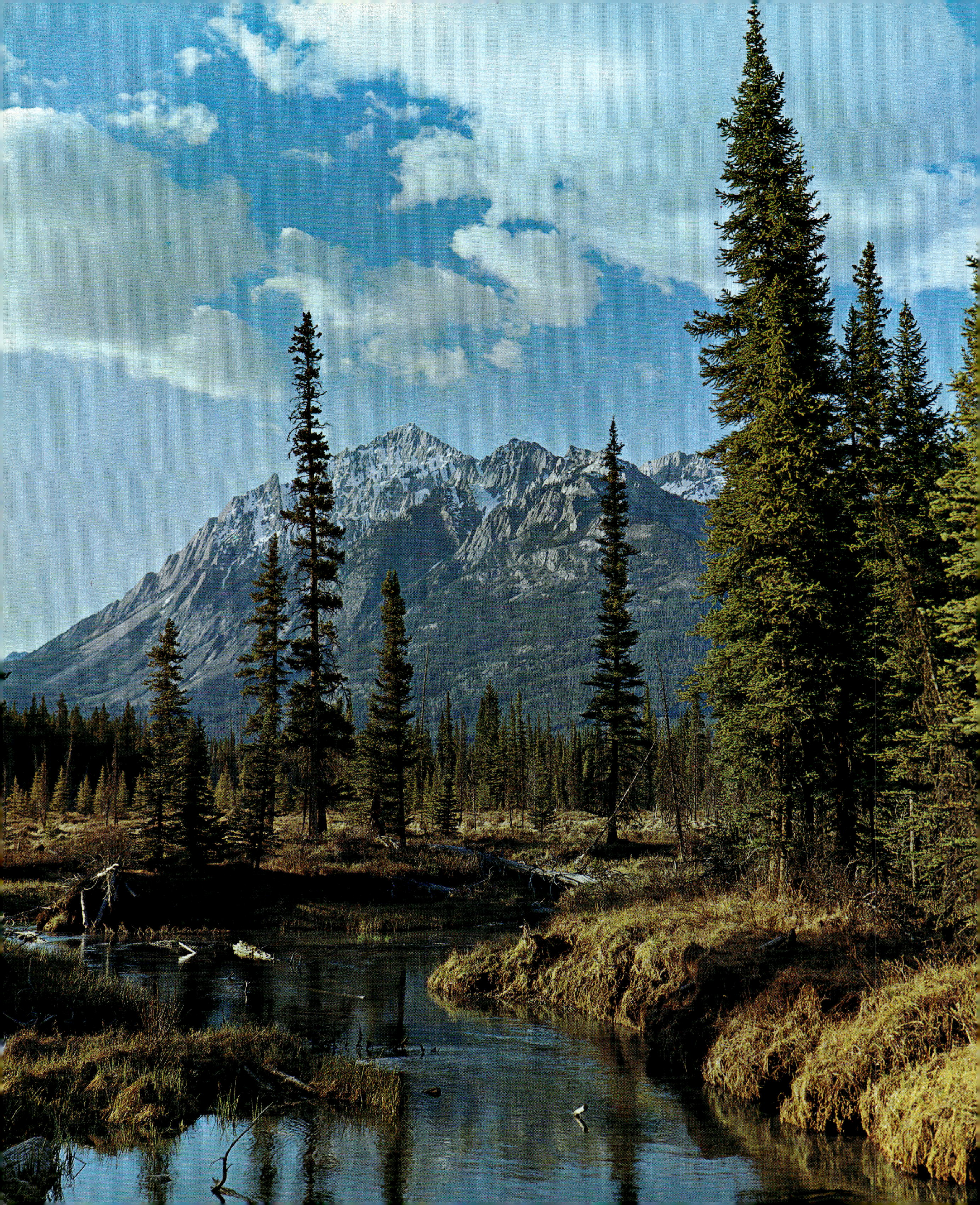

44

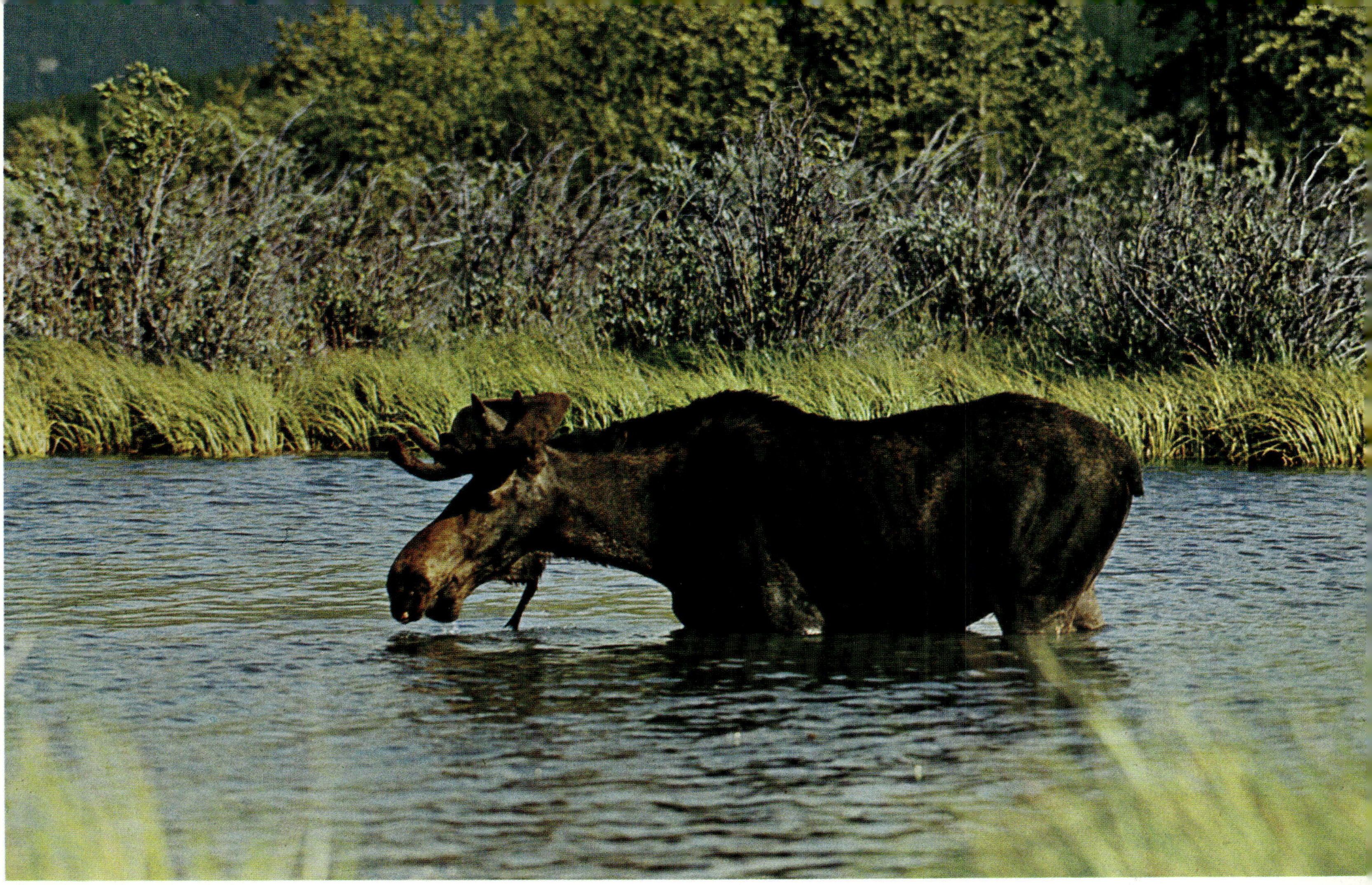

3 45

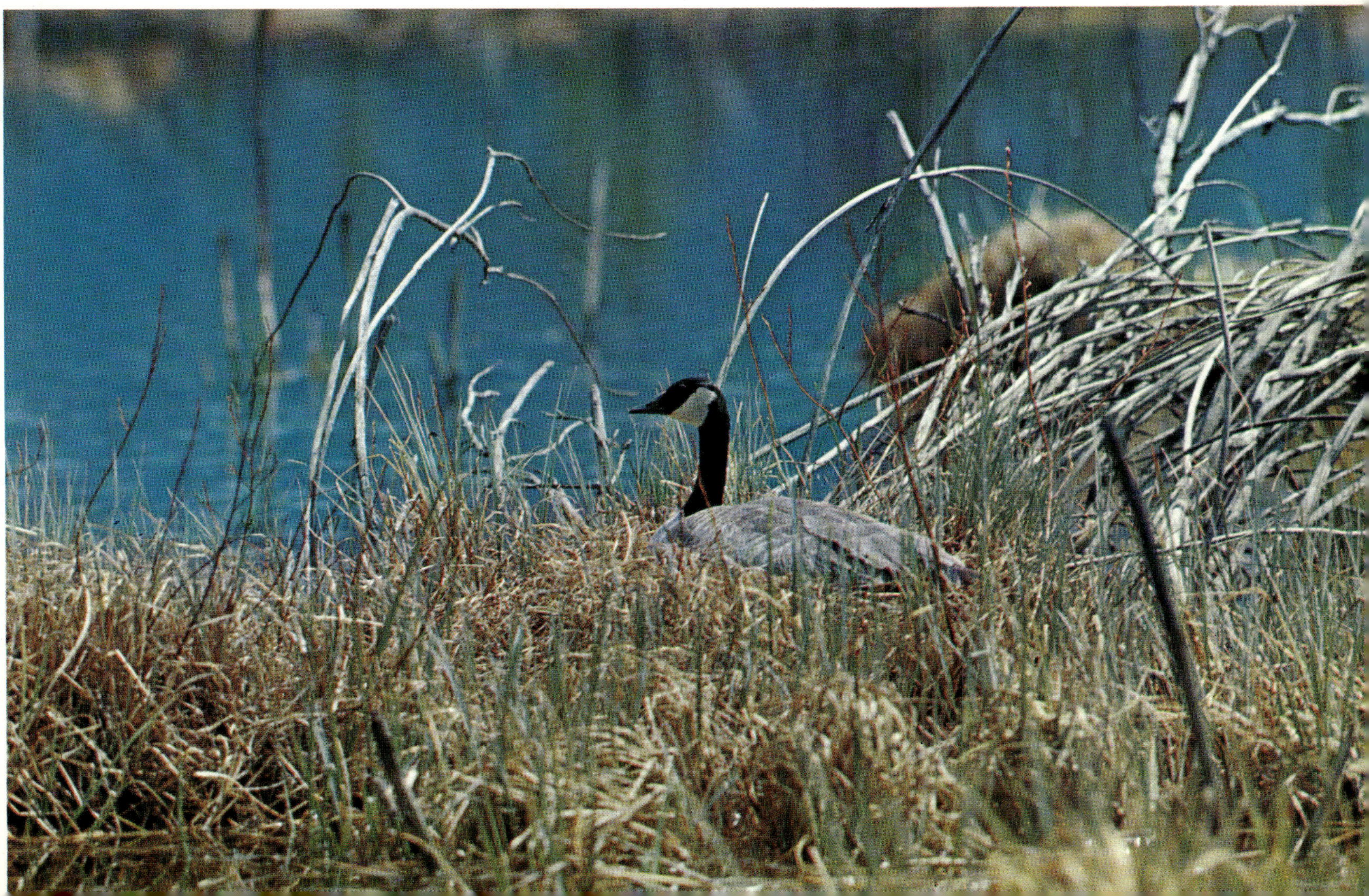

46

47

48

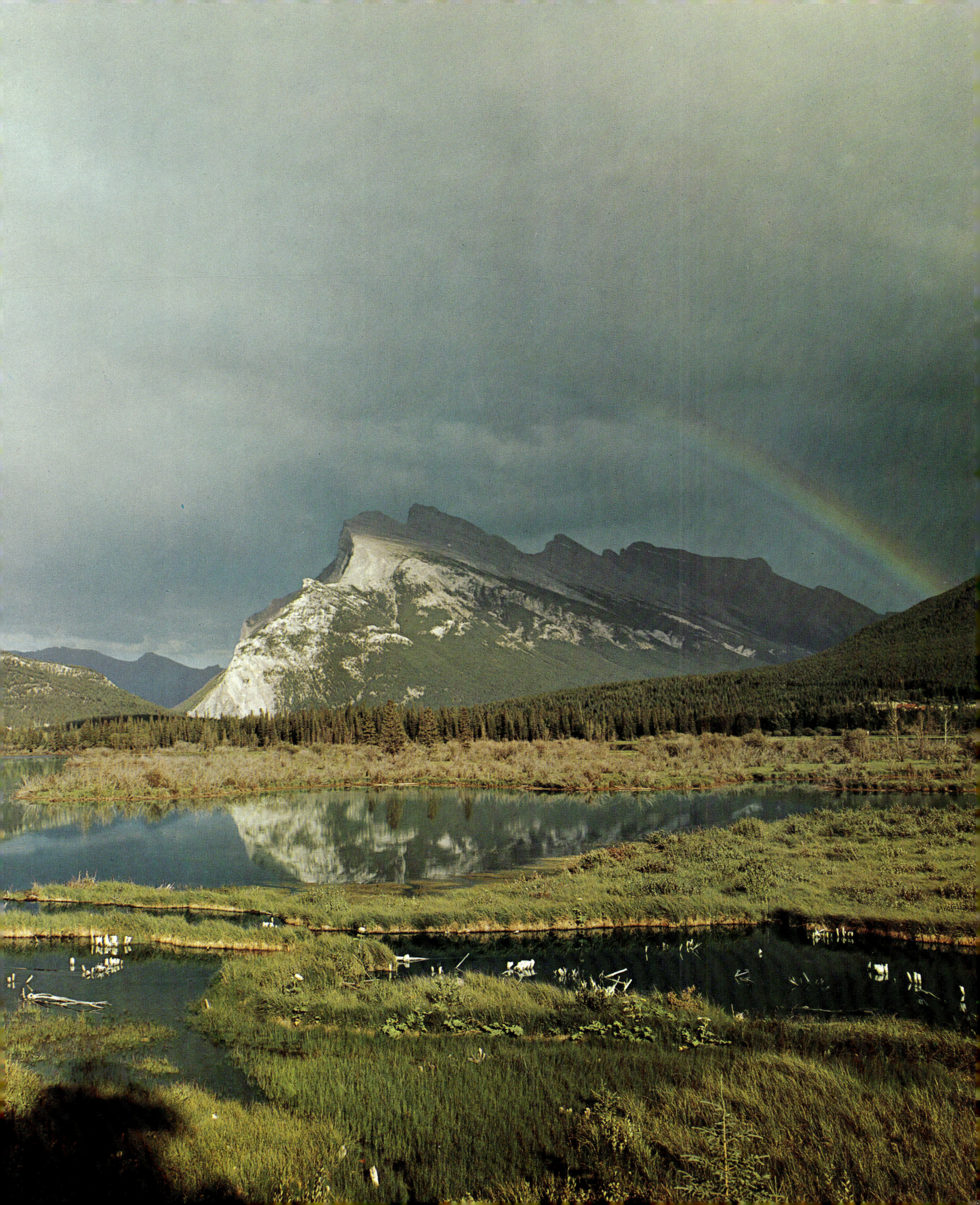

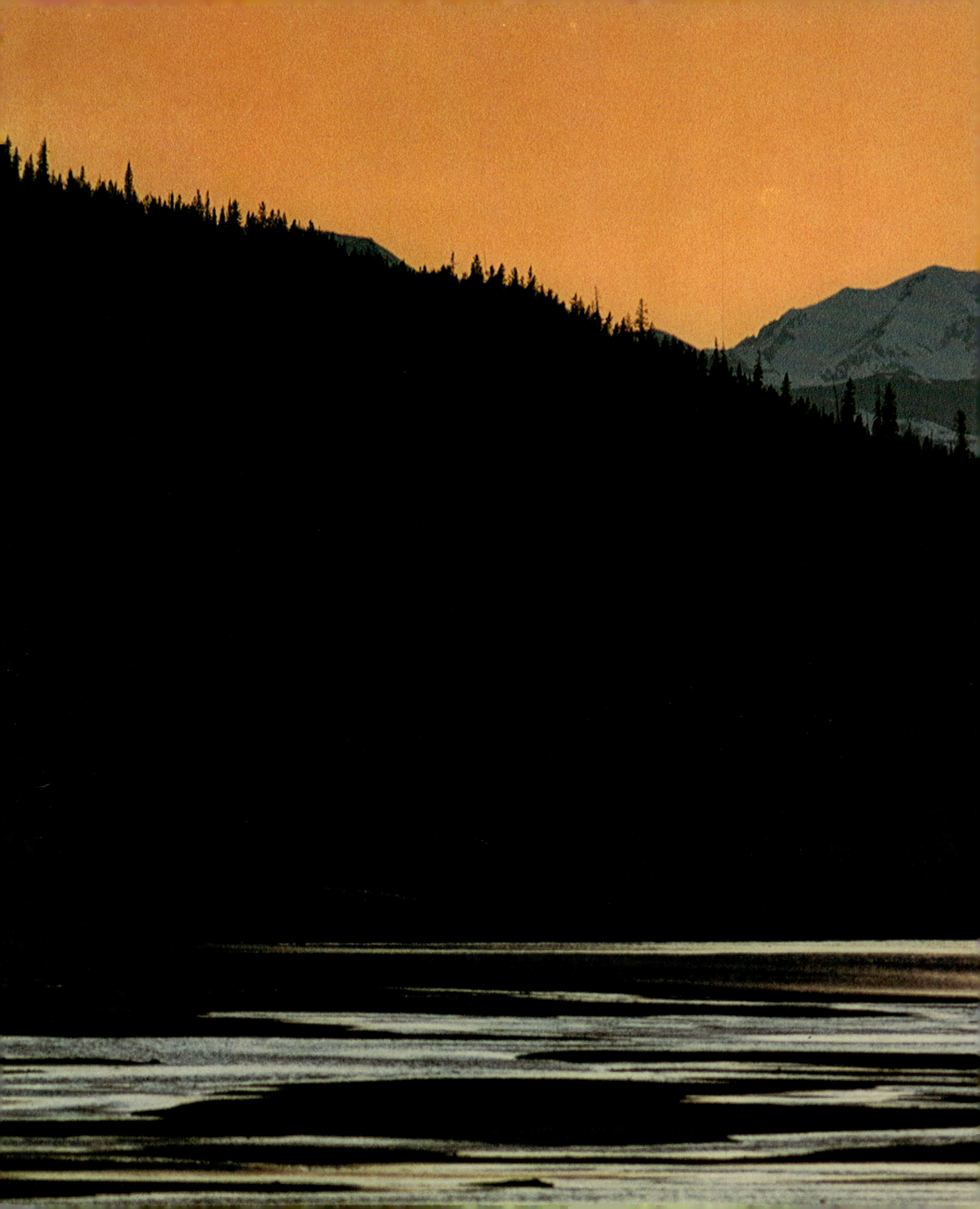

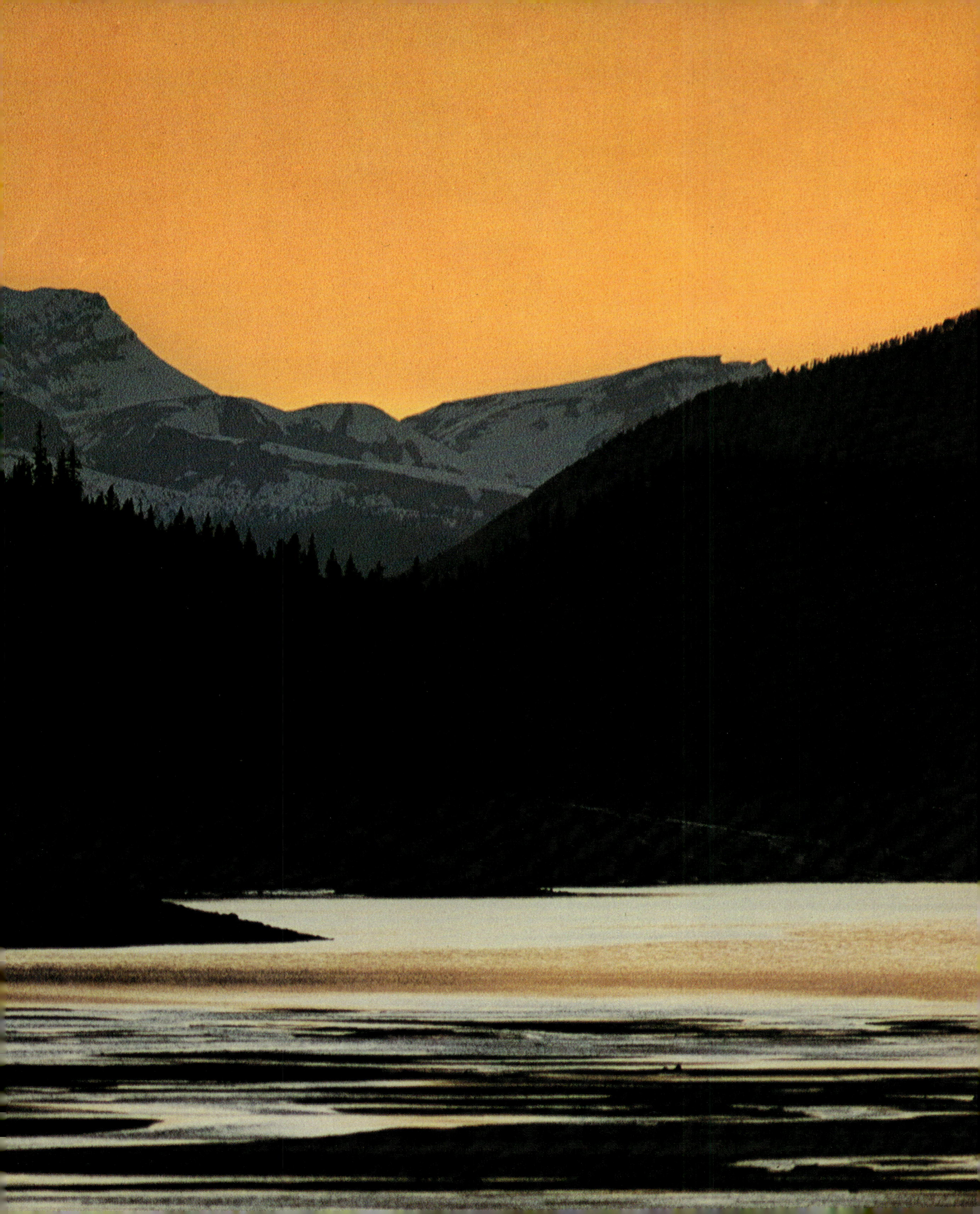

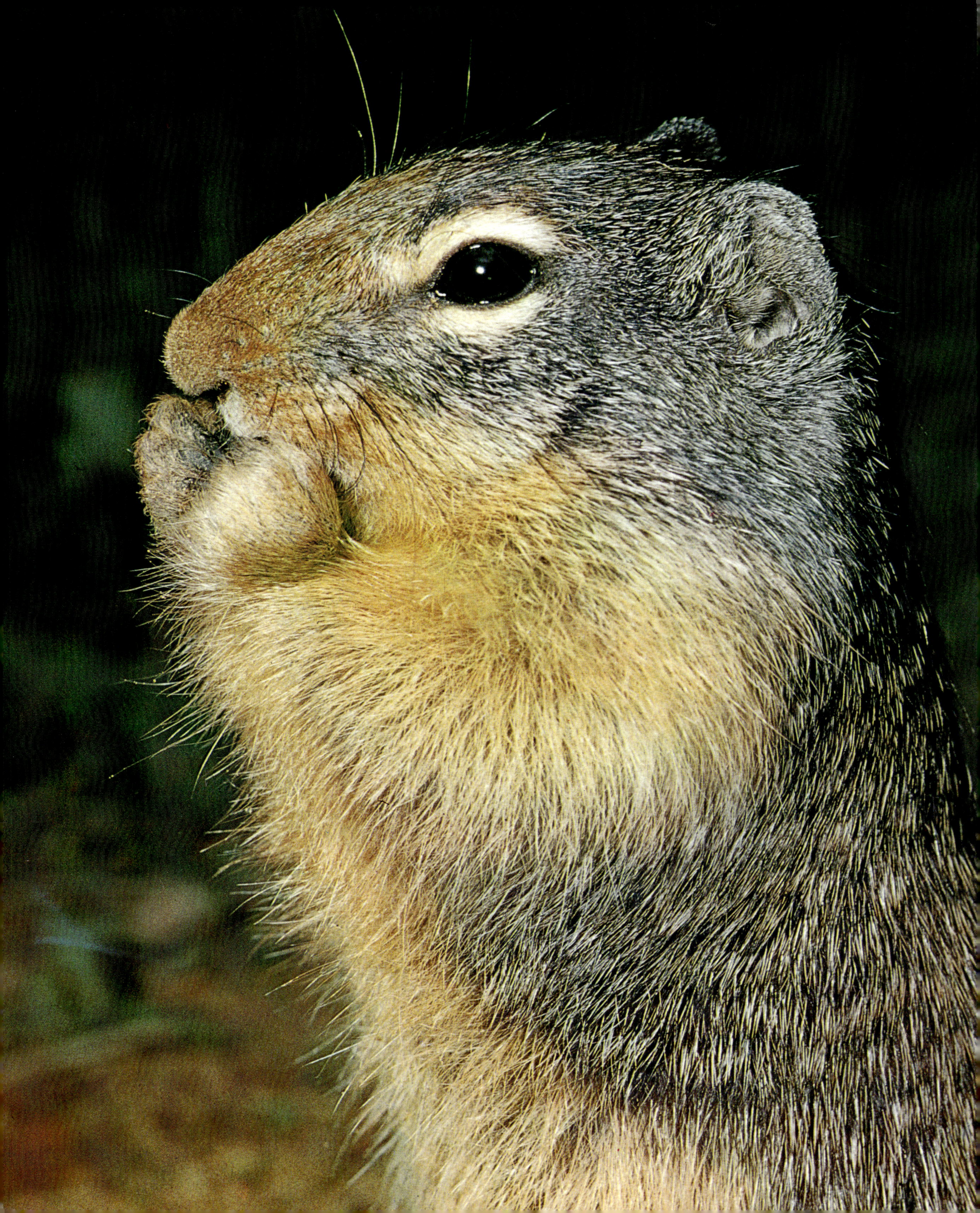

Die Prärieregion

Mit zunehmender Entfernung von den Waldgebieten des Ostens und Westens werden die Bäume spärlicher, bis nur noch Weiden und Pappeln an Wasserwegen, Steilufern und in der Umgebung von Farmgehöften sichtbar sind. Die verbleibenden Flächen bildeten früher das grosse Grasland, auf dem heute vor allem Weizen angebaut wird. Weiter westlich, wo Gras erneut die Hauptvegetation ist, beginnen Schaf- und Rinderzucht das Getreide zu verdrängen, und die ursprüngliche Prärieflora überwiegt immer mehr. Von Ost-Winnipeg bis Moose Jaw in Saskatchewan sind die Prärien von eintöniger Flachheit und gehen erst jetzt in Hügelgelände über. Hier begegnen wir dem Beifuss, *Artemisia spp.*; der Ölweide, *Eleagnus commutata*; dem Büffelbeerenstrauch, *Shepherdia spp.*, und der Schneebeere, *Symphoricarpos spp.*

Im gesamten Präriegebiet wachsen selbst an den trockensten, ariden Stellen noch Kräuter. Die charakteristischen Gräser der Steppen sind das Gabelige Bartgras, *Andropogon furcatus*; das Pfriemgras, *Stipa spartea*; das Grama-Gras, *Bouteloua gracilis*, und die Weiche Quecke, *Agropyron tenerum*. Im Frühling blüht manchenorts die prächtige Steppenanemone, *Anemone patens*. Ihr gesellen sich zahlreiche Korbblütler bei; Kakteen; der Bartfaden, *Pentstemon spp.*; der Prärieklee, *Petalostemon spp.*; die Scharlachrote Prachtkerze, *Gaura coccinea*, und die Kugelmalve, *Sphaeralcea coccinea*.

Im westlichen Teil von Alberta erreichen wir die Vorgebirge der Rocky Mountains. Hier wird die Prärieflora allmählich von der Gebirgsflora abgelöst.

Die alpine-subalpine Region

Die Rocky Mountains bilden die eindrückliche natürliche Grenze zwischen den Provinzen Alberta und Britisch-Kolumbien, wo die Zusammensetzung der Flora entsprechend dem Gebirgsgelände ziemlich komplex erscheint und jeder Berg mehrere Florenzonen aufweisen kann. Bei so hohen Gebirgen verwundert es nicht, dass wir hier viele arktische und subarktische Pflanzen antreffen. Das Vorhandensein der Engelmann-Fichte und der Drehkiefer in niedrigen Höhen, der Westamerikanischen Balsamtanne und der Weissbirke in höheren Lagen unterscheidet diese Zone sogleich von den Ostprärien und dem nördlicheren borealen Bereich. Bergwohlverleih, Läusekraut, Gauklerblume, Bartfaden, Fingerkraut, Schirmpflanze und Glockenblume sind in diesem Gebiete überall verbreitet.

---

50 Gewitterstimmung am Mount Rundle und Vermilion Lake, Alberta
51 Abendstimmung am Maligne Lake, Jasper National Park
52 Kolumbianisches Backenhörnchen

Die Columbia-Region

Westlich der Rocky Mountains und zum Teil in den Flusstälern des südöstlichen Abschnittes von Britisch-Kolumbien liegt der sogenannte *Interior Wet Belt* oder die Columbia-Zone. Hier fällt das dichte Wachstum auf und erinnert an die reiche Vegetation der äussersten westlichen Küstenregion. Wichtige Komponenten des «Inneren Nassen Gürtels» sind Westliche Hemlocktanne, *Tsuga heterophylla*; Riesenlebensbaum, *Thuja plicata*; Douglastanne, *Pseudotsuga douglasii*, und Nordamerikanische Lärche, *Larix occidentalis*. Die Zone ist stellenweise sehr trocken und ihre Flora am besten mit dem westlicher gelegenen Trockengürtel vergleichbar.

Die Gebirgsregion

Die hohe Küstengebirgskette im Westen verhindert hier ausgiebige Niederschläge. Die Zone ist für ihren ariden, oft wüstenartigen Charakter bekannt, auf den besonders die Gelbkiefer, *Pinus ponderosa*, und die Douglastanne, *Pseudotsuga douglasii*, hinweisen. Typisch sind ferner Arten wie *Purshia tridentata* aus der Familie der Rosaceen und der Dreizähnige Beifuss oder «sage brush», *Artemisia tridentata*.

Zu den interessanten Krautarten zählen die Mormonentulpe, *Calochortus macrocarpus*; die Amerikanische Lewisie, *Lewisia rediviva*, und ausser Lupinen auch *Gilia aggregata*, *Phacelia linearis* und *Balsamorrhiza sagittata*.

Die Küstenregion

In der äussersten Westküste führt die Nähe des hohen Gebirgszuges zu starken Niederschlägen. Die Vegetation ist üppig, und zahlreiche Pflanzen wachsen ausschliesslich hier; von den Bäumen die Gelbe Zypresse, *Chamaecyparis nootkatensis*; die Sitka-Fichte, *Picea sitchensis*; die Rote Erle, *Alnus rubra*; die Garry-Eiche, *Quercus garryana*; der Grossblättrige Ahorn, *Acer macrophyllum*; der Nordamerikanische Hornstrauch, *Cornus nuttallii*, und der Menzies-Erdbeerbaum, *Arbutus menziesii*. Von allen westlichen Florenelementen ist die Igel-Aralie, *Echinopanax horridus*, an dieser Küste am stärksten vertreten. Die Nordamerikanische Mantelblume, *Lysichiton americanum*; der Geissbart, *Aruncus sylvester*, und das Flammende Herz, *Dicentra formosa*, sind einige der vielen Pflanzen, die ausser in der Küstenzone nirgends vorkommen.

Die Flora verschiedener seit langem besiedelter Gebiete Kanadas ist weitgehend bekannt. In ausgedehnten, unbevölkerten oder spärlich bewohnten Teilen des Landes ist ihre Zusammensetzung nur bruchstückweise aufgezeichnet. Auch die Verbreitung vieler Arten kann aufgrund unvollständiger Kenntnis nur unverlässlich geschätzt werden. Doch gibt die heute veröffentlichte Literatur zahlreicher Floren ein grosso modo aufschlussreiches Bild der häufigsten wildwachsenden Pflanzen Kanadas.

Die Fauna

Ein klarer Indikator der vielfältigen Naturbedingungen ist, wie die Vegetation, auch die Tierwelt Kanadas, die trotz ihrer grösseren Mobilität insbesondere deren Artenreichtum widerspiegelt. Ihre am besten bekannten Spezies leben im borealen Waldgürtel, der als breites Band von der Ostküste zur Westküste zieht. Die wohl imposanteste von allen repräsentiert der Elch, *Alces americana*, von den Nordamerikanern Moose genannt, zugleich grösster der Hirsche. Ein guter Schwimmer, bevorzugt er Wälder mit Seen und Sümpfen, die gerade Nordkanada in reichem Masse besitzt. Seinen Lebensraum teilen der Schneehase und der Kanadische Luchs. Wie ersterer wechseln auch das Wiesel und das Schneehuhn im Laufe des Jahres ihr Kleid, um sich ihrer Umwelt besser anzupassen.
Früher gehörten das Waldren und der Waldbüffel, *Bison bison athabasca*, zur Fauna dieser Gebiete; sie sind inzwischen daraus verschwunden oder nunmehr auf Parke beschränkt. Dagegen beleben der Maultierhirsch, *Odocoileus hemionus*, der Schwarzbär, Wölfe, Füchse sowie verschiedene Marderarten und nicht zuletzt der Biber, Symbol des kanadischen Fleisses und der Geschäftstüchtigkeit des Volkes, nach wie vor die unendlichen Waldmeere, die ausserdem auch reich an andern Nagern sind. Berühmt ist der Fischreichtum der Gewässer, der am Wochenende oder in den Ferien stets eine grosse Zahl von Fischern aus den südlichen Teilen Kanadas nach Norden lockt. Neben Weissfischen tummeln sich in Seen und Flüssen Hechte, Forellen und zahllose andere Arten, willkommenes Futter Dutzender von Vogelformen, unter denen Enten und Gänse die häufigsten sind. Doch beweisen verschiedene Finken und Hühnerarten, dass die oft undurchdringlichen Dschungel auch als beliebte Schlupfwinkel noch weiterer gefiederter Lebewesen funktionieren.
Nördlich der borealen Wälder erweisen sich die Nadelwald- und Tundrengebiete der kanadischen Arktis als nicht weniger eigenartige Faunenregionen. Grosse Herden des Nordamerikanischen Rens, des Barren-Ground-Karibus, queren diese Landschaften auf langen Wanderungen, im Sommer mehr die Kältesteppen, im Winter eher die Wälder aufsuchend. Das Fleisch der Tiere liefert entscheidend wichtiges Protein für Indianer und Eskimos, so dass die kanadische Regierung die Ausbreitung des Rens besonders fördert. Die arktischen Küsten bevölkern ausser dem Eisbären und den Eisfüchsen verschiedene Seesäuger, so namentlich Walrosse und Seehunde, die neben den Fischen eine der Lebensgrundlagen der Eskimos darstellen. Hunderte und Tausende von Vögeln, vor allem Gänsearten und Möven, beweisen zudem, dass sich offenbar auch in beinahe ständig vereisten Regionen der kanadischen Wildnis leben lässt.
Südlich der Waldgebiete ist die Fauna deutlicher vom Menschen beeinflusst. In diesen Landschaften der Farmen, der Dörfer und Städte scheint sie überdies bereits in abgelegenere Wälder zurückgedrängt. Ihr zahlreichstes Wild ist der Weisswedelhirsch, ein stattliches Tier, dessen Verbreitungsgebiet von Neuschottland bis in die Kordilleren reicht. Von den Vögeln ist das Waldhuhn nicht weniger häufig, das man wie den Weisswedelhirsch als Wildbret schätzt. Im übrigen prägt sich der ost-westliche Wechsel der Vegetation natürlich auch in der Tierwelt aus.

Während im ehedem waldreichern Südosten neben den genannten Arten auch Hasen, der Skunk, das Schwarze Eichhörnchen, der Rotfuchs, die Waldschnepfe zahlreich sind, hat sich in den mittelwestlichen Prärien eine Fauna ausgebildet, der ausser den auf Parks beschränkten Bisons hauptsächlich die Gabelantilope, das Pronghorn, *Antilocarpa americana*, und der Elk oder Wapiti, *Cervus canadensis*, der allerdings nicht nur in den Prärien vorkommt, sowie Nager, Dachse und Prärievögel die Eigenart verleihen.

Noch ausgeprägter ist naturgemäss die Differenzierung der Tierwelt im Bereich der westlichen Hochgebirge, der Rockies, der innern Plateaus und Küstengebirge. Zu den seltsamsten Säugern dieser Gebiete gehören die Bergziege, *Oreamnos*, das Gebirgsschaf, *Ovis canadensis*, das Gebirgsren, *Rangifer montanus*, das Murmeltier und der Grizzly, *Ursus horribilis*, welch letzterer eine der gefürchtetsten Bärenarten ist. Sie locken zunehmend Jäger aus allen Teilen Südkanadas in die Gebirge. Felle, Köpfe und Hörner der Beutetiere sind gesuchte Jagdtrophäen der Kanadier geworden.

Dass auch die Pazifikregion eine besondere Faunazone darstellt, bedarf bei ihrer topographischen, klimatischen und floristischen Eigenart wohl keiner Begründung. In ihr spielen der Sitkahirsch, der schwarze Bär, der Elk, der «Nordwestwolf» und der «Nordwestskunk», der Waschbär sowie das Sitkahuhn, der Oregon Junko und verschiedene Säuger die Rolle der Landleittiere, während Seehunde, Seelöwen wie auch zahlreiche Fischarten, zum Beispiel Lachse, die Gunst warmer Küstenströmungen zum Ausdruck bringen, die zur Basis der bedeutendsten Handelsfischerei Kanadas geworden sind.

Vor allem die Pelztiere gaben starke Impulse zur Erschliessung Kanadas, so namentlich der Biber, welche die europäischen Jäger meist Flüssen entlang ins Innere des Landes ziehen liessen. Pelzwerk wurde deshalb im Laufe der kanadischen Geschichte ebensosehr ein Segen der Besiedlung, wie es Ursache manchen Haders und vieler Konflikte bildete. Noch jetzt bietet es Unterhalt manch eines Siedlers des kanadischen Nordlandes.

Gesamthaft gesehen, beruht Kanadas Berühmtheit vor allem auf dem Vorhandensein einer reichen Wildtierwelt, die jedes Jahr Tausende von Naturbegeisterten anzieht. Von den verschiedenen Wildgebieten ist es besonders der Woods Buffalo Park im Grenzgebiet der Nordwest-Territorien und Nordalbertas, der mit Vorliebe aufgesucht wird; hier leben noch schätzungsweise zwölftausend Bisons. Freilich vermindert sich sowohl die Zahl der wilden Vögel und Säugetiere wie auch der Pflanzen mit zunehmender Entwicklung des Landes immer mehr. Kanadas Wildtierleben von morgen wird deshalb wesentlich anders sein.

---

53 Victoria-Brücke am St.-Lorenz-Seeweg
54 Moses-Saunders-Staudamm am St.-Lorenz-Seeweg bei Cornwall, Ontario
55 Schleusendrift am Trent-Wasserweg bei Peterborough, Ontario
56 St.-Lambert-Schleusen am St.-Lorenz-Seeweg, Quebec
57 Alte Windmühle bei Ile-aux-Coudres, Quebec
58 Futterwirtschaft in Britisch-Kolumbien
59 Bohrturm inmitten der Felder rund um Edmonton
60 Petrochemische Anlagen von Sarnia, Ontario
61 Erdöl in Kesselwagen bei Calgary, Alberta
62 Erdgasbrücke über den Fraser River bei Hope, Britisch-Kolumbien

53 54

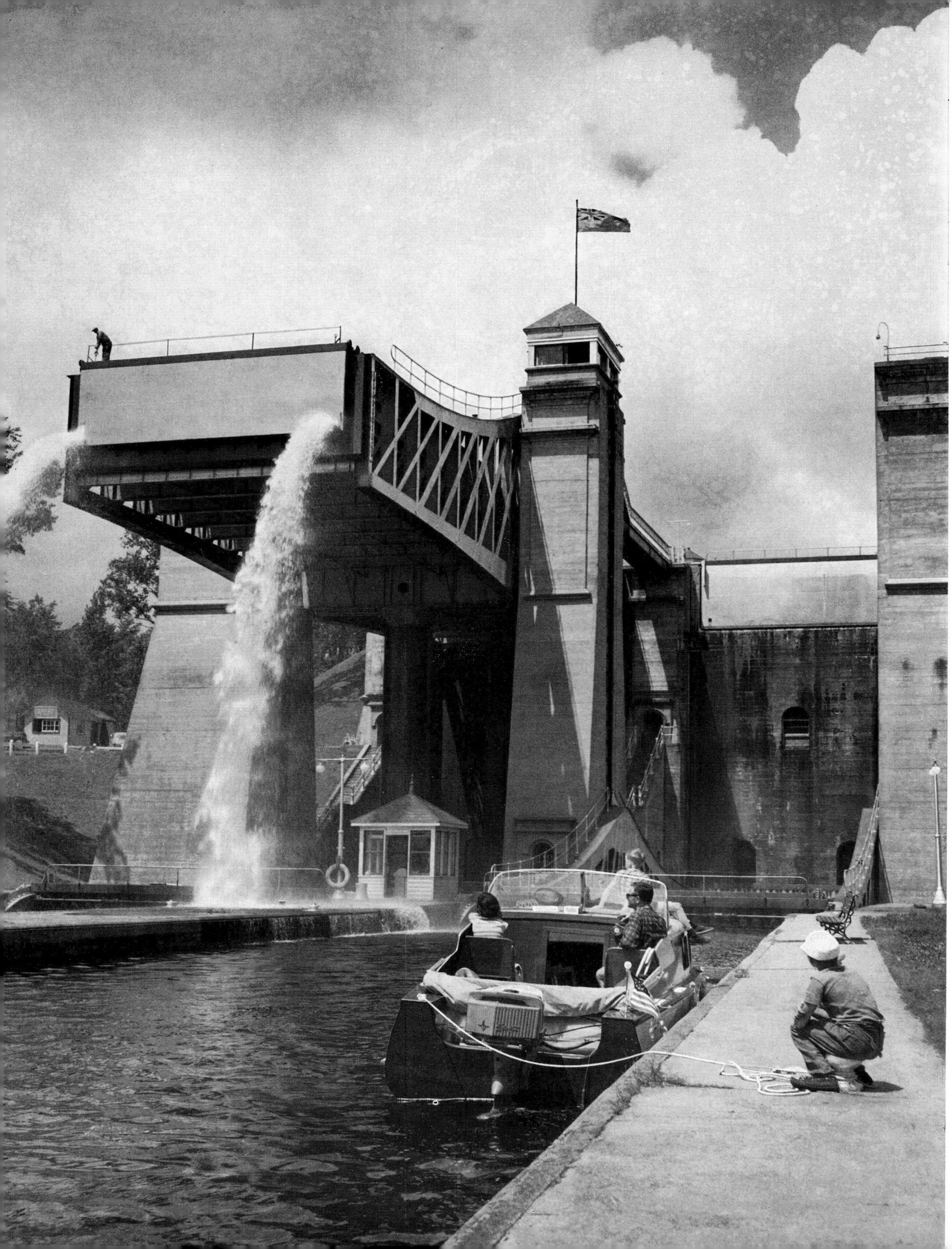

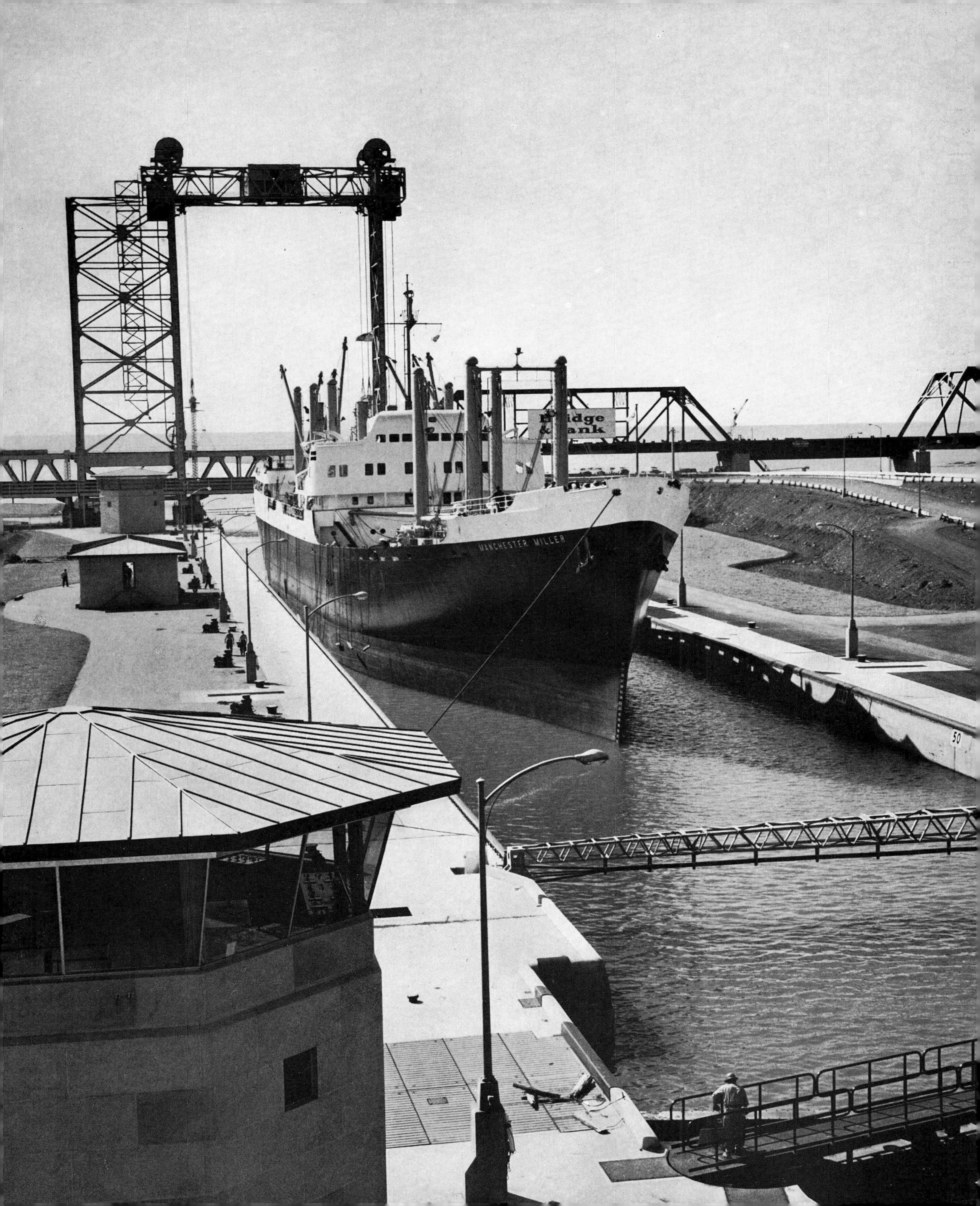
MANCHESTER MILLER
50

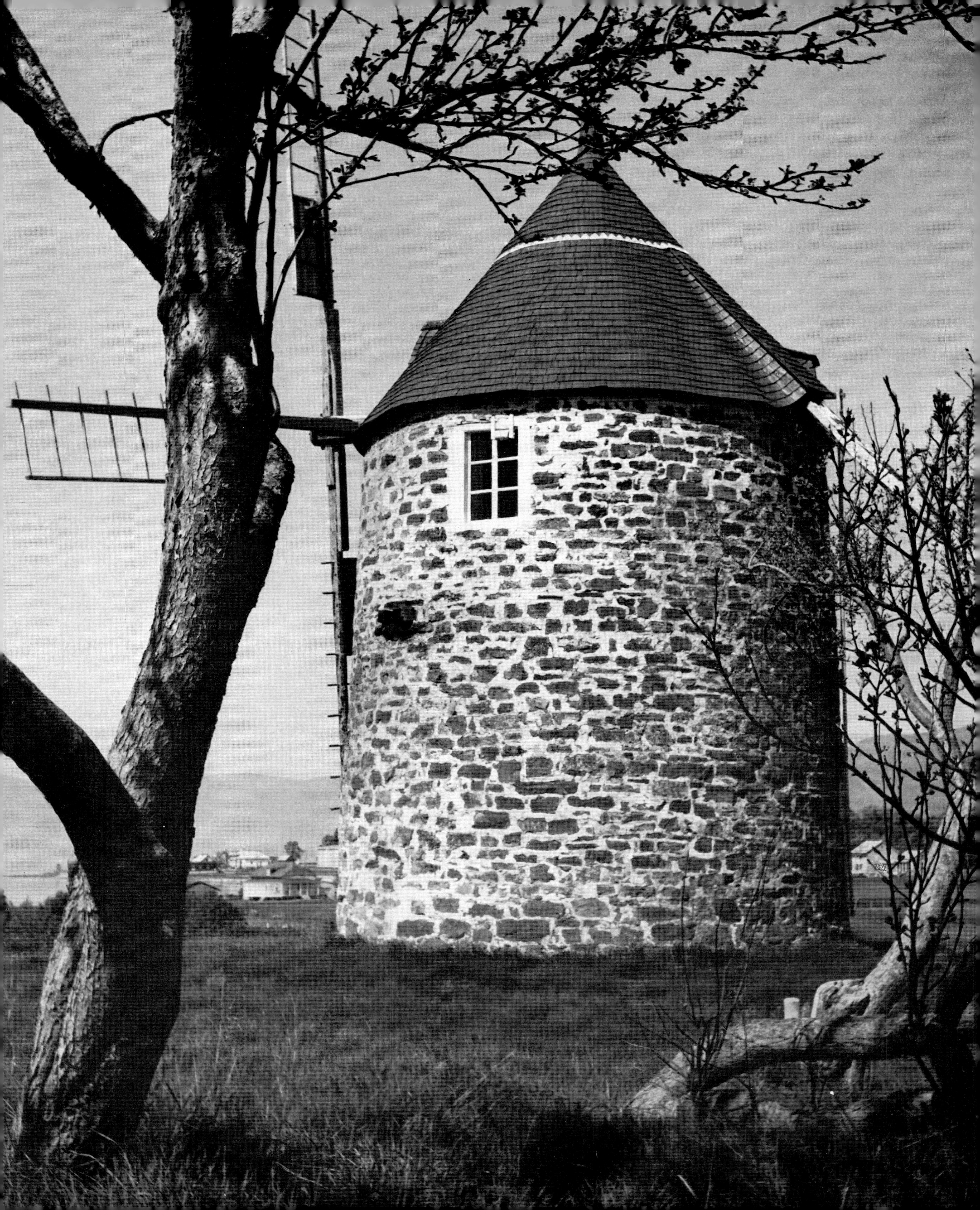

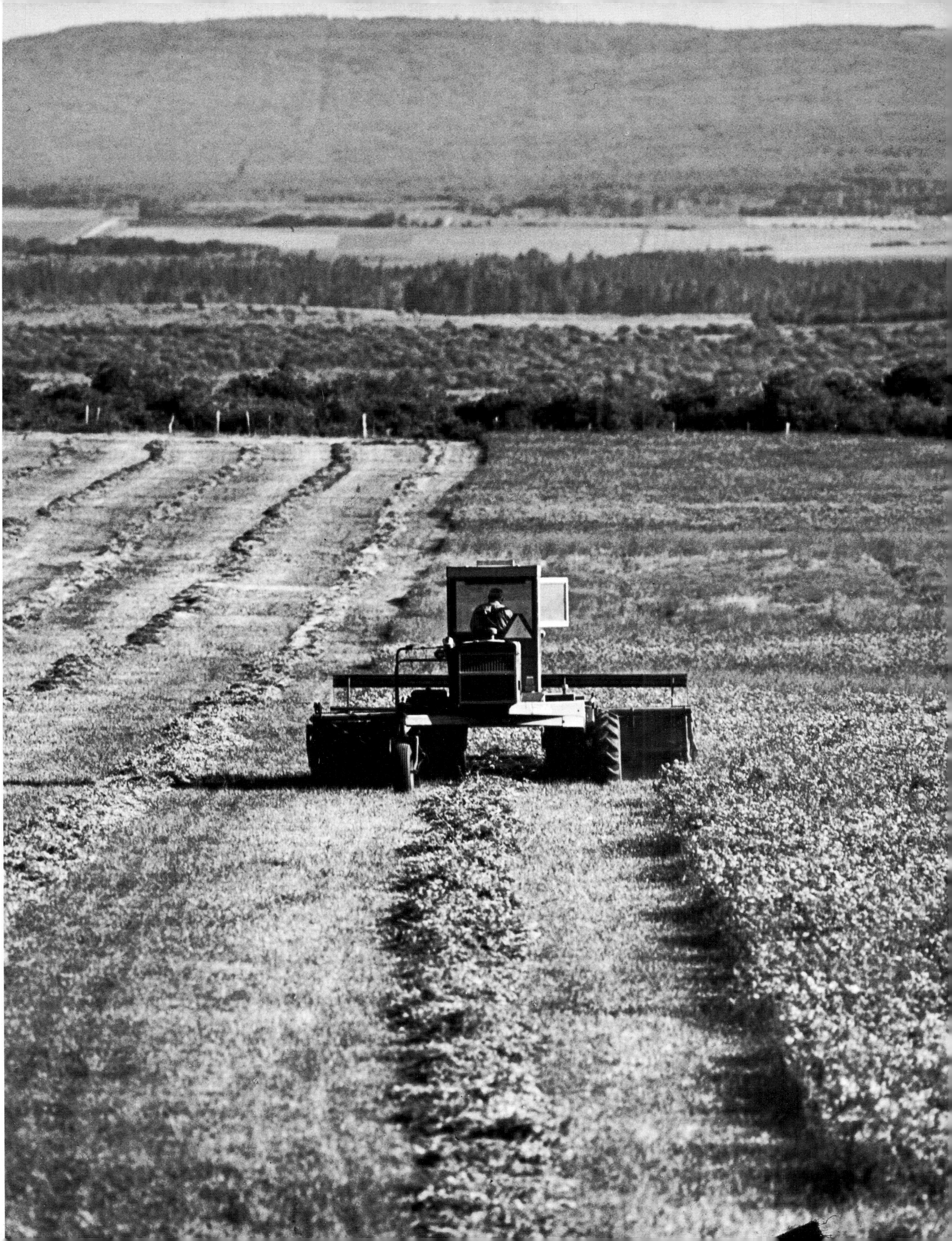

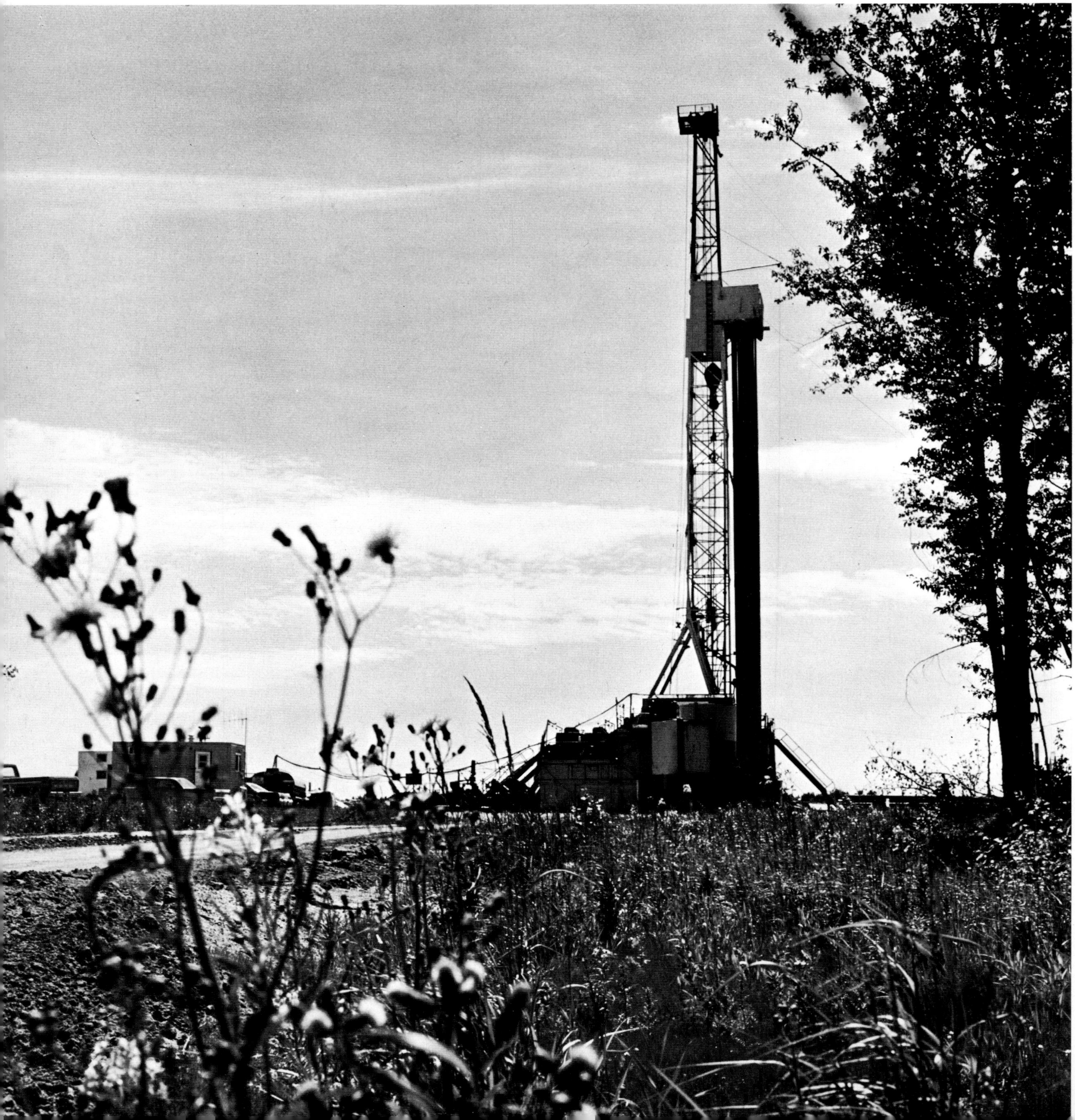

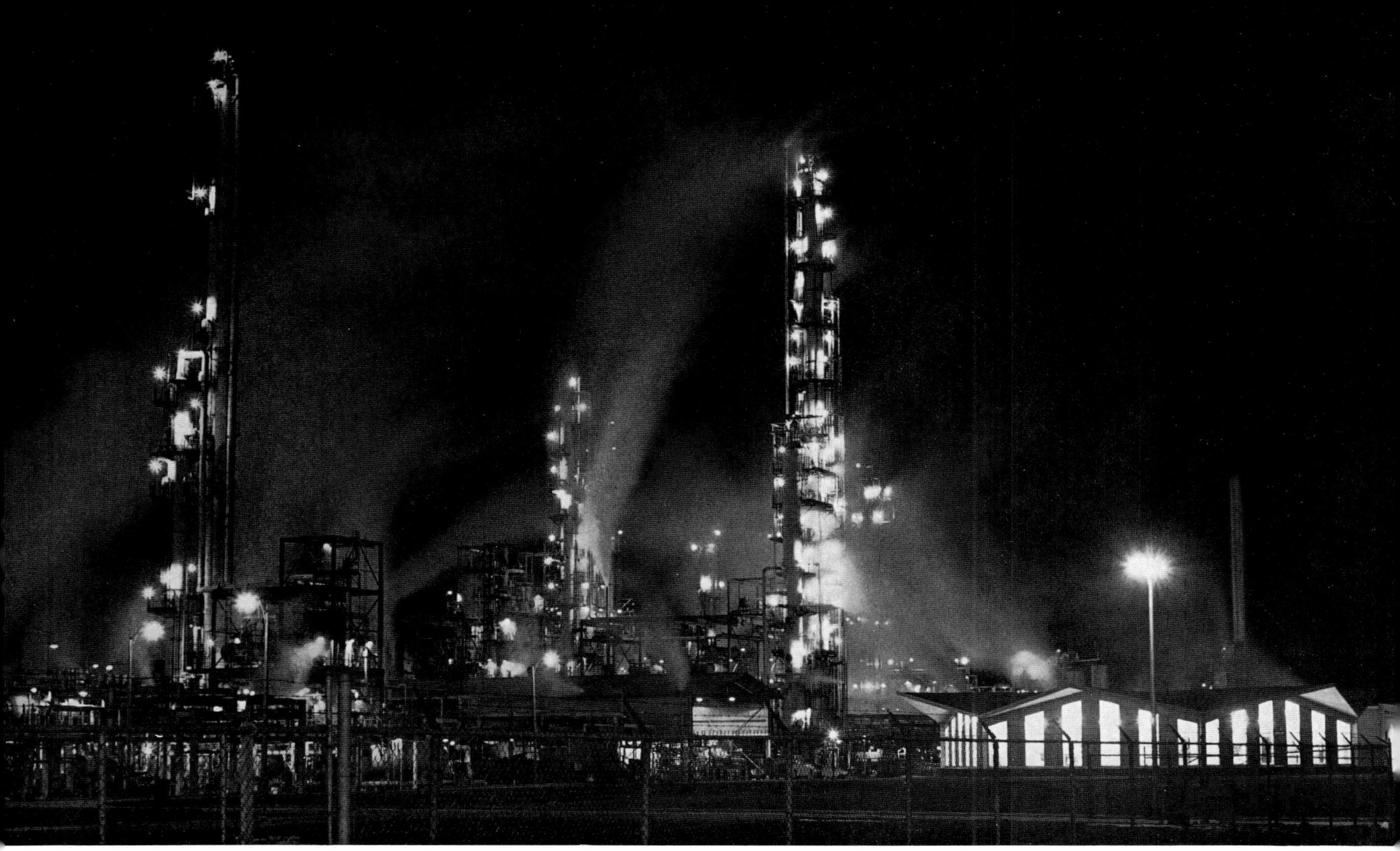

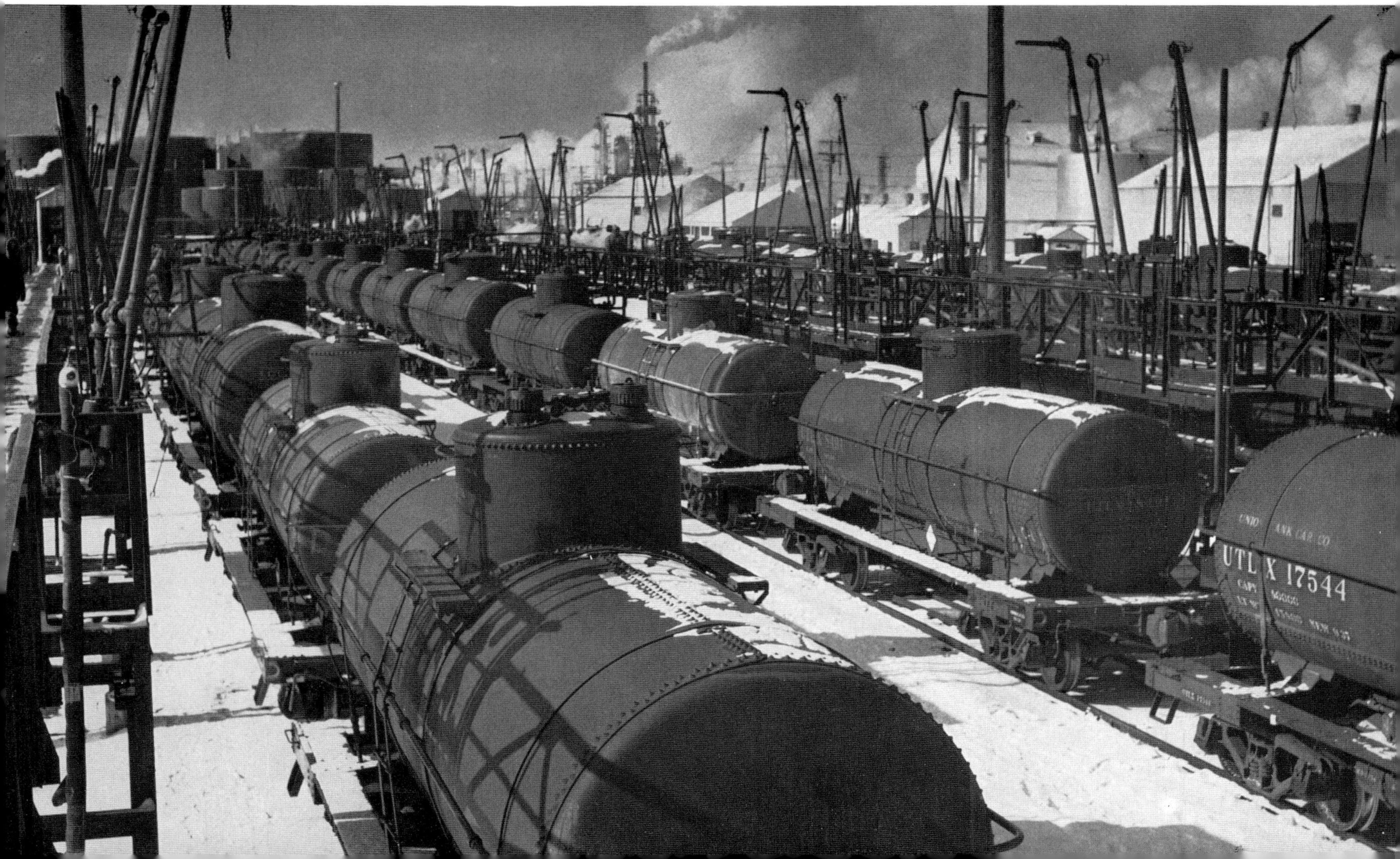
UTLX 17544

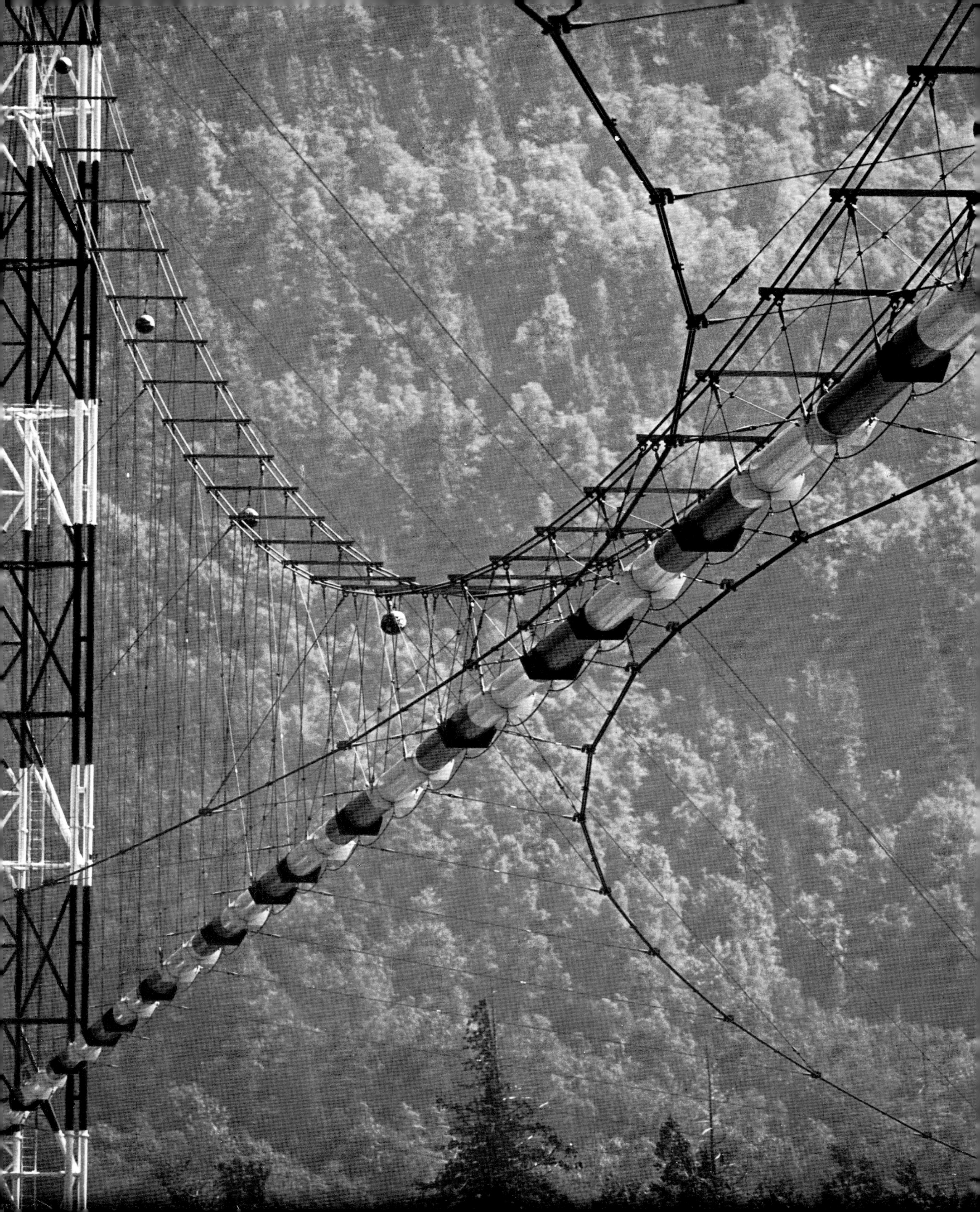

Wirtschaft

Im Jahre 1974 führte ein Roman die kanadische Bestsellerliste an, der mehr über die Situation der kanadischen Wirtschaft aussagt als seitenlange Tabellen und wissenschaftliche Analysen. Das Buch mit dem Titel «Ultimatum» des Toronter Rechtsanwaltes Richard Rohmer beschreibt die Besetzung Kanadas durch US-Militär, weil sich die kanadische Regierung geweigert hat, seinem südlichen Nachbarn auf unbegrenzte Zeit in unbegrenzter Menge Energie zu liefern. Das Buch erreichte nicht von ungefähr Bestsellerauflage; die Angst, dass der wirtschaftlichen Abhängigkeit Kanadas von den Vereinigten Staaten auch noch die politische folgen könnte, beherrscht jeden kanadischen Intellektuellen und gipfelt in den Fragen: Wird es Kanada gelingen, dem US-Einfluss zu entkommen? Und: Wie soll es Kanada anstellen, wirtschaftlich und in der Folge auch kulturell seine Identität zu finden? Die Zahlen, die Einblick in die wirtschaftliche Abhängigkeit geben, sind erschreckend genug. Es befanden sich 1974 in US-amerikanischer Hand:

95,6% der Automobil-Industrie	67,1% der gesamten Kraftstoff-Industrie
85,8% des Eisenbergbaus	58,0% der Handwerksbetriebe
84,0% der Gummi-Industrie	56,6% der chemischen Industrie
76,4% der Chemie- und Kohlebranche	42,7% der verarbeitenden Industrie

Dieses ungesunde Verhältnis wird noch durch die Tatsache verstärkt, dass Kanada bis heute ein Rohstofflieferant geblieben ist – und in dieser Funktion ebenfalls vom Bedarf der USA abhängt. Kanada ist das drittgrösste Bergbauland der Erde. In 300 Bergwerken fördern über 100 000 Kanadier Bodenschätze im Wert von über 6 Milliarden Dollar. Vier Fünftel dieser Rohstoffe werden exportiert, mehr als die Hälfte davon in die USA. Bei Asbest, Nickel, Zink und Silber steht Kanada an erster Stelle der Weltproduktion, bei Kalium, Uran, Kobalt, Molybdän und Schwefel an zweiter, bei Platin, Gold und Erdgas an dritter, bei Kupfer und Blei an vierter Stelle.

All diese Rohstoffe lagern rund um den Kanadischen Schild in den sedimentären und vulkanischen Gesteinen. Der rohstoffreiche Gürtel beginnt mit den Erdöl- und Erdgaslagerstätten des Kanadischen Archipels, den Uranvorkommen am Bärensee und den Goldlagerstätten um Yellowknife. Der erzhaltige Gürtel setzt sich fort über Pine Point (Blei, Zink) am Sklavensee, Uranium City und Beaverlodge (Uran) am Athabasca-See, Lynn Lake (Nickel, Kupfer, Zink) und Thompson (Nickel, Kobalt) im nördlichen Manitoba, Flin Flon (Silber, Gold, Kupfer, Zink) an der Grenze zwischen Manitoba und Saskatchewan sowie Elliot Lake (Uran) und Sudbury (Nickel, Kupfer, Platin, Gold) nördlich des Huron-Sees. Dann folgt die Erzregion von Porcupine im mittleren Grenzgebiet zwischen Ontario und Quebec: Cobalt (Silber, Kobalt), Val d'Or und Noranda (Gold, Kupfer, Zink) und Chibougamau (Gold, Silber, Kupfer). Im Osten Quebecs sind es Lac-Allard (Titan) und in Neufundland die Eisenerzlagerstätten Labradors in Gagnon, Wabush und Schefferville. Der «Erzring» reicht bis zu den Eisenerzlagerstätten auf Baffin Land und die Blei-Kupfer-Grube an der Ungava Bay, deren Erze nur im Sommer mit Schiffen abtransportiert werden können.

Rohstoff	Förderung		Prozent der	Rangordnung	Jahr
	Welt	Kanada	Weltproduktion		
Asbest	4 490	1 535	34,5	1	1972
Nickel	614	232	37,8	1	1972
Zink	5 670	1 231	21,7	1	1973
Silber [1]	9 621	1 519	15,8	1	1973
Kalium	20 500	3 747	18,3	2 nach SU	1972
Uran [1]	–	3 728	–	2 nach USA	1972
Kobalt [1]	19 300	1 900	9,8	2 nach D. R. Kongo	1969
Molybdän [1]	79 450	11 269	14,2	2 nach USA	1972
Schwefel	9 694	3 597	37,1	2 nach SU	1972
Gold [1]	985 [2]	60,8 [3]	6,2	3 [1] In Tonnen.	1974
Platin [1]	106	14,5	13,7	3 [2] Im Westen.	1971
Erdgas [4]	1 313,4	88,3	6,7	3 [3] 1971 noch 69,7 t.	1974
Blei	3 480	301,2 [5]	8,7	4 [4] In Milliarden Netto-	1974
Kupfer	7 520	826,8	11,0	4 Kubikmetern.	1973
Eisen	474 300	49,1	0,01	5 [5] 1971 noch 370 000 t.	1974
Erdöl [6]	2 721	84	3,1	9 [6] In Millionen Tonnen.	1974

Erzförderung in Kanada in 1000 t

Kohlenvorkommen auf Ellesmere Land und eine Zink-Blei-Lagerstätte auf Cornwallis Island schliessen den «Erzring» im äussersten Nordosten. Stichbahnen führen nach Pine Point (Slave Lake Railway), nach Lynn Lake und Thompson in Manitoba, nach Cobalt, Timmins und Moosonee an der James Bay (Timiskaming and Northern Ontario Railway) und in die Eisenerzgruben Labradors (Gagnon und Schefferville). Besonders die Erzbahnen Labradors haben Berühmtheit erlangt: vollautomatische Züge fahren zwischen Wabush und Sept Iles durch die einsame Waldlandschaft Labradors und bringen alljährlich zwischen 10 und 12 Millionen Tonnen Erz in die Aufbereitungsanlage an der Küste. Abbau, Anreicherung und Transport sind in höchstem Masse mechanisiert und automatisiert und gelten bei den Russen als Musterbeispiel rationellen Abbaus unter arktischen Bedingungen: der Eisenerzabbau Labradors erfolgt bereits in der Zone des Permafrostes.
Bedeutende Erzlagerstätten ausserhalb des «Erzringes» sind die Silber-Blei-Zink-Vorkommen von Keno Hill im Yukon und von Kimberley im südlichen Britisch-Kolumbien sowie die Asbest-Vorkommen von Clinton Creek bei Dawson City, von Cassiar im nördlichen Britisch-Kolumbien und von Asbestos im südlichen Quebec. Kupfer wird in Whitehorse und bei Vancouver gefördert. Kohle besitzt Kanada in Alberta, Britisch-Kolumbien, Neuschottland und in Saskatchewan. Sie wird teilweise in den thermischen Kraftwerken der

Prärieprovinzen verfeuert, zum grössten Teil aber nach Japan exportiert, in dessen Stahlwerken die Kohle in Form von Koks benötigt wird. Die Kaliumproduktion (Pottasche) hat ihr Zentrum im südlichen Saskatchewan, wo sechs Minen in Betrieb sind.

Beachtlich ist die Stellung Kanadas auf dem Erdölsektor und in der Erdgasförderung: es ist nach der Sowjetunion der grösste Erdgasproduzent und rangiert bei der Erdölgewinnung zwischen dem Irak und den Arabischen Emiraten noch vor Libyen. Als einziges Industrieland der Welt brauchte Kanada kein Erdöl einzuführen; seine Erdölproduktion übersteigt den eigenen Bedarf um mehr als 14%. Allerdings exportiert Kanada bis zu 40% in die benachbarten USA. Das dadurch entstehende Manko wird durch Erdölimporte aus Venezuela gedeckt: Die Rohrleitungen aus Alberta beliefern zwar Britisch-Kolumbien, den Westen der Vereinigten Staaten und den Süden Kanadas bis nach Toronto, nicht aber das Industriegebiet der St.-Lorenz-Niederung östlich Brockville und den kanadischen Osten. Hier wird ausschliesslich Erdöl aus Südamerika verfeuert.

Die schon erschlossenen kanadischen Erdöl- und Erdgasvorräte sind nicht unerschöpflich. Man rechnet mit einem Ende der Ausbeute schon in zehn Jahren. Dann müssen die neuentdeckten Lagerstätten im Mackenzie-Delta und im Kanadischen Archipel (Erdöl auf Ellesmere Land, Erdgas auf der Melville- und auf der King-Christian-Insel) erschlossen werden, was durch die extreme Lage aber viel teurer kommt. Teuere Erschliessung aber heisst verstärkte Fremdinvestitionen, wie es bei der Erschliessung der Teersande Nordalbertas bereits der Fall ist. Unter dem Decknamen «Syncrude» verbergen sich Imperial Oil, Gulf Oil, Atlantic Richfield und Canada Cities Service. Die Investitionen, die fast ausschliesslich von amerikanischen Gesellschaften getragen werden und die bis zur endgültigen Förderaufnahme in den Teersandgebieten nötig sind, werden sich auf 1,2 Milliarden Dollar belaufen. Gewaltig sind die Geldmittel, die schon heute in die Exploration im kanadischen Norden fliessen. Gulf und Panarctic Oil haben auf Ellesmere Land ein mächtiges Erdgas- und Erdölfeld gefunden; auf Meighen Island und auf der Viktoria-Insel wird gebohrt. Auf Melville Island wurde eines der grössten Erdgasvorkommen der Welt entdeckt. Eine Bohrung niederzubringen kostet rund eine Million Dollar, die Erdölsuche im Kanadischen Archipel geht in die Milliarden – das Geld wird von den US-Amerikanern zur Verfügung gestellt.

Zum Abtransport der arktischen Erdöl- und Erdgasschätze ist der Bau gigantischer Rohrleitungen nötig. Die Kosten der Arctic Gas Route durch das Mackenzie-Tal und der Pan Arctic Gas Route über die Hudson Bay nach New York wird mit 6 Milliarden Dollar pro Leitung veranschlagt – würden sie jetzt gebaut werden. Die zweistelligen Inflationsraten, unter denen Kanada seit 1974 leidet und unter der die Preise für Lebensmittel um bis zu 40% nach oben schnellten, lassen die Kostenvoranschläge allerdings zu niedrig erscheinen. Dazu kommt die Scheu der Kanadier, sich immer wieder in neue finanzielle Abhängigkeit von den USA zu begeben – es ist daher die Frage, ob die Pipelines überhaupt gebaut werden.

Die Verflechtung mit den USA geht weiter: In Ostkanada leben 13 Millionen der 22,5 Millionen Kanadier in einem nur 100 km breiten, aber 1200 km langen Streifen entlang der Grenze zu den USA. Aufträge für die Industrien des Ostens, die vor allem in Ontario – der

Rohstoffe

Legende:
- Öl
- Gas
- Kohle

- Ag = Silber
- Al = Aluminium
- Au = Gold
- Co = Kobalt
- Cu = Kupfer
- Fe = Eisen
- Ni = Nickel
- Pb = Blei
- Pt = Platin
- S = Schwefel
- Ti = Titan
- U = Uran
- Zn = Zink

Orts- und Lagerstättenverzeichnis

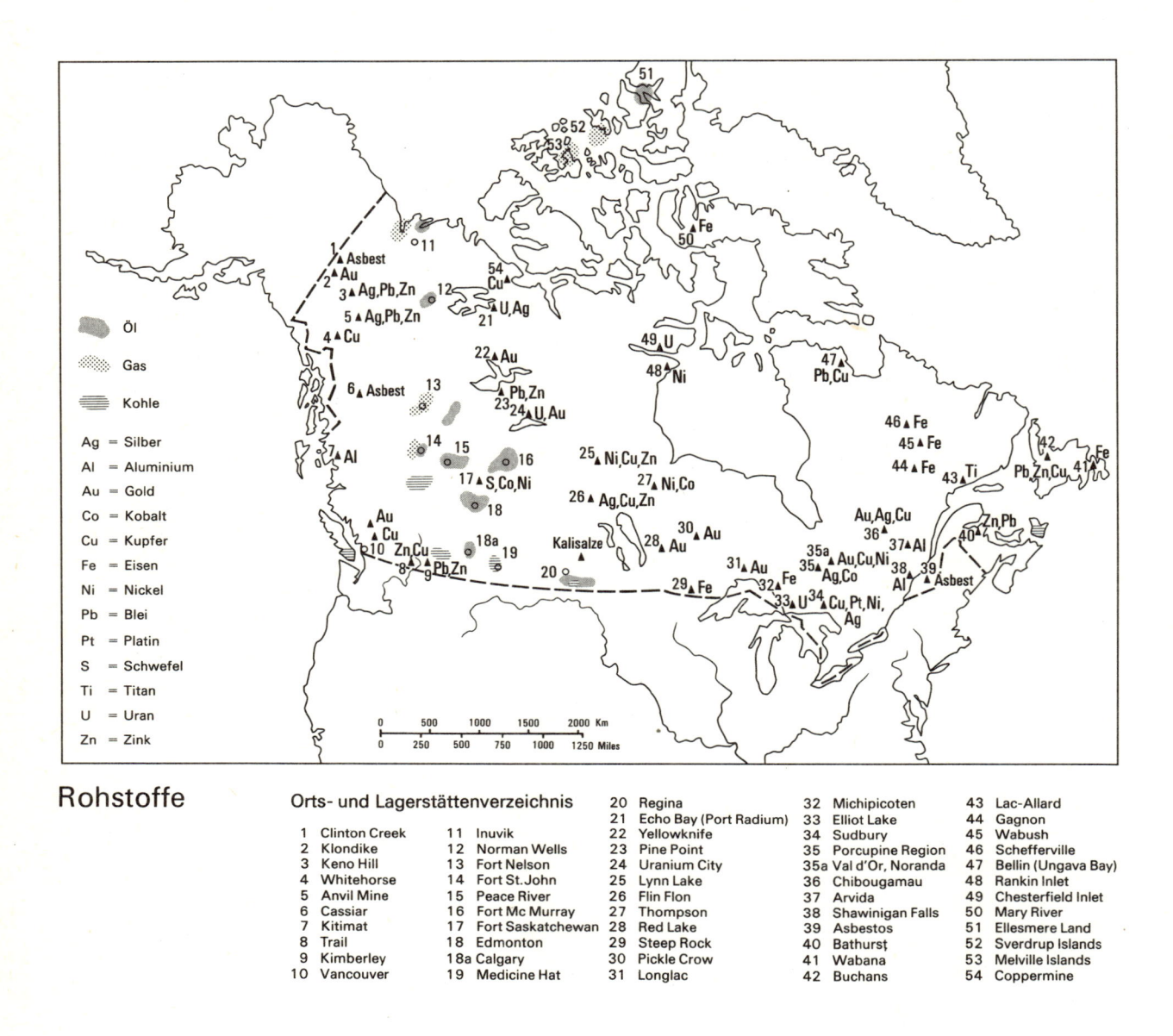

1. Clinton Creek
2. Klondike
3. Keno Hill
4. Whitehorse
5. Anvil Mine
6. Cassiar
7. Kitimat
8. Trail
9. Kimberley
10. Vancouver
11. Inuvik
12. Norman Wells
13. Fort Nelson
14. Fort St. John
15. Peace River
16. Fort Mc Murray
17. Fort Saskatchewan
18. Edmonton
18a. Calgary
19. Medicine Hat
20. Regina
21. Echo Bay (Port Radium)
22. Yellowknife
23. Pine Point
24. Uranium City
25. Lynn Lake
26. Flin Flon
27. Thompson
28. Red Lake
29. Steep Rock
30. Pickle Crow
31. Longlac
32. Michipicoten
33. Elliot Lake
34. Sudbury
35. Porcupine Region
35a. Val d'Or, Noranda
36. Chibougamau
37. Arvida
38. Shawinigan Falls
39. Asbestos
40. Bathurst
41. Wabana
42. Buchans
43. Lac-Allard
44. Gagnon
45. Wabush
46. Schefferville
47. Bellin (Ungava Bay)
48. Rankin Inlet
49. Chesterfield Inlet
50. Mary River
51. Ellesmere Land
52. Sverdrup Islands
53. Melville Islands
54. Coppermine

reichsten Provinz Kanadas – angesiedelt sind, kommen von südlich der Grossen Seen. Kanadische Tochterfirmen der grossen amerikanischen Autohersteller erzeugen nur das, was General Motors, Ford oder Chrysler in Detroit wünschen, und nur dann, wenn es Detroit genehm ist. Multinationale Firmen aber verfügen Kurzarbeit und Entlassungen zuerst im Ausland, bevor sie den heimischen Arbeitsmarkt belasten, und so hat die wirtschaftliche Rezession in den USA Kanada mit doppelter Wucht getroffen.

Kanada ist das am stärksten exportorientierte Land der Welt: allein der Wert der exportierten Rohstoffe ohne Erdöl und Erdgas betrug 1973 3,2 Milliarden Dollar. Ein Land aber, das Rohstoffe exportiert und dessen Industrien in der Hand des Auslandes sind, hat seit eh und je einen bestimmten Namen: Kolonie. Und Kanada ist auf dem wirtschaftlichen Sektor eine us-amerikanische Kolonie.

Kanadas Reichtum ist die grösste Gefahr für das Land. Denn Kanada besitzt vor allem das, woran es seinem südlichen Nachbarn mangelt: Energie und Frischwasser. Kanada verfügt über rund ein Viertel der Weltsüsswasservorräte – die USA leiden schon heute unter Trink- und Brauchwassermangel. Der obenerwähnte Roman «Ultimatum» spielt letzten Endes auf diese Tatsachen an. Kanada wäre der natürliche Energielieferant der Vereinigten Staaten, die auf einen enormen Energiemangel zusteuern. Und Kanadas Kraftwerkanlagen stehen vor allem in der Senke des St.-Lorenz-Stroms, am Südrand des Schildes in Quebec und Ontario, in den Rocky Mountains und in den atlantischen Provinzen. Selbst in den Prärien ist die Wasserkraft genutzt worden: Die neuerrichtete Anlage am South Saskatchewan River bei Saskatoon erzeugt nicht nur Strom, sondern liefert auch Brauchwasser für die Bewässerung des Ackerlandes.

Das grösste Kraftwerk der Welt ist an den Churchill-Fällen in Labrador entstanden. Über eine 750 000-Volt-Leitung liefert es seit seiner Fertigstellung im Jahre 1975 34,5 Milliarden Kilowattstunden in das Netz von Hydro-Quebec, dem zweitgrössten Energieversorgungs-Unternehmen Kanadas. Ein Grossteil des Stroms wird exportiert: nach New York. Ein weiteres Grossprojekt ist zur Zeit in Bau. Es wird bis zu seiner Fertigstellung im Jahre 1985 6 Milliarden Dollar kosten, wahrscheinlich aber weit mehr. Sein Standort am Grande-Rivière im Nordosten der James Bay bedroht die Jagdgebiete der dort lebenden Indianer, die für ihre Jagdgründe pro Kopf eine Million Dollar fordern. Bei den 5000 Menschen, die vom Kraftwerkbau betroffen sind, würde das einen Betrag von 5 Milliarden Dollar ergeben! Nach Fertigstellung wird das Kraftwerk 58 Milliarden Kilowattstunden Jahresleistung nach Montreal liefern. Die Dimensionen des Staudammes werden die Anlagen von Assuan in Oberägypten und Krasnojarsk in der Sowjetunion in den Schatten stellen. Ein Gebiet von der Grösse der Bundesrepublik Deutschland wird sich durch den Eingriff des Menschen in die bisher unberührte Natur entscheidend verändern. Bis heute weiss man nicht, ob sich durch den Dammbau der Schmelzwasserabfluss aus dem Einzugsgebiet des Grande-Rivière (der immerhin so lang wie der Rhein ist) verändern wird. Die Schmelzwässer des «Grossen Flusses» haben bisher den Eisaufbruch in der James Bay bestimmt. Sollte sich durch den Stau der Schmelzwässer am Kraftwerkdamm der Eisaufbruch in der Bay verspäten, hätte es für den Frühlingseinzug in der Provinz Quebec katastrophale Folgen – immerhin liegen hier die ältesten Anbaugebiete Kanadas.

Andere Grosskraftwerke sind in Britisch-Kolumbien entstanden. Durch den Aufstau des Nechako River (Kenney Dam) wurde die Abflussrichtung des ganzen Flusssystems geändert und eine neue Seenplatte geschaffen. Bei Kemano am Gardner-Kanal, einem Fjord an der Westküste des nördlichen Britisch-Kolumbien, steht die Turbinenhalle. 800 m (!) stürzt das Wasser in die Tiefe, der Strom wird 75 km weit nach Kitimat zur Alcan-Smelter-Aluminiumraffinerie geleitet – nach den Vereinigten Staaten und der UDSSR ist Kanada der grösste Aluminiumhersteller der Welt, obwohl Kanada keine eigenen Bauxitvorkommen besitzt. Der Bauxit kommt hauptsächlich aus Jamaika und wird durch den Panamakanal nach Kitimat verschifft. Weitere Anlagen stehen in der St.-Lorenz-Senke und bei Arvida am Saguenay-Fluss. Grosskraftwerke stehen ferner in der Nähe von Fort St. John an der Alaskastrasse, wo der Peace Rive durch den W. A. C. Bennett-Damm auf eine Länge von 200 km aufgestaut wird, und bei Castlegar in Südkolumbien, wo der Hugh-Keenlyside-Damm den Columbia River staut. Am Manicougan und am Outardes in Nordwestquebec sind ebenfalls respektable Kraftwerke errichtet worden.

Kanada besitzt nur wenig Wärme-, dafür aber fünf Gross-Kernkraftwerke. Kanadas Uranvorkommen (Port Radium am Grossen Bärensee, Uranium City am Athabasca-See und Elliot Lake nahe dem Huron-See) versorgen die Kraftwerke von Gentilly, Douglas Point, Kincardine, Pickering und Pinawa mit Brennmaterial aus dem eigenen Land. Weitere Projekte sehen Atomkraftwerke in Peterborough und westlich von Toronto in Sheridan Park vor. Als Atomzentrum gilt das Bruce-Kraftwerk zwischen Kincardine und Port Elgin am Huron-See. Kleinere Werke stehen am Ottawafluss bei Rolphton und Chalk River. Kanada hat in seiner Demonstrationsanlage von Rolphton übrigens ein eigenes Verfahren entwickelt: anstatt angereicherten Urans als Brennstoff und leichten Wassers als Moderator verwenden die kanadischen Wissenschafter der Atomic Energy of Canada Limited natürliches Uran und schweres Wasser (CANDU-Verfahren). Politische Aufregung gab es, als Kanadas an Indien verkauftes Uran als Ausgangsmaterial für eine indische Atombombe diente, die im Mai 1974 explodierte.

Zum von aussen abhängigen Industrieland ist Kanada erst nach dem Zweiten Weltkrieg geworden. Nur die amerikanischen Investitionen und die mehr als 3,4 Millionen Einwanderer als Folge des Krieges haben Kanada zu einem modernen Industriestaat gemacht und eine Entwicklung abgeschlossen, die sich seit der Zwischenkriegszeit abzeichnete. Bis ins 19. Jahrhundert dominierten in Kanada Fischerei und Pelzhandel, dann kam die Holzwirtschaft hinzu: Kanada war das Land «der Holzfäller und Wasserschöpfer». Erst mit der Westkolonisation stieg die Bedeutung des «farming», bis nach dem Ersten Weltkrieg die Grundlagen zur heutigen Bedeutung Kanadas als Rohstofflieferant gelegt wurden.

Bis heute ist der Anteil der in der Landwirtschaft Beschäftigten immer weiter zurückgegangen: von 25,4% im Jahre 1946 auf 6,3% 1971. Die beginnende Industrialisierung brauchte Arbeiter und Verwaltungsbeamte – letztere sind im Zeitalter der Automatisierung bereits mit 60% aller Erwerbstätigen in der Mehrzahl. 30% sind in Gewerbe und Industrie, 1,7% in Bergbau, Jagd und Fischerei tätig.

Die Landwirtschaft hat ihr Maximum bereits überschritten: nach den ersten Rodungen auf der Ontario-Halbinsel und in Britisch-Kolumbien verlagerte sich das landwirtschaftliche Schwergewicht ab 1870 in die Prärien. Der Bau der Canadian Pacific Railway von 1871 bis 1885 wie auch die Rückgabe der Vorrechte der Hudson Bay Company an die kanadische Regierung schufen die Voraussetzung zur Erschliessung der Ebenen. Man übernahm dabei das amerikanische Muster der «townships» und teilte den einzelnen Siedlern Abschnitte von einer Quadratmeile (2,5 km^2) zu. Dieses Areal wurde in Saskatchewan zur Standardgrösse der Farmen – eine Dorfbildung im europäischen Sinn wurde dadurch verhindert. Es entstanden Einzelfarmen, zu deren zentralem Ort sich die nächste Bahnstation entwickelte. Die Getreidesilos wuchsen entlang der Verladegleise und bilden bis heute die charakteristische Silhouette der Präriebahnhöfe, wo bis zu zehn Grain Elevators (Getreideheber) der verschiedenen Genossenschaften bunte Landmarken abgeben. Die Präriestädte sind erst die Folge einer späteren Entwicklung und fungierten ursprünglich nur als Verteilungs- und Verwaltungszentren. Nur Winnipeg macht eine Ausnahme: es ist die älteste Siedlungszelle der Westkolonisation.

Bis in die dreissiger Jahre ging diese Entwicklung voran: 130 000 km² wurden im Laufe dieser Zeit in Ackerland umgewandelt, drei Viertel des heutigen Farmlandes liegen in den drei Prärieprovinzen Manitoba, Saskatchewan und Alberta. Dann stagnierte sie plötzlich als Folge der einsetzenden Strukturänderung. Durch die zunehmende Mechanisierung, die überaus kapitalintensiv war, musste der einzelne Farmer versuchen, seine Anbaufläche auf Kosten des Nachbarn zu vergrössern. Der Schwächere unterlag in dem einsetzenden Konkurrenzkampf, der mit allen Mitteln geführt wurde. Viele Kleinfarmer verkauften daher und zogen in die Stadt. Dadurch stieg die durchschnittliche Farmgrösse der Gewinner in diesem Kampf auf bis zu 600 ha. Die Zahl der Farmen und damit auch der Menschen aber hat sich in den Prärien verringert. Vorstösse der Ackerbaugrenze in klimatische Ungunstgebiete sind wieder aufgegeben worden. Die Überschussproduktion und das Risiko eines stets schwankenden Weltmarktpreises bei Getreide haben diese Trendumkehr mitbewirkt.

Das preisgünstige Getreide aus dem Mittelwesten hat auch die Anbauformen der Ontario-Halbinsel und der St.-Lorenz-Niederung modifiziert: Obstplantagen auf der Niagara-Halbinsel, in Neubraunschweig, in Neuschottland und im südlichen Quebec sowie Viehzucht und Milchwirtschaft bestimmen heute die alten Anbaugebiete Kanadas. Auch in der Landwirtschaft des südlichen Britisch-Kolumbien dominiert heute das Obst, vor allem im klimatisch begünstigten Okanagan Valley, wo Birnen, Pfirsiche, Aprikosen, Zwetschgen, Äpfel und Kirschen, aber auch Wein gezogen werden. Gemüse- und Milchwirtschaft hat sich besonders im unteren Fraser-Tal ausgebreitet. Beerenfarmen, Zwiebelkulturen und Milchwirtschaft gibt es im Süden der Vancouver-Insel. Nur auf den Plateaus, wie dem Cariboo, dominieren Rinder- und Schafzucht.

Auch in den Prärien ist es zu einer Agrarrevolution gekommen: seit der Rekordernte von 1952, wo 20,6 Millionen Tonnen Weizen eingebracht wurden (1974: 14,2 Millionen Tonnen), haben sich die Farmer umgestellt. Sie gehen davon ab, den wettergefährdeten Weizen in Monokultur zu pflanzen, und bemühen sich, auch andere Sorten einzusäen. Vor allem Gerste, Mais und Raps haben den Weizen zum Teil ersetzt; der Raps in solchem Ausmass, dass Kanada heute zum drittgrössten Rapsproduzenten der Welt aufgestiegen ist. 1974 betrug die Ernte über 1,1 Millionen Tonnen.

Überraschendste Entwicklung ist die Umstellung von Ackerbau auf Viehzucht – auch in den Prärien, die sogar schon zum Schwerpunkt der Viehhaltung geworden sind: 60% der landwirtschaftlichen Einnahmen kommen aus den Erträgen der Viehhaltung. Das klassische Rinderzuchtgebiet liegt in den Vorbergen der Rockies im westlichen Alberta, wo eine einzelne Farm oft Tausende von Hektaren Land bedeckt. Hier ist auch die Heimat der

Cowboys, die bis heute alljährlich bei den sogenannten Rodeos zusammenkommen und sich in den verschiedensten Disziplinen des Pferde- und Stierreitens messen.

Die ursprünglichen Wirtschaftsdomänen Kanadas, der Fischfang, die Pelzgewinnung und die Holzverarbeitung, sind heute hochkommerzialisiert und werfen hohe Gewinne ab. Mit jährlichen Fängen von mehr als einer Million Tonnen Fisch zählt Kanada zu den bedeutenden Fischereinationen der Welt. Vor allem die Bänke von Neufundland und Neuschottland zählen zu den ergiebigsten Fischgründen. Hier treffen warme und kalte Meeresströmungen aufeinander und reichern durch ihre Mischung das Wasser mit Sauerstoff an, das damit die Bildung von Plankton fördert und ideale Laichplätze für Fische abgibt. Im Atlantik werden vor allem Hering und Hummer gefischt, während in den ruhigen Fjorden des westlichen Britisch-Kolumbien der Lachs die Fänge bestimmt. 70% der Fänge werden exportiert, davon mehr als zwei Drittel in die USA. Dennoch ist der Anteil des Fischfanges, am gesamten Wirtschaftsvolumen Kanadas gemessen, gering. Auch die Bedeutung des Pelztierfanges ist zurückgegangen, obwohl Kanada nach wie vor mit der Sowjetunion die Spitze der Pelzproduzenten anführt. Der Nerz wird heute schon in Farmen gezüchtet, während Biber, Bisamratten und Seehunde in freier Wildbahn getötet werden.

Kanada besitzt nach der Sowjetunion die grössten nutzbaren Waldreserven der Erde. Von den 4,4 Millionen Quadratkilometern Waldgebiet sind aber nur 1,8 Millionen nutzbar – auf ihnen stehen 21 Milliarden Kubikmeter Holz. Der Schwerpunkt des Holzeinschlags hat sich inzwischen von Ontario und Quebec nach Britisch-Kolumbien verschoben, das heute allein fast die Hälfte des jährlichen Einschlages von rund 120 Millionen Kubikmetern liefert. Vor allem die schnellwachsenden Weichholzbäume werden geschlagen. Hier liegen auch die Sägewerke und die Zentren der Bauholzindustrie, die jährlich zwei Drittel allen Nutzholzes Kanadas verarbeiten. Das Schwergewicht der Zellulose- und Papierindustrie liegt nach wie vor in Ontario. Hier steht auch die Vielzahl kleiner Sägewerke, die im Privatbesitz der Farmer sind, während in Britisch-Kolumbien die Grosssägewerke der MacMillan Bloedel Company vorherrschen. Kanada ist der Welt grösster Zeitungspapierhersteller mit einem Marktanteil von 40%; vier Fünftel des Exportes gehen in die USA.

---

63 Pont Cartier, Montreal
64 Die Skyline von Ottawa, vom Turm des Parlamentsgebäudes aus gesehen
65 Bemaltes Haus in Montreal
66 Die Skyline von Montreal

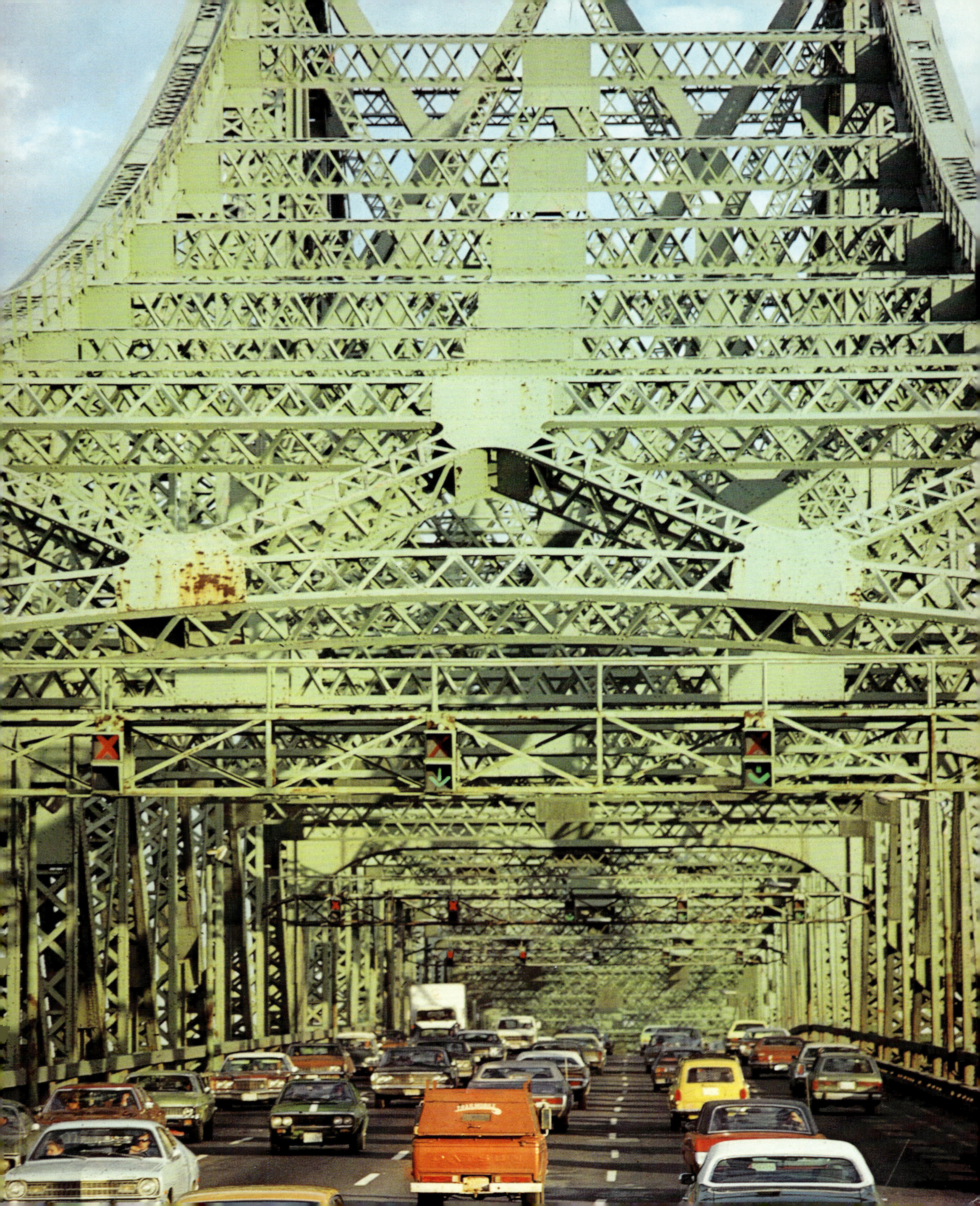

64
65 66

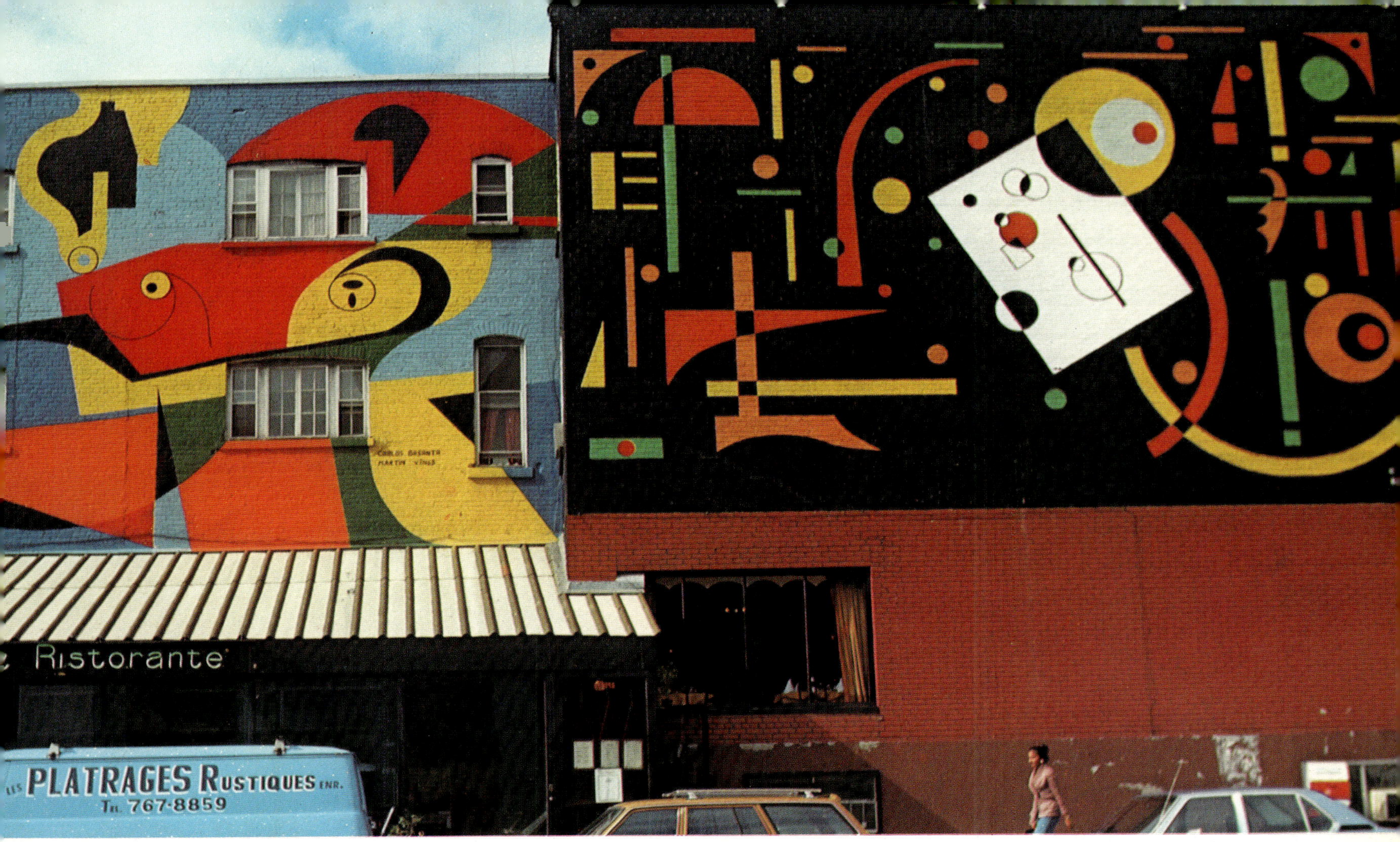
Ristorante
PLATRAGES RUSTIQUES
767-8859

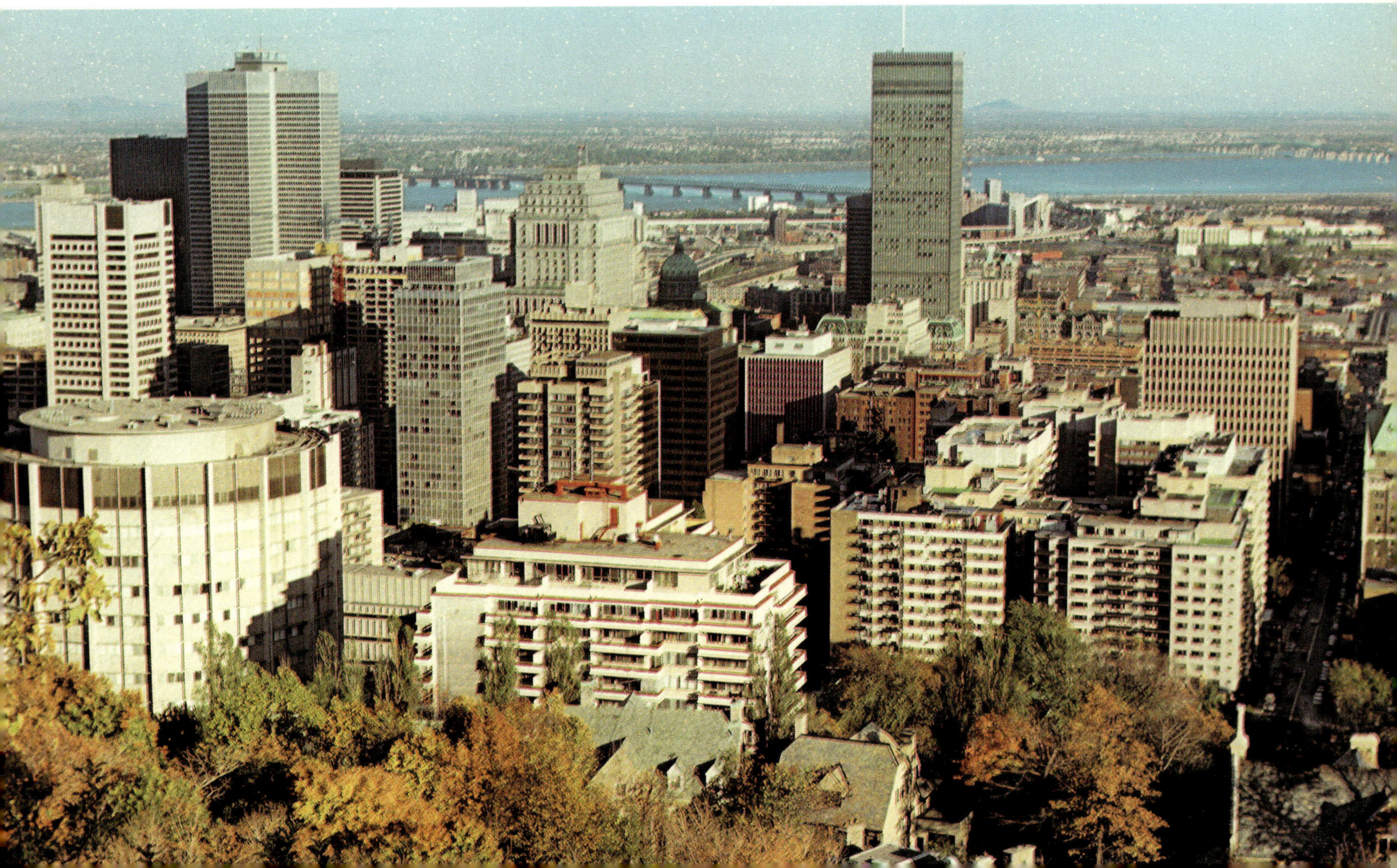

67

68

69

Seasons Sheraton
Admiral
TELEVISION APPLIANCES
CREDIT FONCIER
CN
with you!

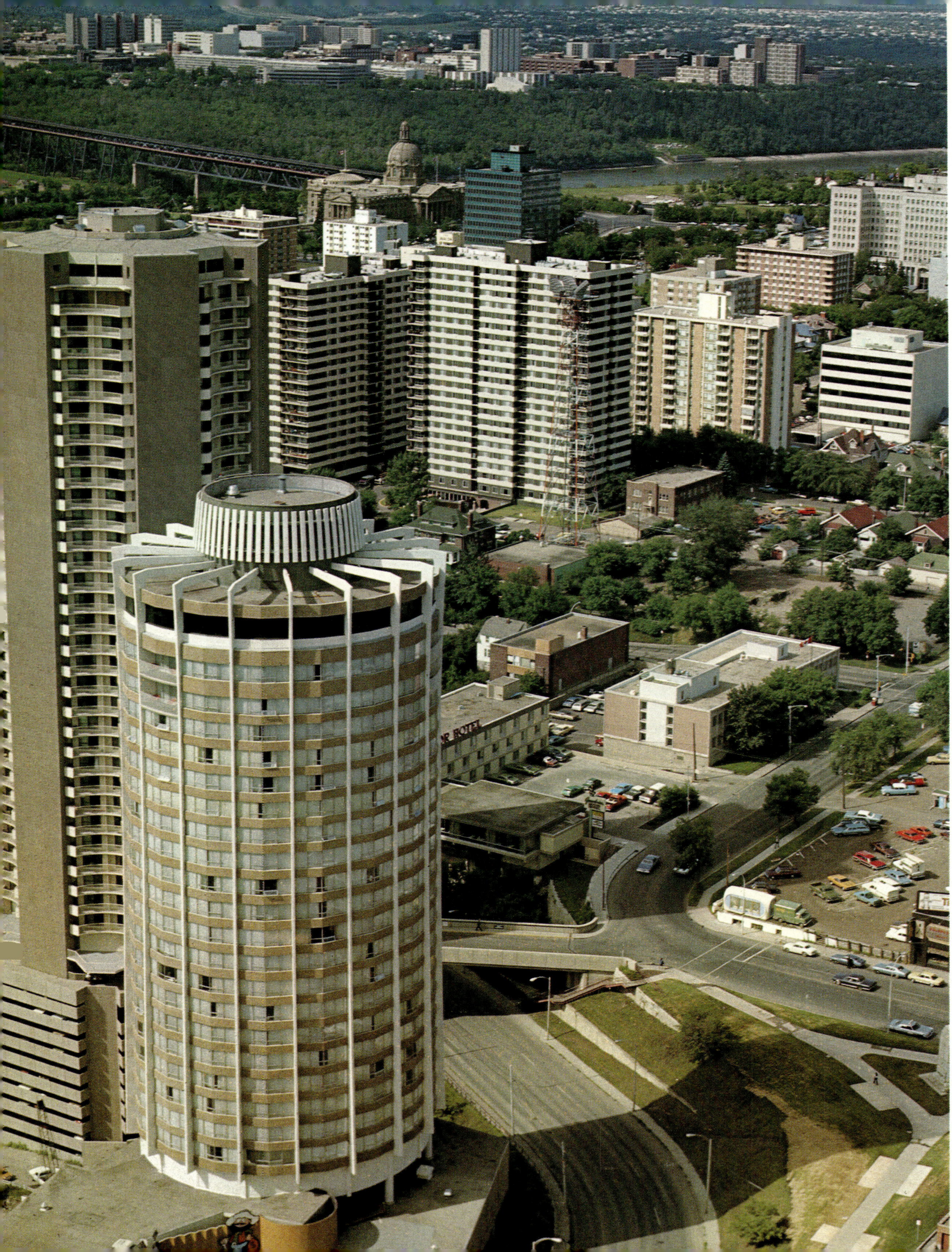

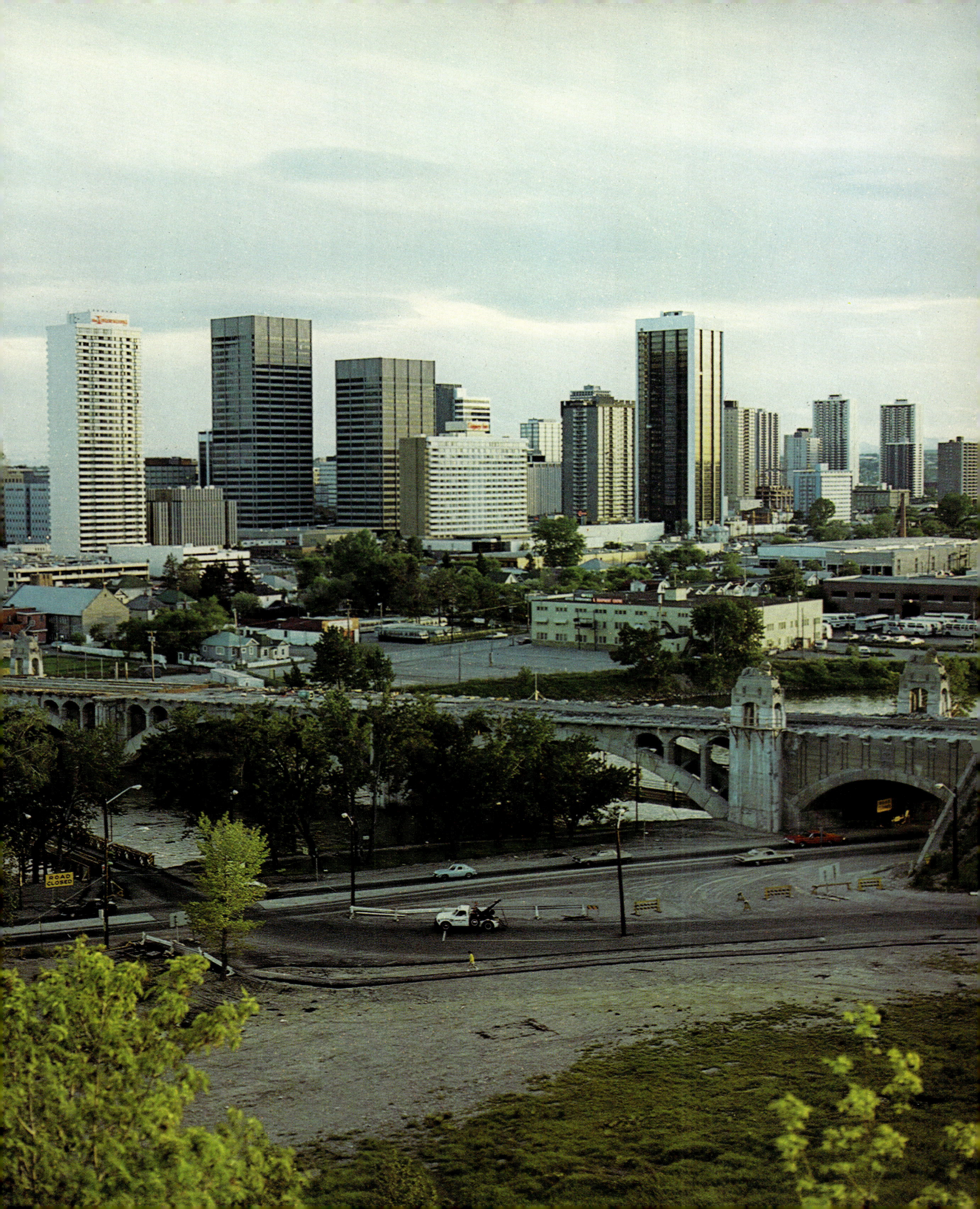
ROAD
CLOSED

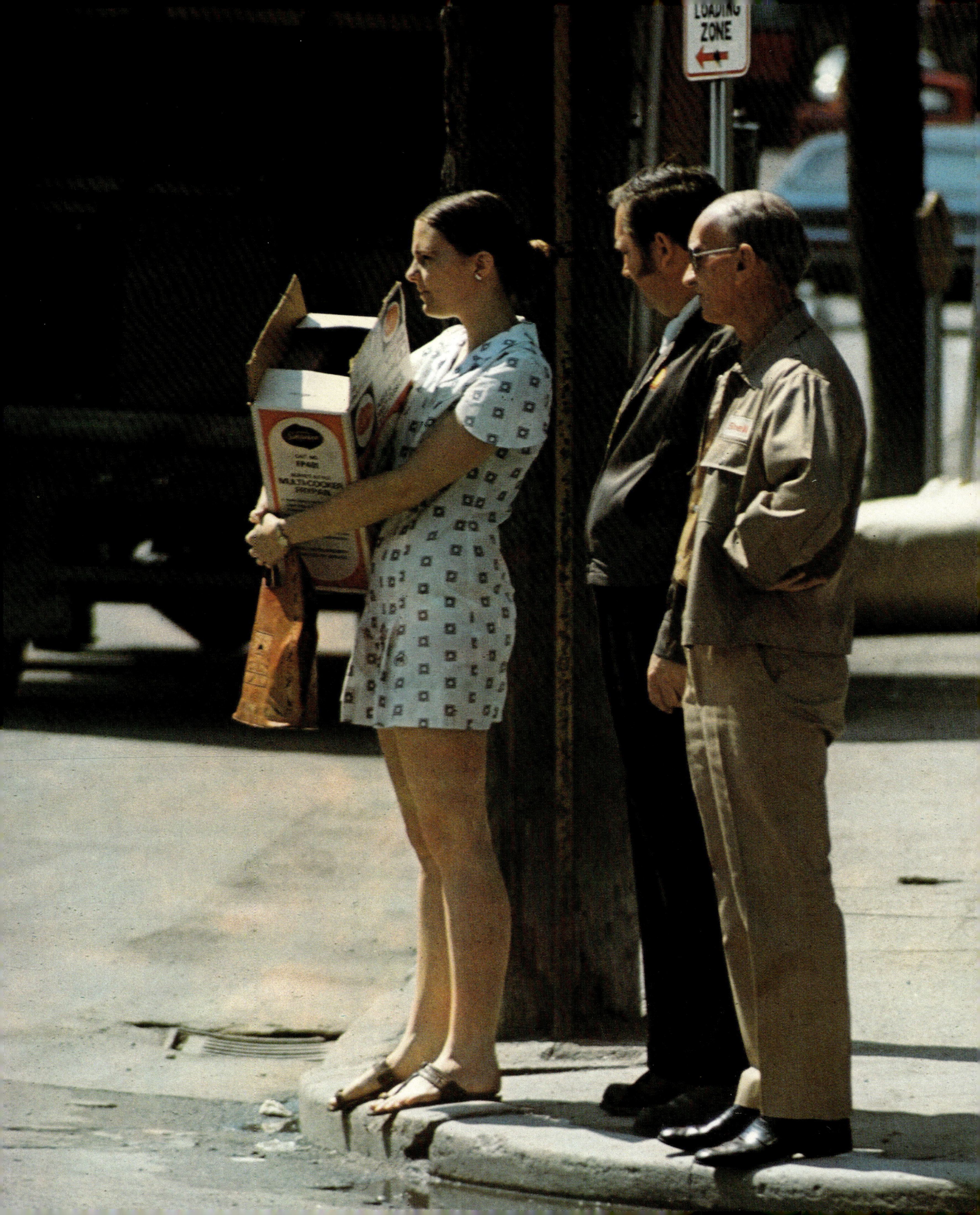
LOADING
ZONE

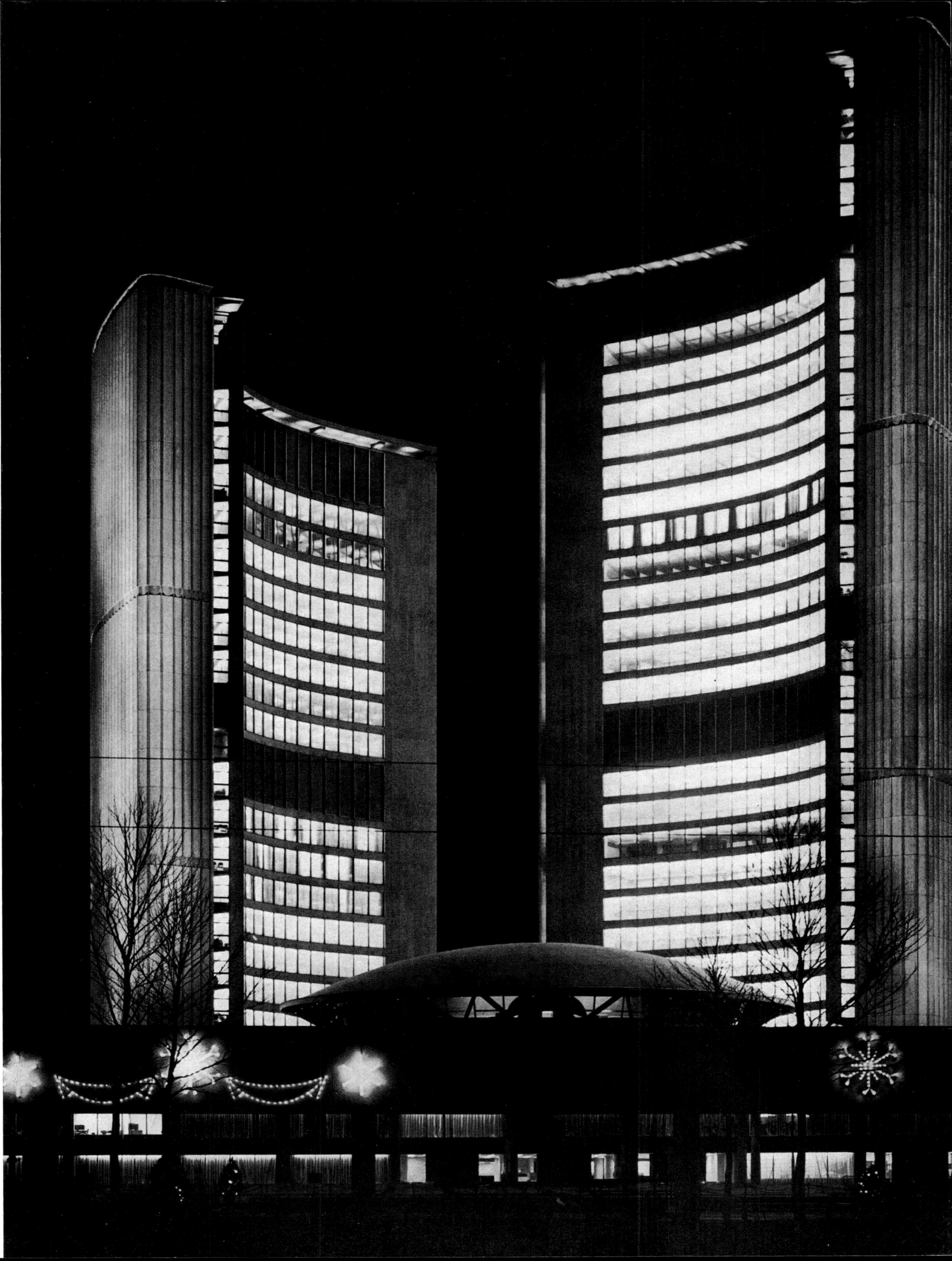

2 73

74

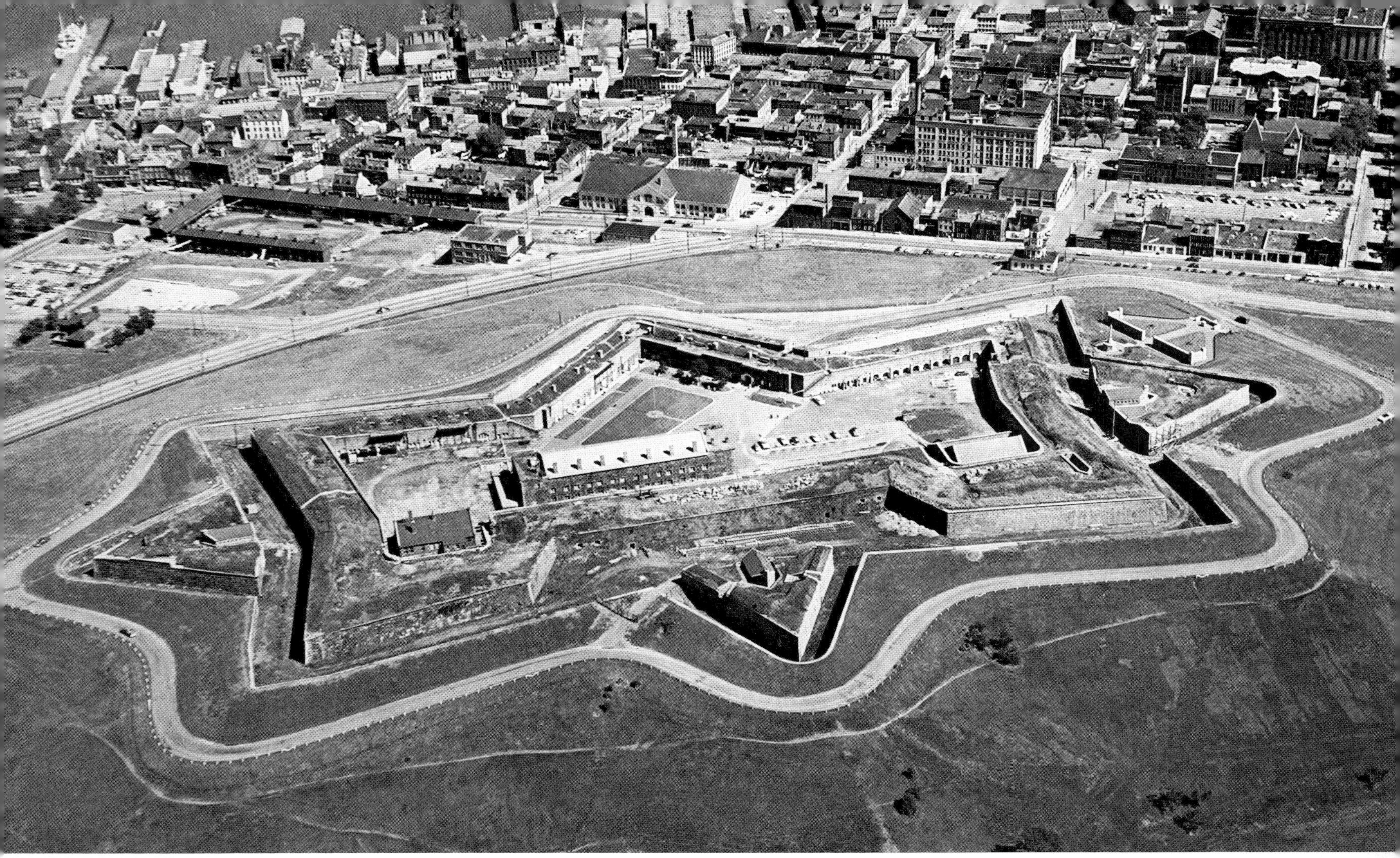

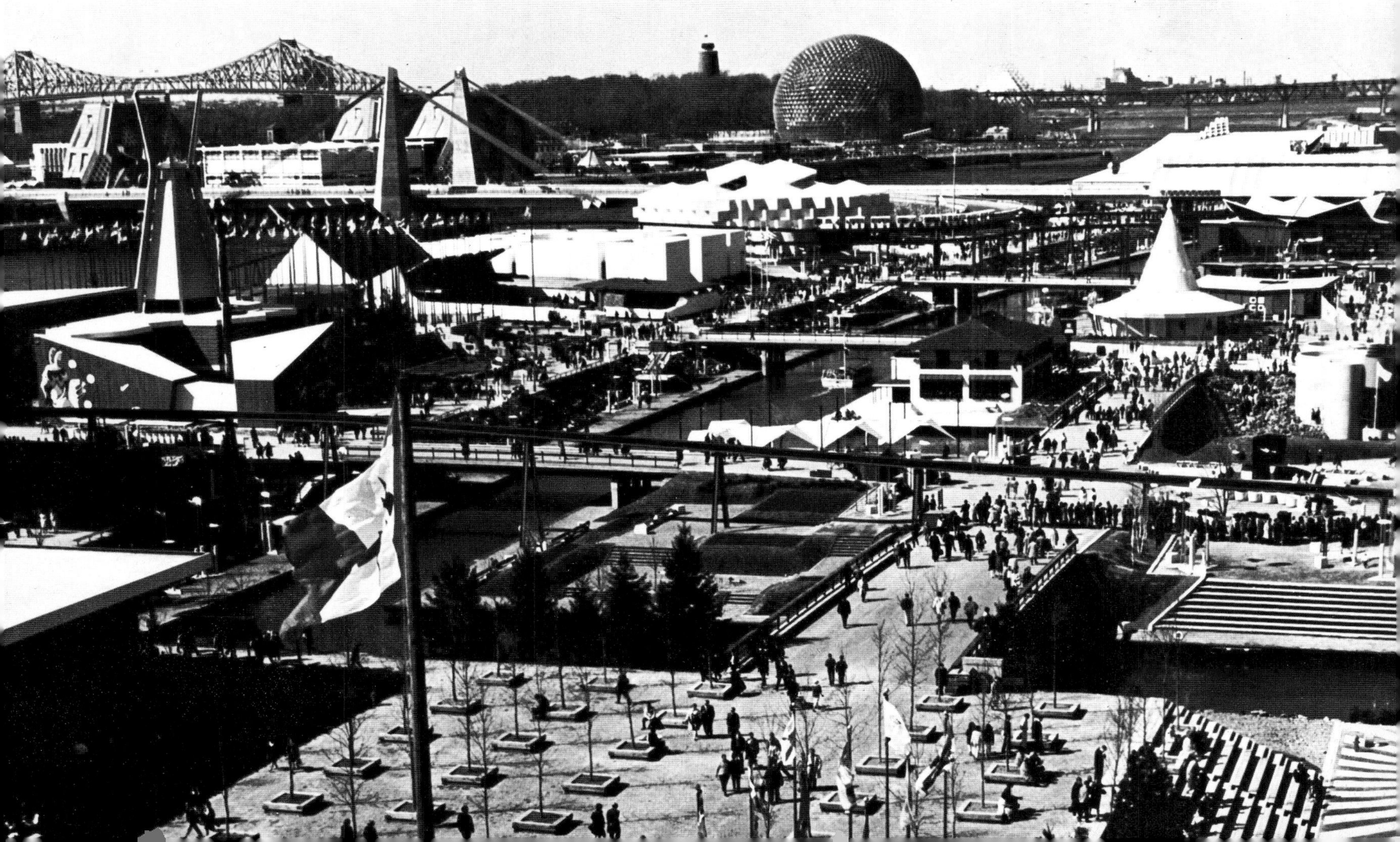

77 78

Verkehr

Mehr als für andere Teile Amerikas ist für Kanada das Flugzeug von Bedeutung. Die enormen Entfernungen, vor allem aber die Verbindungen nach dem Norden, sind nur mit Hilfe des Flugzeuges innerhalb vertretbarer Zeit zu bewältigen. Als Zentren fungieren Montreal, Toronto, Edmonton und Vancouver. Von Vancouver, dem Sitz der Canadian Pacific Airways, führen Fluglinien nach Japan und Hongkong direkt, nach Amsterdam und Frankfurt über den Pol, ferner nach den Fidschi-Inseln, Australien, Lima, Santiago de Chile und Buenos Aires. Von Montreal aus wird die östliche Arktis bedient; Nordair fliegt nach Baffin Land und Resolute auf Cornwallis Island im Kanadischen Archipel – eine Strecke, die drei Viertel jener nach London entspricht. Versorgungs- und Transportflüge in die Arktis (Ölprospektionen im Kanadischen Archipel) erfolgen allerdings von Edmonton aus.

Die Nationalstrasse 1, der Transcanada Highway, ist zum Hauptverkehrsträger in Ost-West-Richtung geworden und repräsentiert Kanadas längste Strasse: sie verbindet über eine Entfernung von 7900 km die kanadische Atlantikküste bei St. Johns mit Victoria, der Hauptstadt Britisch-Kolumbiens auf Vancouver Island am Pazifik. Sie ist eine echte Transversale – die längste der beiden Amerika – und bildet zugleich die Achse der dichtesten Besiedlung Kanadas, eine Art Nabelschnur gegenseitiger Versorgung des Westens und des Ostens. Dieser Hauptverbindung steht in Westkanada eine Alternativroute, die besonders als Touristenstrecke gedacht und ausgebaut ist, gegenüber: die Yellowhead-Strasse. Sie beginnt 39 Meilen (62,5 km) westlich von Winnipeg bei Portage la Prairie und verläuft nördlich der Staatsstrasse 1 über Saskatoon (Saskatchewan) nach Edmonton, der Hauptstadt Albertas. Von hier führt sie über den Yasper-Nationalpark vorbei am höchsten Berg der kanadischen Rockies, dem Mount Robson (3954 m), durch das Fraser-Tal nach Prince George (Britisch-Kolumbien) und durch das Hinterland der Pazifikprovinz nach Prince Rupert. Ein Zweig der Strasse verbindet Tete Jaune Cache über das Thompson-Tal mit Kamloops am Transcanada Highway.

---

67 MacDonald-Cartier-Freeway bei Toronto
68 Hochhaus in Toronto
69 Royal-York-Hotel und Dominion Bank (Mitte) in Toronto
70 Stadtbild von Edmonton, Alberta
71 Calgary, die Rodeostadt Albertas
72 Typische Strassenecke in einer kanadischen Stadt
73 City Hall von Toronto
74 Peace Tower des Parlamentsgebäudes in Ottawa
75 Halifax mit Zitadellenhügel, Neuschottland
76 Montreal, Terre des Hommes (ehemalige Weltausstellung)
77 Canadian-Pacific-Express am Bow River bei Lake Louise, Alberta
78 2250-PS-Diesellokomotive der Canadian Pacific Railway

Ein dichtes Strassennetz zweiter und dritter Ordnung, im Schachbrettmuster Nord–Süd und West–Ost angelegt, existiert nur in den südlichen Prärieprovinzen, wo die Maschendichte sich bis auf durchschnittlich sechsmal zehn Meilen verengt. Die Nordteile der drei Prärieprovinzen Manitoba, Saskatchewan und Alberta sind nur durch zwei bis drei Stichstrassen pro Provinz erschlossen. Berühmteste und bekannteste nordwärts führende Strasse – im Range eines internationalen Highway – ist die Alaskastrasse ab Edmonton nach Fairbanks, Alaska. Die eigentliche Kilometrierung (milage) des Alaska Highway beginnt mit der Meile Null in Dawson Creek (Britisch-Kolumbien) und führt von hier aus über 2437 km (1523 Meilen) nach Fairbanks. Heute ist sie eine Touristenstrasse und dient vor allem us-Amerikanern zur Fahrt in den 50. und nördlichsten Bundesstaat der Vereinigten Staaten, nach Alaska.

630 000 km des kanadischen Strassennetzes sind befestigt, rund 200 000 km sind Erdstrassen. Modernstes Strassenstück ist der Mac Donald Cartier Freeway von Quebec nach Windsor. Er zählt stellenweise 12 Fahrspuren. Von den 10 Millionen kanadischer Autos sind 8 Millionen Personenkraftwagen.

Die Entwicklung der kanadischen Westprovinzen hing auf das engste mit den transkontinentalen Bahnbauten zusammen. Als Britisch-Kolumbien im Jahre 1871 dem Dominion beitrat, stellte es der Bundesregierung die Bedingung, innerhalb von zwei Jahren mit dem Bau einer Bahn zu beginnen und die westliche Provinz mit dem Seengebiet des Ostens zu verbinden. Die Bedingung wurde akzeptiert und die 4575 km lange Canadian Pacific Railway (CPR) zwischen 1874 und 1886 gebaut. Ihr folgte der Bau der Canadian Northern Railway von Moncton nach Prince Rupert und der Bau der Grand Trunk Pacific. Durch die Vereinigung dieser beiden mit anderen, kleineren Linien wurde 1919 bis 1923 die Canadian National Railway (CNR) geschaffen. Gemeinsam mit der CPR betreibt sie ein Netz von rund 85000 km. In die restlichen 8000 km Bahnlinie teilen sich 34 Eisenbahngesellschaften, von denen aber nur wenige bedeutend sind: die British Columbia Railway (Vancouver–Fort Nelson), die Quebec Northshore and Labrador Railway (Erzbahn nach Schefferville) und die Ontario Northland Railway von Sault Sainte Marie nach Hearst.

Das Zeitalter des Bahnbaus ist in Kanada noch nicht vorbei. Vor allem in Westkanada wurden und werden enorme Projekte verwirklicht. Projektiert und teilweise im Bau ist zur Zeit die Einbeziehung von Dawson City im Yukon in das Bahnsystem Britisch-Kolumbiens. Damit würden die wichtigen Asbestminen von Clinton Creek (Yukon) und Cassiar (Britisch-Kolumbien) sowie die Kupfermine von Whitehorse Anschluss an das südkanadische Bahnnetz erhalten. Die Bahn wird von Prince George (Fort St. James) aus quer durch die noch völlig unbesiedelten und erst anlässlich des Bahnbaus erforschten Skeena Mountains nach Dease Lake und Cassiar führen.

Die Schiffahrt beschränkt sich in Westkanada auf den Mackenzie und den Verkehr entlang der Pazifikküste. 3860 km Flusslauf sind vom Mackenzie schiffbar und öffnen über das Mackenzie-Delta Zugang zu weiteren 2400 km Küstenschiffahrt – allerdings nur im Sommer auf wenige Wochen. Bis ins Jahr 1930 fuhren auf dem Mackenzie – wie auch auf dem zweiten grossen arktisch-amerikanischen Flusssystem, dem Yukon – nur Heckraddampfer (sternwheeler). Die zunehmende Minentätigkeit im Gebiet des Grossen Bärensees, des Grossen Sklavensees und des Athabaska-Sees hat es aber schliesslich notwendig gemacht, Motorschiffe und Schleppkähne einzusetzen. Schleusenanlagen bei Fort Smith am Sklavenfluss und am Grossen Bärenfluss haben die Stromschnellen entschärft und ermöglichen damit ungehinderte Schiffahrt im Gebiet des Athabaska-Sees von Mitte Mai bis Ende Oktober, im Gebiet des Grossen Sklavensees von Mitte Juni bis Mitte Oktober und im Abschnitt des Grossen Bärensees von Mitte Juli bis Ende September. Danach friert das gesamte Flusssystem zu. Eine sommerliche Fahrt stromabwärts von Hay River nach Tuktoyaktuk dauert neun Tage, flussaufwärts braucht das Schiff für die 1780 km lange Strecke zwölf Tage.

Die Küstenschiffahrt am Pazifik ist vor allem ein Fährdienst. Auto- und Bahnfähren führen von Vancouver und Powell River aus nach Vancouver Island, eine Schiffslinie mit Fährdienst verbindet Vancouver über Prince Rupert mit Stewart, Juneau, Haines und Skagway in Alaska. Für Autofahrer ist es ratsam, einen Platz auf dieser Linie schon ein Jahr im voraus zu buchen.

Vancouver hat den grössten Hafen Kanadas und gilt als Tor in den Westen über den Pazifik nach Asien. Aller Prärieweizen nach China, Japan und der Sowjetunion geht über Vancouver bzw. Prince Rupert. Diese Westöffnung erklärt auch den starken östlichen Einfluss: Vancouvers China Town ist die grösste der amerikanischen Westküste.

Wichtigster Schiffahrtsweg Kanadas ist der St.-Lorenz-Seeweg. Seit dem Jahr 1959 können auch Schiffe mit bis zu 8 m Tiefgang in den Erie-See einfahren, wozu vor allem die Schleusenanlagen des Wellandkanals erweitert werden mussten, der die 100 Höhenmeter zwischen Ontario- und Erie-See überwindet. Kleinere Getreideschiffe fahren bis nach Thunderbay, der alten Doppelstadt Fort Williams–Port Arthur am Oberen See. Damit wird durch den St.-Lorenz-Seeweg den Schiffen eine 2000 km lange Fahrtrinne in das Landesinnere eröffnet. Seit 1968/69 wird der St.-Lorenz-Seeweg auch im Winter bis nach Montreal offengehalten.

Die berühmte Nordwest-Passage ist nach wie vor für den Handel uninteressant: Nachdem man jahrhundertelang nach der Passage gesucht hatte, durchfuhr sie erstmals Amundsen zwischen 1903 und 1906. Ihm folgten 1940 bis 1942 das kanadische Polizeiboot «St. Roch» und 1969 der US-Tanker «Manhattan». Seither wurden die arktischen Gewässer nur mehr von Versorgungsschiffen für die Stützpunkte im Archipel während der wenigen eisfreien Wochen befahren. Echte Handelsbedeutung werden die nördlichen Sunde erst erlangen, wenn das Projekt atombetriebener Handelsunterseeboote verwirklicht werden sollte. Sie würden das Eis des Nordpolarmeers unterfahren und dadurch den Seeweg nach Europa um 1000 km verkürzen.

79 Asbestmine im Yukon-Territorium
80 Der W. A. C.-Bennet-Damm am Peace River in Britisch-Kolumbien
81/82 Die Gordon M. Shrum Generating Station am Bennet-Damm
83 Abstechen flüssigen Stahls in Hamilton, Ontario
84 Schweissarbeiten in Charlottetown, Prince Edward Island
85 Ölpumpe in den Feldern um Edmonton, Alberta
86 Flüssiges Nickel
87 Nickelaufbereitung in den Anlagen von Sudbury, Ontario
88 Getreidesilos in Thunderbay am Oberen See
89 Güterwagen in den Getreide-Verladeanlagen von Thunderbay, Ontario
90 Künstliche Bewässerung bei Ashcroft-Kamloops in Britisch-Kolumbien
91 Bahnsiedlung mit Getreidespeichern in Manitoba
92 Getreide-Elevatoren und Weizenmahden bei Riceton, Saskatchewan
93 Orthodoxe Kirche in Wroxton, Saskatchewan

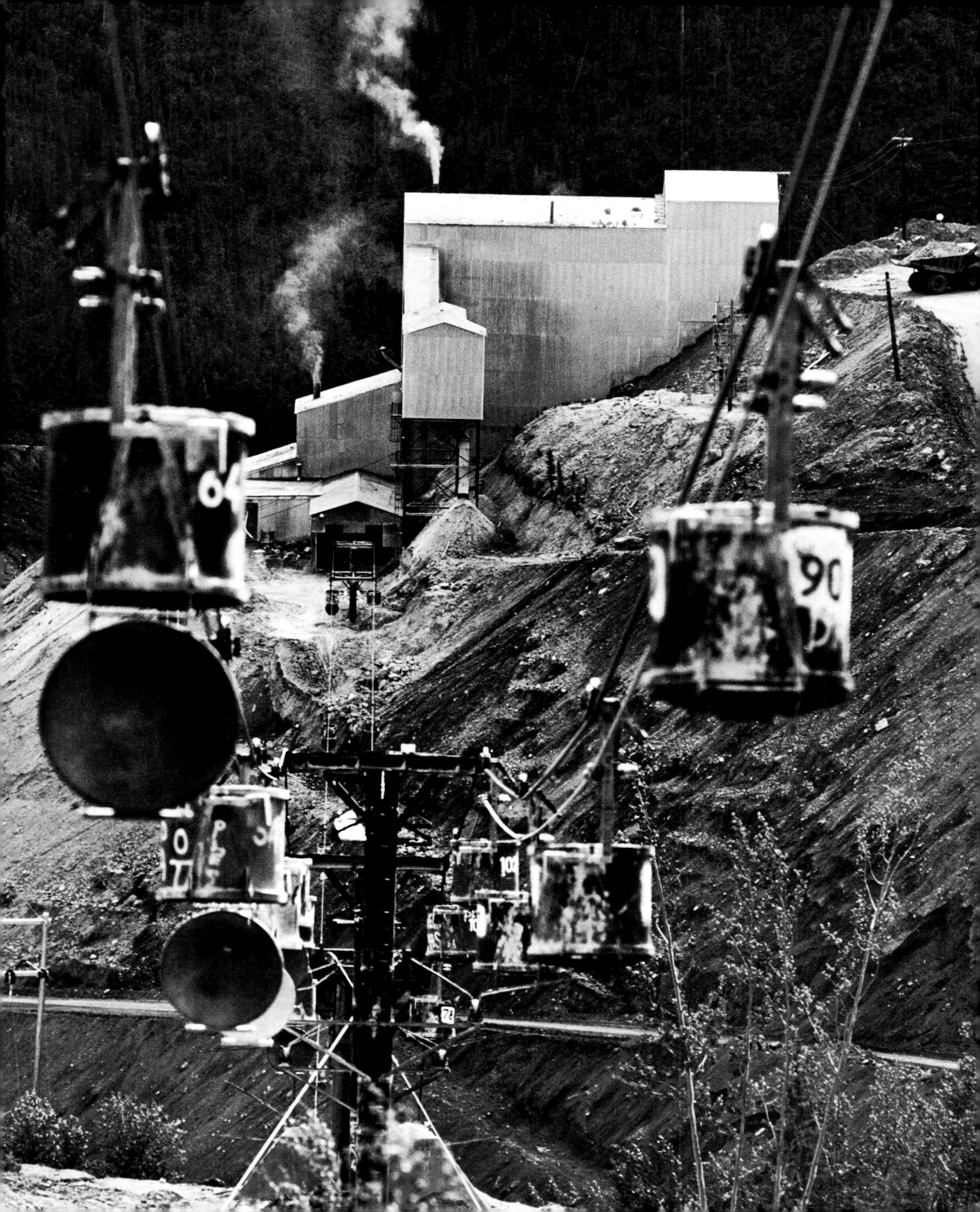
64
90

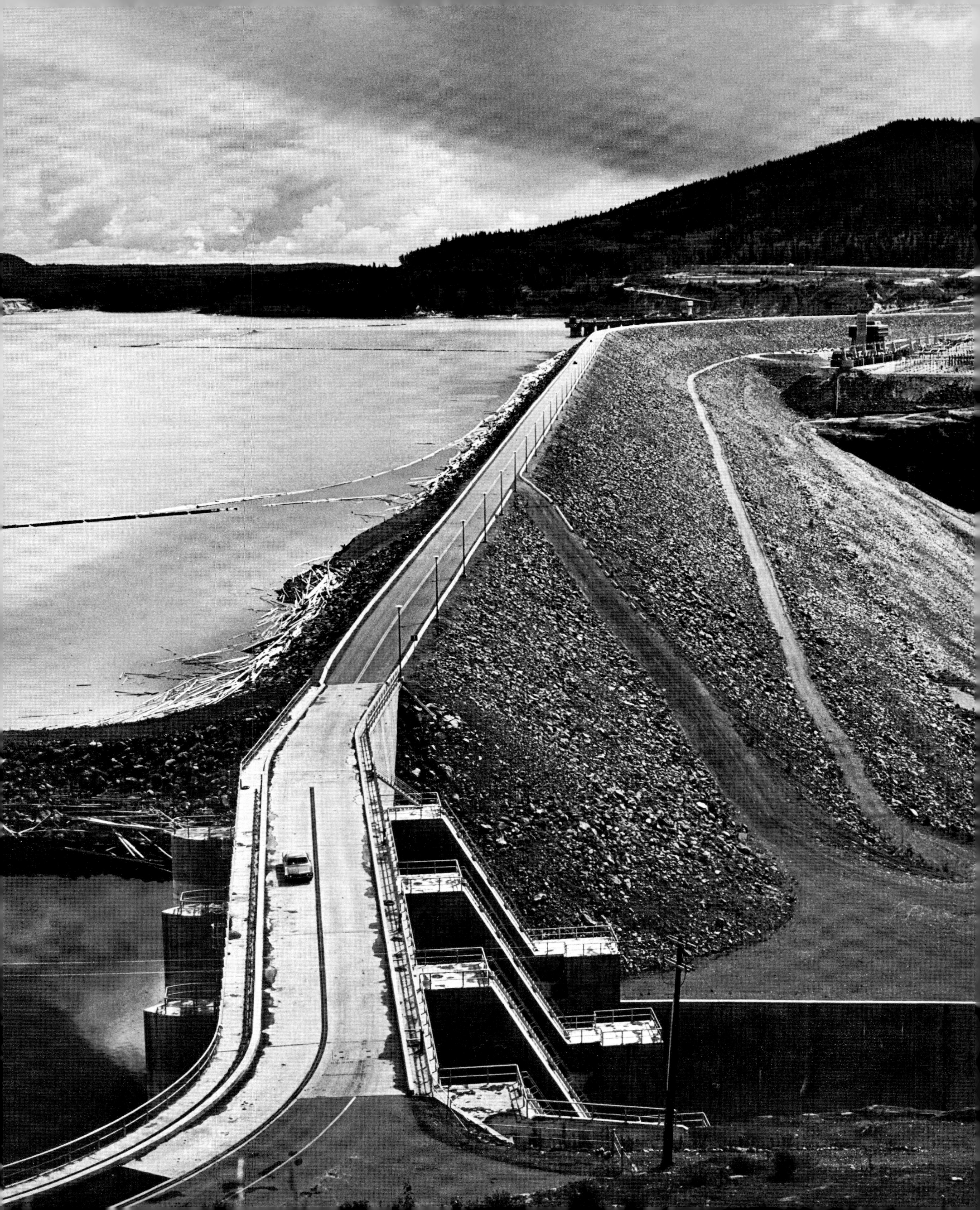

81

82

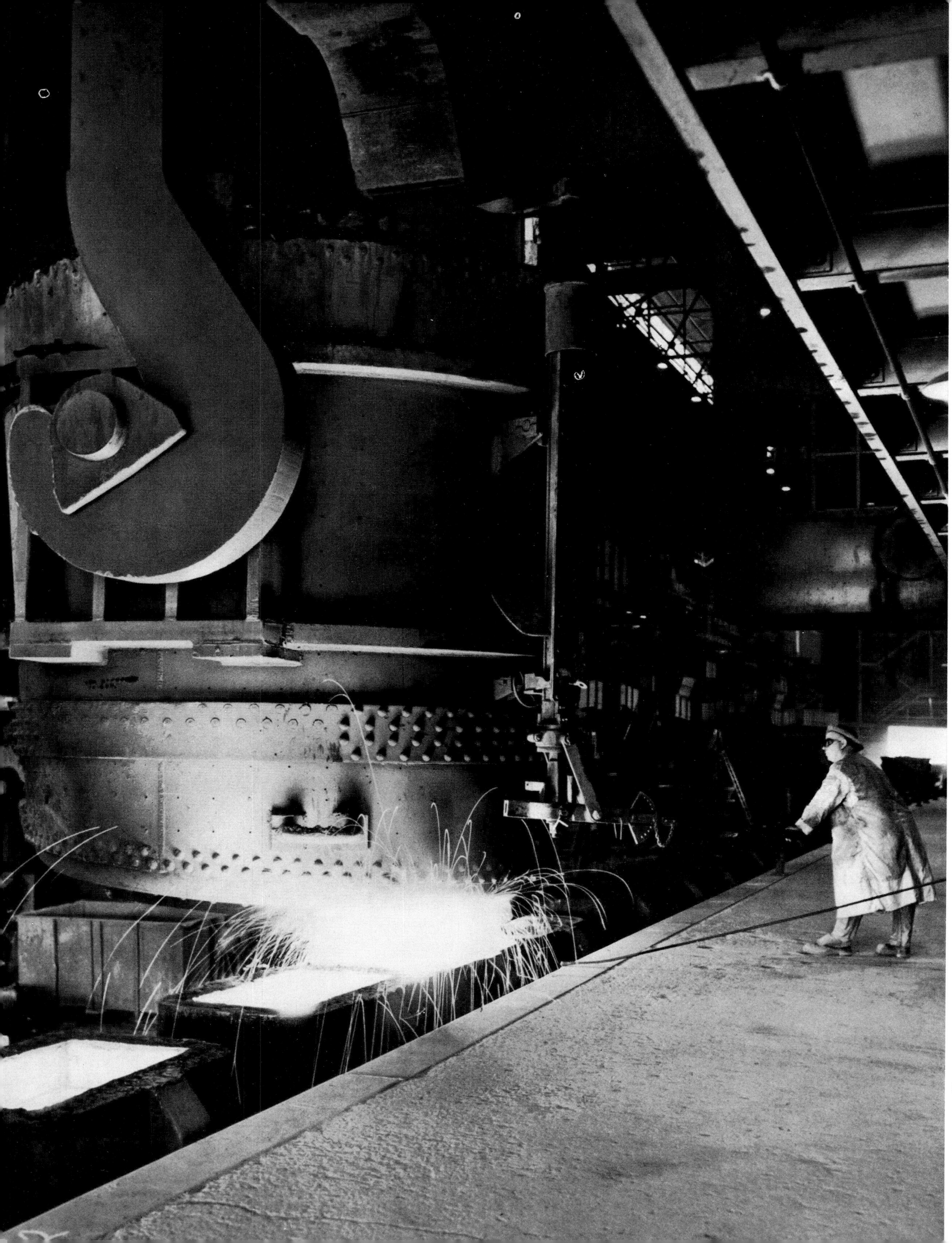

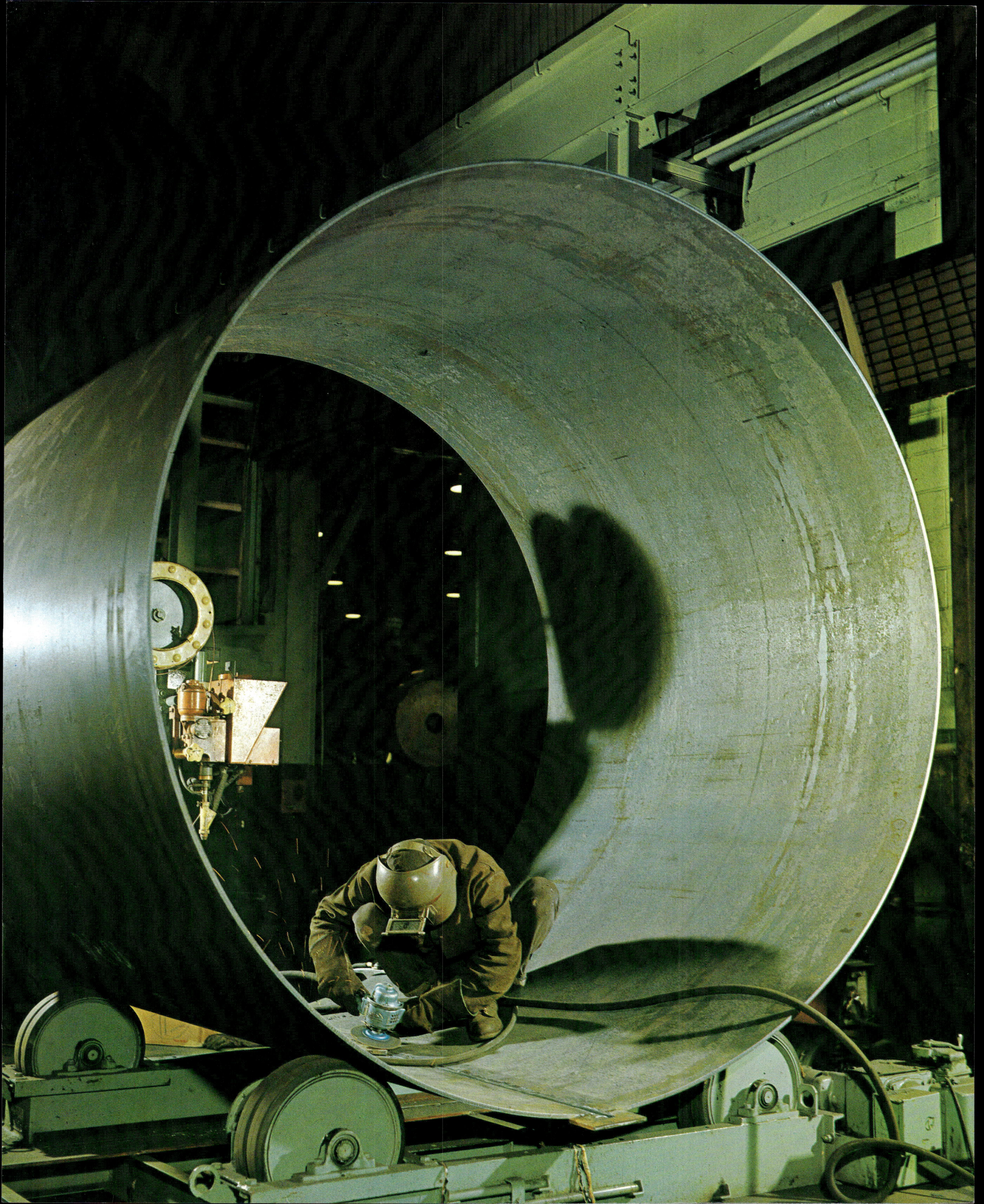

85

87

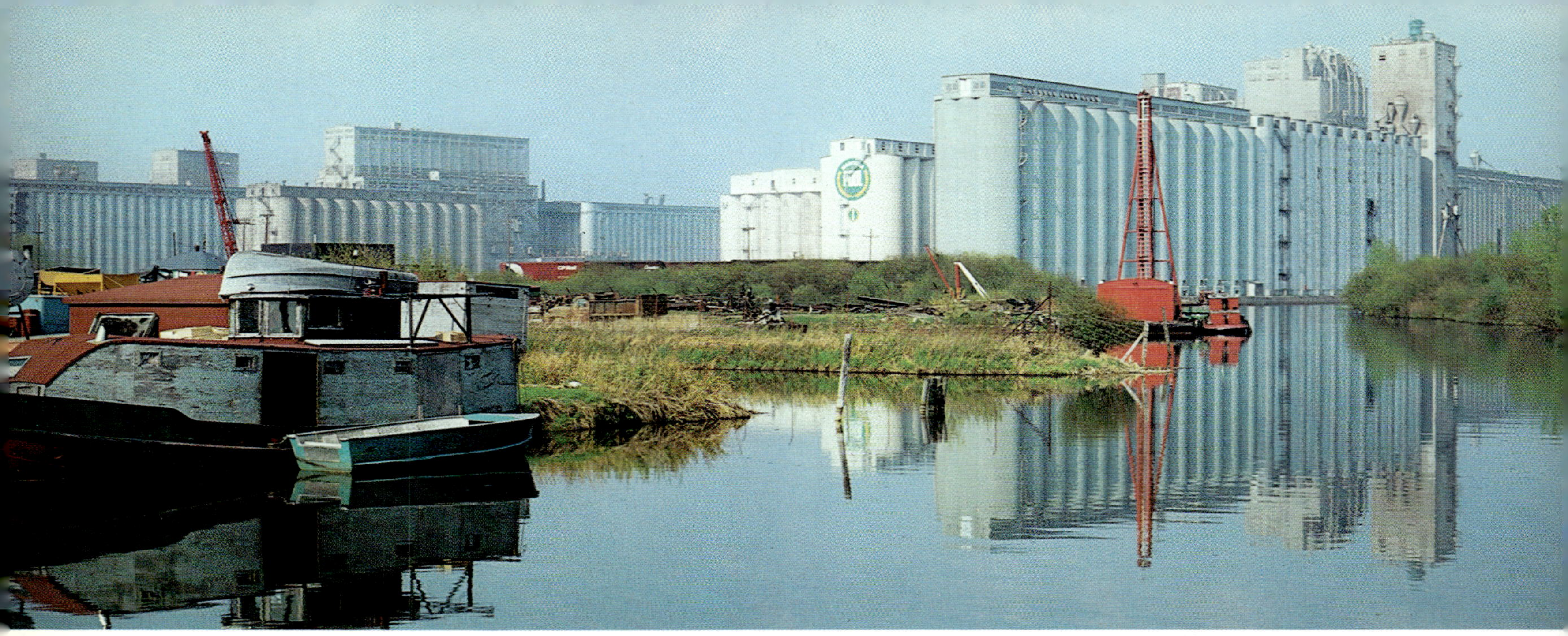

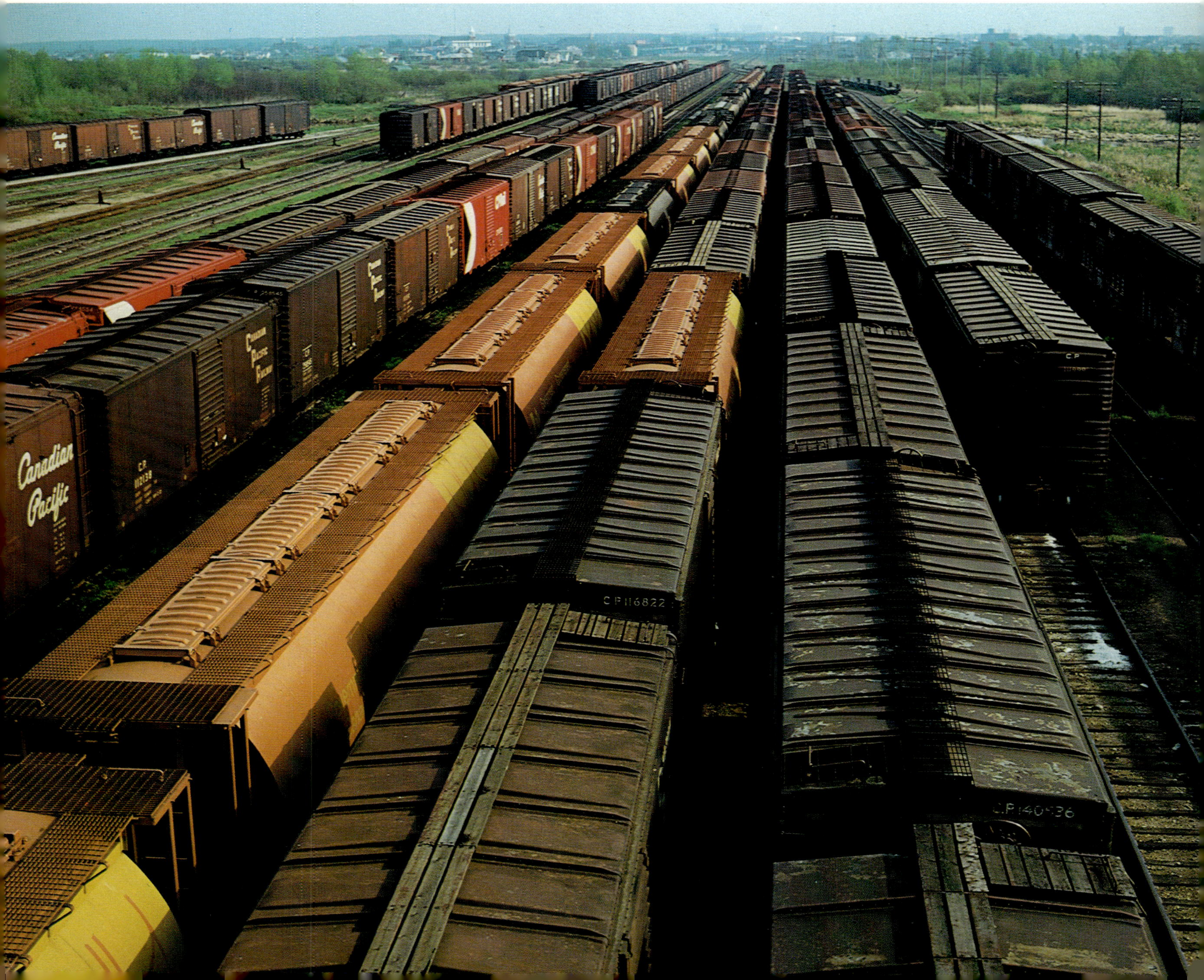
Canadian
Pacific
CP116822

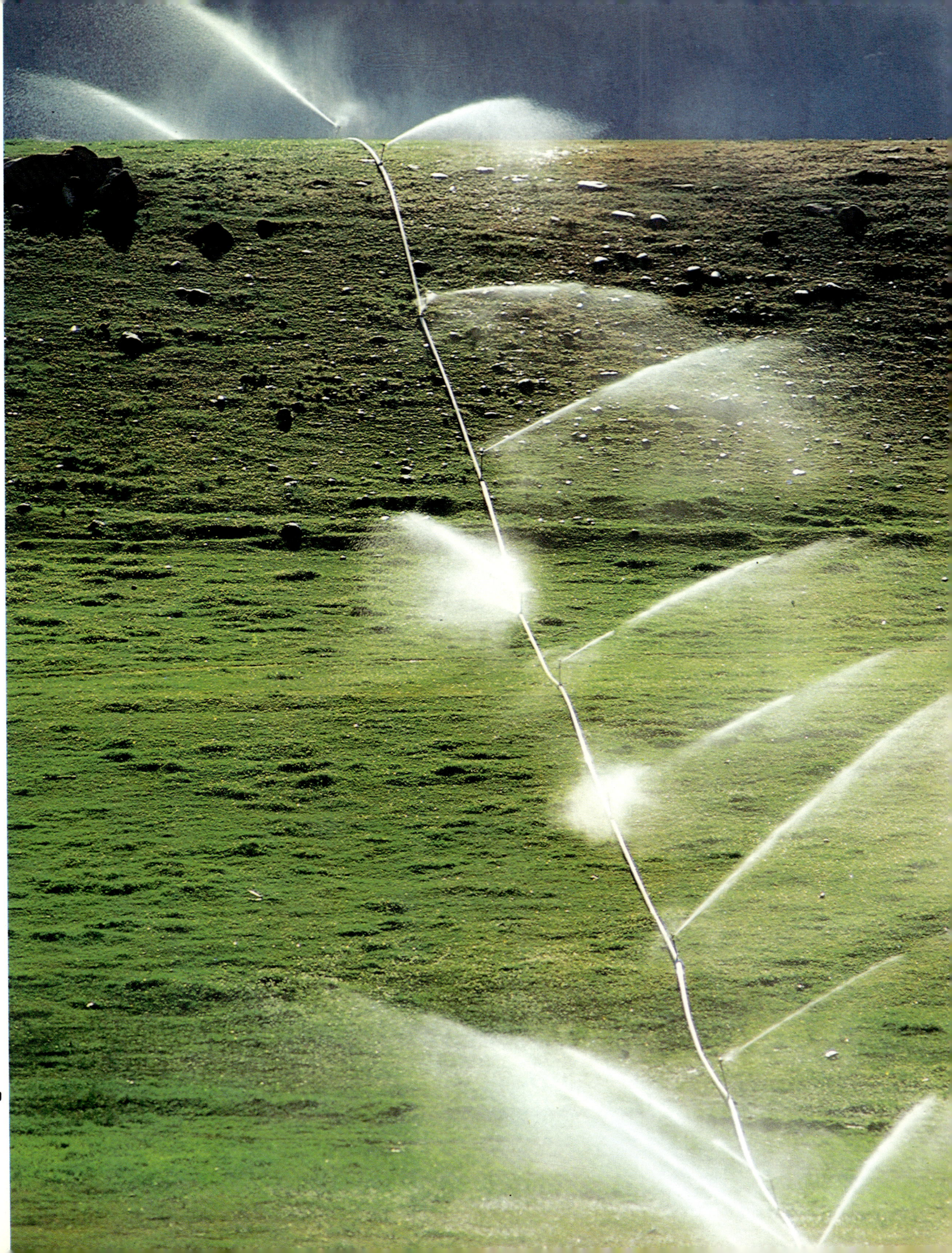

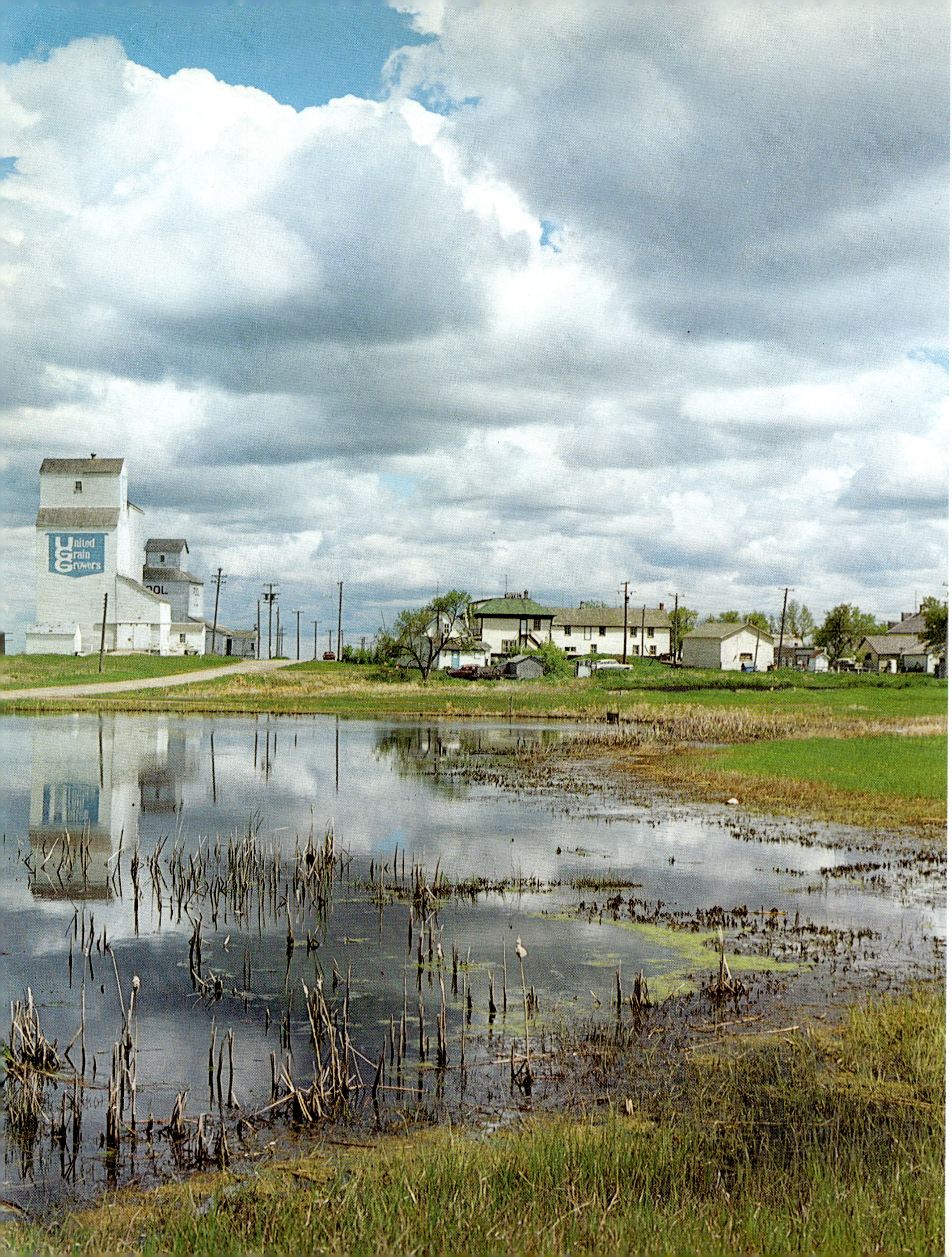
United
Grain
Growers
OOL

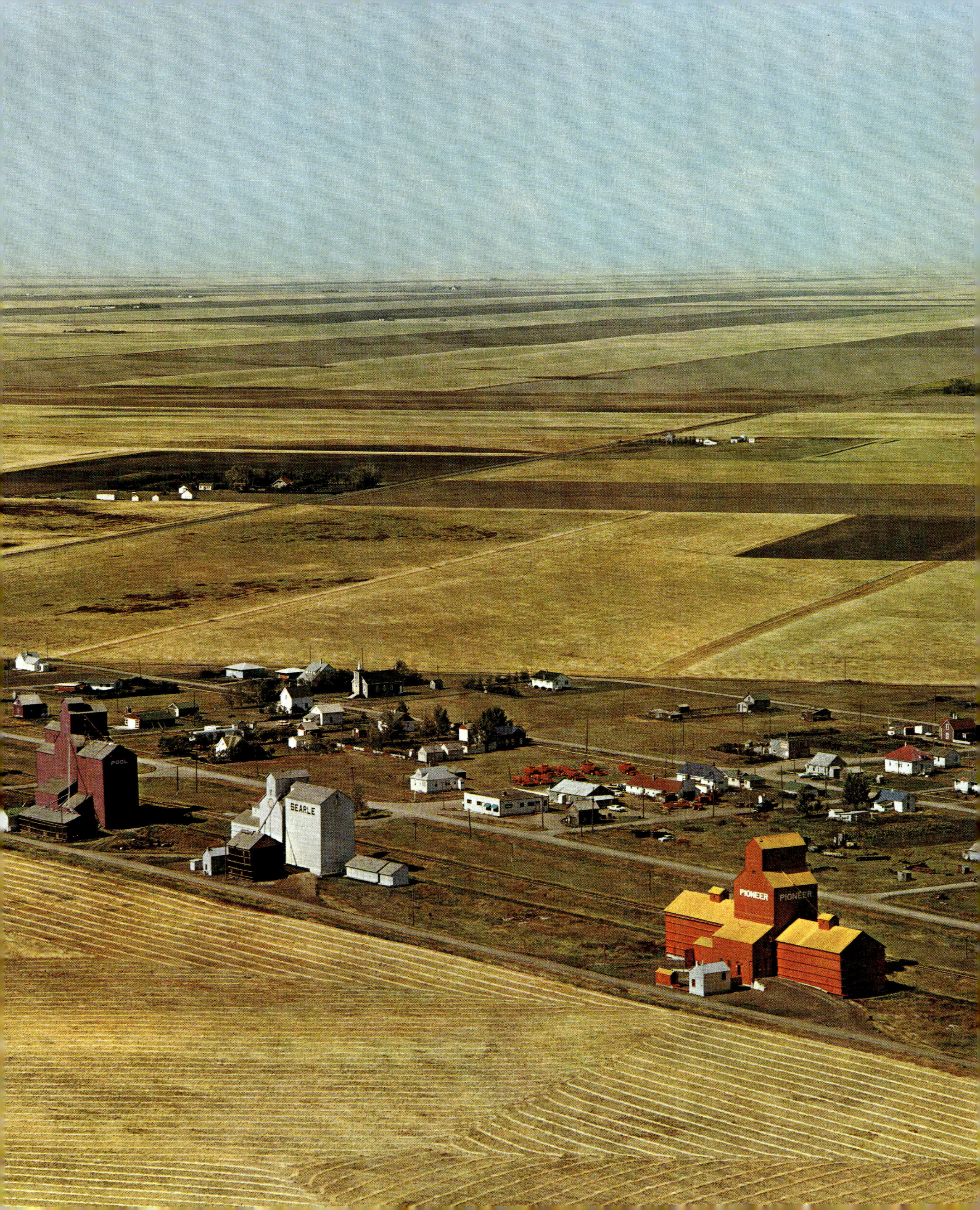
POOL
SEARLE
PIONEER
PIONEER

USE
POOL
CO-OP
FLOUR
SASKATCHEWAN
POOL
SASKATCHEWAN
POOL
NO. 466
WROXTON

Kultur

«Wir sind Kanadier, keine Amerikaner», lautet die Antwort, wenn der Ausländer einen Kanadier versehentlich als Amerikaner bezeichnet. Spätestens in diesem Augenblick hat der Europäer, der Amerika oft mit US-Amerika gleichsetzt, begriffen, dass der Kanadier in einem Kulturkampf gegen den mächtigen Nachbarn im Süden steht. Der «Yankee» betrachtet Kanada nicht nur wirtschaftlich als ohnedies ihm gehörend, es ist für ihn auch selbstverständlich, in Kanada ein Land US-amerikanischer Kultur zu sehen – was den Kanadier verständlicherweise stört.

Die Fakten geben dem US-Bürger recht: 60% der Kanadier leben innerhalb eines knapp 200 km breiten Gürtels entlang der Grenze gegen die USA. Abend für Abend sieht ein Grossteil von ihnen US-amerikanische Fernsehprogramme oder zumindest die Nachrichten ausländischer Fernsehstationen. Der Kanadier konsumiert dabei auch US-Werbung – doch wenn er auf einen heimischen Sender umschaltet, verfolgt ihn dieselbe Reklame im heimischen Programm, das vielfach aus US-amerikanischen Filmen besteht. Der Kanadier fährt in amerikanischen Autos und verbringt seine knapp bemessene Mittagspause in einem der unzähligen Kentucky Fried Chicken Drive-Ins oder verzehrt seinen Hamburger an der Theke von McDonalds. Von Kleenex über Coca-Cola bestimmen die sogenannten kleinen Dinge des Alltags das amerikanisierte Leben des Kanadiers. Der american way of life setzt sich jenseits des 49. Breitengrades fort.

Pierre Trudeau, der heutige Premierminister Kanadas, war bei seiner ersten Wahl im Jahr 1968 eine Antwort des Volkes auf die plötzlich bewusst gewordenen Amerikanismen im Lande: Trudeau, ein Frankokanadier, «Universitätsprofessor und Playboy», wie Zeitschriften ihn nannten, schien den Wählern eine akzeptable Lösung, den Weg aus der amerikanischen Abhängigkeit zu finden. Es gelang ihm nur zögernd.

Der Kanadier verhält sich seinem südlichen Nachbarn gegenüber wie der Schweizer und der Österreicher zu seinem nördlichen. Der Grund ist der gleiche: wirtschaftliche und kulturelle Abhängigkeit bedrohen nationale Identität. Der Unterschied zwischen dem Verhältnis Schweiz– bzw. Österreich–Bundesrepublik und dem Verhältnis Kanada–USA liegt nur darin, dass die wirtschaftliche Abhängigkeit Kanadas von den USA eine grössere und die kulturelle Eigenständigkeit eine kleinere ist – und diese Kultur überdies bis tief in die Wurzeln gespalten erscheint.

Ein Drittel der kanadischen Bevölkerung spricht Französisch und pocht auf eigene Tradition und Autonomie. Seit Charles de Gaulle, europäischer Chauvinist von Format, am 24. Juli 1967 vom Balkon des Montrealer Rathauses seine Worte schmetterte: «Vive le Québec libre!», ist das Verhältnis zwischen Franko- und Anglokanadiern getrübt – auch wenn immer wieder behauptet wird, dass es nur einige hundert Extremisten seien, die an eine tatsächliche Separation der Provinz Quebec dächten. Höhepunkt der Auseinandersetzung war die Entführung und Ermordung des Arbeitsministers der Provinz, Pierre Laporte, dessen Leiche am 18. Oktober 1970 aufgefunden wurde. Wenn sie es vorher nicht gewusst hatte – seit dem Tag wusste die Welt, dass auch in Kanada nicht alles in Ordnung ist. Aufregung gab es auch in Kanada, als im Mai 1974 das Quebecer Provinzparlament ein Gesetz verabschiedete, das jeden Einwanderer nach Quebec verpflichtet, sein Kind in eine französische Schule zu schicken und Französisch zu lernen. Zwei Drittel Kanadas tobte gegen diesen Erlass – der aber Billigung fand und Gesetz wurde.

Das Beispiel der Quebecer machte Schule: schon werden Stimmen laut, dass die deutsche Sprache nicht weiter unberücksichtigt bleiben dürfe; die grosse Zahl der Deutschsprechenden (eine Million) rechtfertige dies. Niemand nimmt derartiges ernst – aber es wirft ein bezeichnendes Schlaglicht auf die Problematik der kanadischen Natur und zeigt, wie schwer es ist, von einer kanadischen Identität zu sprechen.

Kanada ist ein junges Land. Feiern die USA in diesem Jahr (1976) ihr zweihundertjähriges Bestehen, so kann Kanada erst auf 111 Jahre zurückblicken. Wer durch Britisch-Kolumbien reist, wird den rührenden Eifer der Provinzregierung bemerken, mit dem sie sich bemüht, ihren Bürgern das eigene Land nahezubringen. Immer wieder sieht man grüne Tafeln entlang der Strasse, die den Touristen darüber informieren, welches geschichtliche Ereignis hier oder in der Umgebung stattgefunden hat – vor vielleicht hundert Jahren, denn weiter reicht die Geschichte nicht zurück. Da erst wird deutlich, *wie* jung dieses Land ist, wie arm an Vergangenheit und Tradition es im europäischen Sinn ist, die in Europa die Völker geprägt und in diesem langen Werdegang ihre Kultur bestimmt haben; die entstanden ist aus der jahrtausendelangen Vermischung von altorientalischer, griechischer, römischer und christlicher Zivilisation, bis aus ihr die des Abendlandes geworden ist.

Zur Zeit bildet sich in der Neuen Welt eine neue Kultur. 200 Jahre USA haben eine Kulturzelle geschaffen, die heute dabei ist, die Welt zu erobern: wirtschaftlich und politisch; damit aber auch kulturell. Europa vermag sich nur schwer gegen die Flut der Amerikanismen zu wehren – dabei stehen in Europa 660 Millionen dem Einfluss von 212 Millionen US-Amerikanern gegenüber. Der Europäer kann sich auf eine Vergangenheit berufen, die nach Jahrtausenden zählt, und auf kulturelle Leistungen, in deren Schatten die Neue Welt immer stehen wird – und dennoch gelingt es dieser neuen Kultur des «american way of life», die Art, in Europa zu leben – eingezwängt in die Fesseln von Puritanismus, Tradition und Herrschaftsdünkel – zu erschüttern. Der Europäer vermag sich mit einer Verbalabwehr zu schützen, indem er der Neuen Welt die Kultur abspricht und die Errungenschaften Amerikas als «Zivilisation» abtut. Er ahmt damit nur das Verhalten der Griechen gegenüber den Römern nach und führt sich obendrein selbst in die Irre: denn Zivilisation ist nur ein anderer Ausdruck für Kultur – eine hohe Kulturstufe eben.

Was aber vermag der Kanadier der anbrandenden Flut von Amerikanismen entgegenzusetzen? Hat Kanada überhaupt eine Chance? Oder anders ausgedrückt: ist es überhaupt sinnvoll, sich gegen die Überfremdung aus dem Süden zu wehren? *Ist* es überhaupt eine Überfremdung?

Die Vereinigten Staaten von Amerika waren immer ein melting pot, ein Schmelztiegel der Rassen; Kanada war es nie. Kanada war das Land der Auswanderer, die in der neuen Heimat ihre kulturellen Eigenheiten, ihre kulturellen Eigenständigkeiten bewahrten. Das zeigt sich im grossen in der Spannung zwischen Anglokanadiern und Quebecern, das zeigt sich aber auch an den vielen Kulturinseln anderer Einwanderungsgruppen, z.B. der Ukrainer in den Great Plains Manitobas, Saskatchewans und Albertas.

Immer wieder stösst man auf die typischen Kirchen der Orthodoxen: mehrtürmige, mit Zwiebelaufsätzen versehene Gotteshäuser, die so manche Prärriegemeinde überragen und in der Höhe nur von den Grain Elevators übertroffen werden. Hier hat sich eine Kultur erhalten, die sogar der Landschaft das Gepräge gibt. In Kanada verlangt niemand von einem Immigranten Verzicht auf die eigene Kultur. So haben sich eine Unzahl von Kulturzirkeln und -zellen in Kanada gebildet bzw. erhalten, deren Ziel es ist, das Alte, Überkommene nicht vergessen zu lassen und es für das Morgen zu bewahren. Dass es dabei überformt wird von der Welt, in der die Kulturträger leben, ist eine Folge, die nicht die schlechteste ist: denn stagnierende Kultur ist eine tote Kultur. Man sieht es in Europa, wo – mit anderer Akzentsetzung – Oswald Spengler eine solche Entwicklung vorausgeahnt hat. Kultur in Entwicklung und Veränderung aber ist lebendige Kultur, ist Kultur der Zukunft und des Werdens. Es wird auf diese Art der Kampf ums Erhalten zu einem Kampf ums Überleben und für das Überleben. Alte, europäische Kulturen, von den Auswanderern nach Kanada gebracht, treten gegen den Druck des american way of life an. Die Wahrscheinlichkeit, dass beide verändert werden, ist gross. Darin aber liegt die Chance, auch den american way of life zu modifizieren.

Gibt es also eine kanadische Kultur?

Natürlich ist jedes kulturelle Ereignis, jede Schöpfung, wenn sie von einem Kanadier kommt, kanadisch. Ist sie es aber in dem Sinn, wie etwas Europäisches europäisch und etwas Amerikanisches amerikanisch ist? Besteht nicht doch ein Unterschied zwischen der europäischen und der amerikanischen Szenerie einerseits und der kanadischen andererseits? Das Europäische und Amerikanische ist etwas Gewordenes; das Kanadische ist etwas Werdendes und noch Werdendes. Das ist der Unterschied, der zugleich ein ungeheurer Vorteil ist: In Kanada liegen die Chancen für eine Veränderung des von so vielen abgelehnten und als kommerziell und materiell angesehenen amerikanischen Lebensideals.

Werden die Chancen genutzt?

«Unsere Kultur ist eine der Superhighways und der Skyscrapers, der Grossbanken und der Supermärkte», meinte ein junger Kanadier in Whitehorse, Yukon, der sich auf ein Jahr in diese Pionierstadt verdingte, um Geld zu machen. Dann ergänzte er: «Wenn man das als Kultur gelten lässt, haben wir eine!» Es ist das resignierende Eingeständnis eines Unterlegenen, der die Unterlegenheit erkennt und mit ihr zu leben gelernt hat – wobei allerdings die Frage zur Diskussion steht, ob es wirklich ein Unterliegen ist.
Kanada hat im Grunde eine ähnliche Entwicklung hinter sich, wie sie die USA genommen haben: Einwanderer aus einem sozial erstarrten und darniederliegenden Europa haben ein Land in Besitz genommen, das keine sozialen Zwänge und Traditionen kannte – ein noch

freies Land. Es galt riesige Räume zu erschliessen, der Farmer war Pionier, der Rancher Grossbauer, der über riesige Viehherden gebot. Bahnbau und Flugzeug erschlossen die ungeheuren Flächen, man musste mobil sein und war es. Die amerikanische Heimat war nie das, was Europa dem Europäer ist. Man war und ist aufgeschlossener als der Europäer, liebt das Neue und die Veränderung. Man wechselt Wohnsitz und Beruf, liebt – noch – die Grossfamilie und das eigene Haus. Man ist liberal und nicht sozialistisch – oder war es zumindest: in Kanada wie in den USA.

Parallele Entwicklung prägt ähnliche Menschen; eine ähnliche Kultur musste in beiden Staaten die Folge sein. Warum auch sollte der 49. Breitenkreis als Zäsur wirken, wo die Grenze doch immer eine offene war? Konnte der kanadische Weg überhaupt ein so ganz anderer sein? Ist der amerikanische Weg nicht auch der kanadische? Ist die angebliche Ablehnung des american way of life nicht nur die nichtzugegebene Angst vor dem Mangel der eigenen Identität, die Angst vor der Mehrheit und der Macht des Geldes von jenseits der Grenze? Immerhin verdankt Kanada diesem american way of life den zweithöchsten Lebensstandard der Welt (nach den USA, vor Schweden und Island). Der wirtschaftlichen Überfremdung durch US-Kapital, dem allerdings auch dieser Lebensstandard entspringt – er ist bei einer Rezession in den USA auch dementsprechend gefährdet –, setzt Kanada nun ein Besinnen auf eigenständige kulturelle Leistungen entgegen, die allerdings zu diesem Lebensstil passen und ihm entspringen müssen: es ist die schon erwähnte Synthese, die nichts an der Gemeinsamkeit ändern wird, aber helfen soll, das Gefühl der Abhängigkeit zu mildern.

Der nationalen Identitätskrise ist der Kampf angesagt: heute werden weit mehr TV-Filme in Kanada selbst hergestellt als noch vor zehn Jahren. Das kommt zwar teurer als die in den USA eingekauften Serien, aber die kanadischen Künstler und Schriftsteller haben plötzlich im eigenen Land Arbeit und müssen nicht – wie die Kanadier Lorne Greene (Bonanza-TV-Serie!) und Leonard Cohen – über die südliche Grenze. Ausserdem wurde 1969 die Zweisprachigkeit Gesetz: diese Zweisprachigkeit gilt als kanadisches Phänomen und jeweils die Sprache des anderen Kulturkreises zu verstehen hat noch niemandem geschadet; ausserdem wirkt es befruchtend. Und wer jemals die Haltung des US-Amerikaners einer Fremdsprache gegenüber kennengelernt hat, weiss, dass der Kanadier durch dieses Gesetz nur gewonnen hat. Seither müssen alle Beamten und Angestellten von Bundesbehörden zweisprachig ausgebildet sein: der Frankokanadier soll auch auf dem Postamt in Vancouver Französisch sprechen können, wie auch der Anglokanadier Englisch auf dem Flughafen von Montreal.

Im Staatsministerium für multikulturelle Fragen werden den einzelnen Kulturinstitutionen Förderungsbeträge zugewiesen, damit ihre Kulturprogramme weitergeführt werden können: man will die kanadische Überformung des american way of life, der ja auch der eigene ist, fördern. So gibt es plötzlich Geld für Kurse in libanesischer Küche und Tänze; für ein Festival marokkanisch-jüdischer Einwanderer, für die estnische Gesellschaft und die gälische Vereinigung; es gibt alljährlich in Edmonton einen kanadischen Wiener Opernball, der vom Auslandsösterreicher-Ehepaar Kandler organisiert wird und als das gesellschaftliche Highlight des Jahres gilt.

Die Szenerie der kanadischen Literatur war lange Zeit hindurch bestimmt von der Weite der Prärien, und die kanadischen Poeten schwelgten in der Melancholie der kanadischen Landschaft. Erst in den letzten Jahren kam auch der Städter zum Wort, und die moderne Problematik einer Gesellschaft im Umbruch findet in der Literatur und in der Malerei ihren Ausdruck. Vor allem Toronto, Montreal und Vancouver sind zu literarischen Zentren geworden. Rundfunkaufträge und Förderungen durch Universitäten und den Kanadischen Rat der Künste brachten einen Aufschwung. Die Meinungsverschiedenheiten zwischen Frankokanadiern und Anglokanadiern werden aber weiterhin in der Literatur ausgetragen. Die Frankokanadier, die «weissen Neger» Amerikas, wie sie von dem militanten Separatisten Pierre Vallière genannt werden, huldigen besonders seit den sechziger Jahren dem Autonomiegedanken. Und dass Separatismus nicht nur das Anliegen einiger weniger ist, zeigt die Auszeichnung Jaques Ferrons mit dem Preis France-Quebec, der in seinem Roman für den Zusammenschluss eines «befreiten» Quebec mit den Antilleninseln Martinique und Guadeloupe plädiert...

Auch das Theaterleben hat der Kanadische Rat der Künste, der von der Bundesregierung 1957 geschaffen wurde, entsprechend gefördert: es entstanden neue Kulturzentren in verschiedenen Städten, doch fehlt es dem kanadischen Theater an entscheidenden eigenen Beiträgen. Nur das Festival of Stratford in Ontario hat seit seiner Gründung im Jahre 1953 internationales Ansehen erringen können.

Auf dem Popmusiksektor ist Kanada zur Zeit gut vertreten: durch Leonard Cohen, Neil Young und MacDermot. Letzterer ist der Autor des Musicals «Hair». Auf dem Gebiet der Country-Musik sind der Gitarrist Kearny und der Sänger Cockburn bekannt geworden. Der Austro-Kanadier Jack Grunsky bringt kanadische Atmosphäre bis nach Europa. Und was wenige wissen: Oscar Peterson ist Kanadier.

Trotzdem hat sich die Musik nur wenig von der üblichen amerikanischen abgesetzt, obwohl sie der Popleidenschaft Premierminister Trudeaus enormen Auftrieb verdankt: per Gesetz liess er 1972 dekretieren, dass 30% des Programms der kanadischen Rundfunksender aus kanadischer Musik bestritten werden sollen.

Auf dem Gebiet der Malerei darf auch in einer noch so gedrängten Behandlung der kanadischen Kunst die «Gruppe der Sieben» nicht fehlen. Sie hat sich um die Jahrhundertwende das Ziel gesetzt, sich von jedem europäischen Einfluss frei zu machen. Ihre Vertreter nahmen sich als Motive die kanadische Landschaft vor und gaben damit den Anstoss zur autonomen Entwicklung kanadischen künstlerischen Denkens. Insofern können Jackson, Lismer, Harris, MacDonalds, Varley und Carmichael als die Väter der kanadischen Malerei bezeichnet werden. Sie bedingt, zumindest in einem Zweig ihrer Entwicklung, bis heute Themen aus der kanadischen Landschaft, während eine zweite Richtung den Weg der Abstraktion genommen hat.

Anders ist es um die Architektur bestellt. Stand sie früher im Schatten Frankreichs und Englands, so steht sie heute im Schatten der USA. Dennoch zeigt sie zumindest Ansätze zu eigenen Entwürfen. Kostbarkeiten haben der Cottage-Stil des 18. Jahrhunderts und die georgianische Architektur des 19. Jahrhunderts keine hervorgebracht. Auch die viktorianische Neugotik hat anderswo höheres Niveau. Architektonische Sünden waren auch die uniformen Parlamentsbauten, die um 1910 in den westlichen Prärien errichtet wurden und im pseudoklassizistischen Stil wie über einen Leisten geschlagen erscheinen. Die heutige Architektur huldigt dem reinen Funktionalismus, überwindet jedoch zumindest in einigen wenigen Bauten den Uniformismus der Moderne. Bekanntestes Bauwerk ist das Rathaus von Toronto, das von dem Finnen Viljö Revell stammt. Interessant ist, dass sich im Laufe der letzten fünfzehn Jahre die Zentren fast aller kanadischer Städte gewandelt haben. Die verschiedenen Cities bestehen heute durchwegs aus modernen Hochhäusern und Büroblocks, die sich zum Teil angenehm von jenen der USA abheben. Am gelungensten mag in diesem Zusammenhang die City von Calgary und jene von Edmonton sein, während in Toronto Glasbetonbauten à la USA die Skyline der Zweimillionenstadt vielleicht nicht eben zu ihrem Besten verändert haben. Die schwarzen Tintenburgen der Dominion Bank stören die Harmonie des Stadtbildes genauso, wie der «Förderturm» (das John Hancock Building) Chikagos die Skyline der Michigan-Metropole unangenehm dominiert. Ein wenig besser nimmt sich der CN-Turm aus.

Bemerkenswerte Gebäude stehen auch in Vancouver und vor allem auf so manchen Universitätsarealen Kanadas: die Simon Fraser University in Vancouver, die Universität von Regina, die York University in Toronto, um nur einige zu nennen. Das alles berechtigt zu grossen Hoffnungen auf die kanadische Architektur. Jedenfalls hat sie gemeinsam mit der amerikanischen bereits die europäische beeinflusst.

Man findet keine wirklich alten Gebäude in Kanada. Kaum irgendwo ein Haus oder Fort, das älter als zweihundert Jahre wäre. Die ältesten Bauten West-Kanadas zählen kaum hundert Jahre. Um so hübscher die Versuche Britisch-Kolumbiens und anderer Provinzen, alte Pioniersiedlungen zu konservieren: Barkerville im Cariboo etwa oder gar Dawson City am Yukon, wo noch die Atmosphäre der alten Goldgräberzeit zu finden ist. Interessant auch so manche verfallene Farm in den Weiten der Prärien, besuchenswert die alten Forts, die vom National and Historic Parks Branch des IAND betreut und erhalten werden. Hier lebt das alte Kanada, hier lagen die ersten Ansätze zu einer eigenen Kultur, hier hat sich der Träger einer fremden Kultur, der Einwanderer, den Bedingungen des Landes unterwerfen müssen. In diesem Sinn zählen Farmen und Getreidesilos durchaus zu dem Eigenständigen, das Kanada hervorgebracht hat. Grain Elevators bestimmen die Landschaft über Tausende von Kilometern. Warum sie nicht zur Kultur zählen?

Bleibt die Kunst der Eskimos und der Indianer. Die eine wie die andere ist heute völlig kommerzialisiert. Zwar schnitzen die Eskimos nach wie vor aus Speckstein und Walrosselfenbein Figuren, doch hatten diese Werke – als sogenannte Tupilaks – früher mythologische Bedeutung; sie dienen heute jedoch nur noch dem Verkauf an Touristen. Neuerdings ist auch die Technik des Steindrucks und Kupferstechens in den Norden gedrungen. Sie kann aber nicht mehr als autochthone eskimoische Kunst angesehen werden, auch wenn sich die Eskimos darin sehr geschickt anstellen.

Reicher ist die Kunst der Indianer: Augenfällig und am bekanntesten sind die Totempfähle, Pfosten, die reliefartige Maskengesichter oder ganze Gestalten zeigen und geisterabwehrende Aufgabe hatten. Tanzmasken sind heute schon seltener, und die sogenannte Quillstikkerei aus Elchhaaren zählt bereits zu den Kostbarkeiten. Ähnlich rar sind die Chilcotin-Decken, die als Umhang oder Tanzschürzen dienten. Kommerzialisiert ist heute auch bei den Indianern die Bildhauerei aus Stein – meist aus Tonschiefer – und die Herstellung von Miniatur-Totempfählen. Doch verfertigen nach wie vor Eskimos und Indianer kunsthandwerkliche Gegenstände von grosser Schönheit. Natürlich werden diese dann von den Weissen gekauft; aber die indianische und die eskimoische Kunst – und vor allem die letztere – scheint noch in voller Blüte zu stehen.

Kanada und die Welt

Geschichte und Gegenwart

Kanada, das heute fast die Hälfte des nordamerikanischen Kontinents bedeckt, ist ein Staat, der in Europa «gemacht» wurde – im Unterschied zu den Vereinigten Staaten von Amerika, deren Geschichte eine weit unabhängigere Entwicklung genommen hat. Nach wie vor ist Kanada Mitglied des britischen Commonwealth und stellt in der Neuen Welt die einzige Monarchie dar: Kanadas Staatsoberhaupt ist die englische Königin. Seine weltweite Bedeutung hat Kanada auch hauptsächlich über die Mechanismen des Commonwealth of Nations erhalten. Was die USA durch militärische und wirtschaftliche Vorherrschaft erreicht haben, gelang Kanada viel subtiler über die Zugehörigkeit zum britischen Weltreich und die politische Nähe zu Europa.

Begonnen hatte es vor rund tausend Jahren, als Leif Erikson um das Jahr 1000 aus kolonialen Expansionsbestrebungen die Küsten Vinlands betrat. Die zweite Entdeckung erfolgte durch Giovanni Caboto (John Cabot) im Jahre 1497, war aber eher zufällig, da Cabot wie Kolumbus nur ausgezogen war, einen Weg nach Asien zu finden. Diese Suche nach der Strasse von Anian, der heutigen Bering-Strasse, bestimmte in der Nachfolge Cabots auf Jahrhunderte hinaus die allmähliche Entschleierung des kanadischen Nordens: Es waren echt globale Anliegen, die Kanada vom ersten Augenblick seiner Entdeckung an bestimmten.

Cabot war, wie man heute weiss, nicht der erste, der die Küste von Neufundland entdeckte. Er folgte vielmehr den Routen der englischen Fischerboote, die schon seit längerer Zeit in die fischreichen Gewässer vor der Neuen Welt eingedrungen waren, ohne von dem Kontinent zu wissen, der dahinter lag. Derjenige, der tatsächlich als erster den Sprung über den Atlantik wagte, ist im Dunkel der Geschichte verschollen.

Die Suche nach der Nordwestpassage ging auch in den folgenden drei Jahrhunderten weiter. Unter dem Druck Englands und Spaniens sandte Frankreich 1524 den Italiener Giovanni da Verrazano auf die Reise: Er fand nicht die gesuchte Passage und landete in der Gegend des heutigen New York. Erst zehn Jahre später segelte Jacques Cartier in die Mündung des St.-Lorenz-Stromes und stellte die ersten Kontakte mit den dort lebenden Indianern her. Die Nordwestpassage fand auch er nicht. Auf seiner nächsten Reise landete er an der Küste Quebecs und im weiteren Verlauf auf der Insel, wo heute die Stadt Montreal liegt. Auf seiner dritten Fahrt im Jahre 1541 nahm er das Land um den St.-Lorenz-Golf für Frankreich in Besitz – die Suche nach der Nordwestpassage hatte mit kolonialem Erwerb geendet. Samuel de Champlain gründete 1605 die ersten dauerhaften französischen Siedlungen in Neuschottland und am St. Lorenz, wo 1608 Quebec entstand.

In Europa wütete der Dreissigjährige Krieg, und der König Frankreichs zeigte kein sonderliches Interesse an der neuen Kolonie. Die Interessen Frankreichs wahrten Jesuiten im Auftrage Kardinal Richelieus. Erst mit dem Regierungsantritt Ludwigs XIV. änderte sich die Einstellung Frankreichs der Neuen Welt gegenüber. Jean-Baptiste Colbert, der Wirtschafts- und Finanzexperte des Königs, übertrug 1663 den französischen Zentralismus nach Neufrankreich und erweiterte damit auch die Macht der Kirche in der Neuen Welt.

Taktisches Geschick vermied allzu heftige Kämpfe mit den Indianern – sieht man von den Angriffen in den Jahren 1665 und 1667 ab – und ermöglichte eine mehr oder weniger reibungslose Ausdehnung des französischen Interessengebietes in den Norden bis zur James Bay, nach dem Westen bis zur Höhe des heutigen Winnipeg und mississippiabwärts bis zum Golf von Mexiko: 1718 wurde New Orleans gegründet. Louisiana hatte seine grösste Ausdehnung erreicht.

Die Engländer sahen nicht tatenlos zu. Als einzige Europäer hatten sie sich weiterhin mit dem nördlichen Amerika beschäftigt, eifrig die Nordwestpassage gesucht und im Zuge dieser Unternehmen 1610 die Hudson Bay entdeckt. Auch vom Süden her nahmen die Engländer das Wachsen Louisianas nicht ohne weiteres hin. Als schliesslich 1713 Ludwig XIV. den Utrechter Frieden unterzeichnen musste, ging in der Neuen Welt die Vorherrschaft Frankreichs zu Ende. Das ehemalige Akadien ging als Neuschottland und Neubraunschweig in englischen Besitz über. Ihm folgten Neufundland und die Lande um die Hudson Bay.

Dann überquerten englische Siedler die Appalachen, 1755 wurde der britische Wunsch nach Quebec bereits offen ausgesprochen. 1759 segelte eine britische Flotte in den St.-Lorenz-Strom und besiegelte am 14. September das Schicksal der französischen Stadt. Verteidiger und Angreifer, der Franzose Louis Joseph de Montcalm und der Engländer James Wolfe, starben in der Schlacht. Die französische Macht brach in Europa zusammen und schwand in Kanada. 1760 musste auch Montreal kapitulieren. Im Frieden zu Paris (1763) wurde Frankreich als dem Unterlegenen der Verzicht auf sämtliche amerikanische Gebiete abgezwungen. Louisiana war britisch.

Es war ein Sieg nicht ohne bitteren Beigeschmack: Das katholische, französischsprechende Kolonialgebiet am St. Lorenz blieb ein Fremdkörper im Vergleich zu den dreizehn alten englischen Kolonien am Atlantik. Dennoch zwangen die Engländer den «habitants», den französischen Siedlern, keine Anglisierung auf. 1774 wurde mit der Quebec-Akte den Habitants Religionsfreiheit und Gültigkeit des französischen Zivilrechtes zugestanden. Diese Grosszügigkeit des britischen Mutterlandes trug im ausbrechenden Kampf der dreizehn Neuenglandstaaten gegen die englische Krone ihre Früchte. Quebec stellte sich auf die Seite der Briten und leistete den «Loyalisten», den königstreuen Flüchtlingen aus den aufständischen Provinzen, politisches Asyl – ein Verhalten, das letztlich von weltgeschichtlicher Bedeutung werden sollte: 1783 wurde im Frieden von Versailles Kanada als zu England gehörig betrachtet. Als Grenze gegen die 1776 unabhängig gewordenen Vereinigten Staaten von Amerika galten die Grossen Seen. Kanada, dessen Namen von dem Irokesenwort «kanata» für Dorfgemeinschaft kommen soll, konsolidierte sich innerlich. Durch die Konstitutionsakte von 1791 wurde Kanada in zwei Provinzen geteilt: in das protestantische, englische Oberkanada und das katholische, frankophone Unterkanada. Eigene Kolonien blieben Neubraunschweig und Neuschottland, also das anglisierte Akadien.

Die fast durchwegs konservativen Bewohner der Kolonie stellten sich sowohl gegen die Unabhängigkeit der USA wie auch gegen die Französische Revolution von 1789. Diese Loyalität dem Mutterland gegenüber wurde im amerikanisch-kanadischen Krieg von 1812 bis 1814 belohnt, als die USA versuchten, Kanada zu annektieren. Britische Seestreitkräfte konnten den Angriff erfolgreich abwehren. Die Kanadier haben dieses Okkupationsbegehren ihres südlichen Nachbarn bis heute nicht ganz verwunden. In den folgenden Verhandlungen wurde die Grenze zwischen beiden Staaten bis zum Felsengebirge festgelegt: der 49. Breitengrad sollte als verbindlich gelten. Nur das Gebiet der eigentlichen Rocky Mountains blieb noch ohne Vertrag.

Die in England einsetzende Industrialisierung und die schlechten sozialen Verhältnisse im Mutterland bescherten den amerikanischen Überseeprovinzen eine Welle neuer Einwanderer und liberales Gedankengut. Obwohl die Konservativen gegen die liberalen Tendenzen eines Louis-Joseph Papineau und eines William Lyon Mackenzie, die auf Grund ihrer Ansichten sogar in die USA flüchten mussten, geschlossen auftraten, erhielten die Kolonien 1840 von London erweiterte Freiheiten. Die Provinzen wurden in einer Union vereinigt, der 49. Breitengrad wurde bis zum Pazifik hin Grenze gegen die USA, das strittige Grenzgebiet im Westen wurde 1858 als Britisch-Kolumbien englische Kolonie. 1859 wurde Ottawa von der englischen Königin Victoria zur Hauptstadt der Union ernannt, und am 1. Juli 1867 wurde das Dominion of Canada geschaffen. Es umfasste Oberkanada, Unterkanada, Neubraunschweig und Neuschottland. Ziel der neuen Föderation war es, ihr Herrschaftsgebiet bis zum Pazifik zu erweitern. Erster Schritt dazu war 1860 die Schaffung der Provinz Manitoba, die damals allerdings nur ein kleines Gebiet um den Red River mit Winnipeg umfasste. 1870 kaufte die Föderation von der Hudson Bay Company das riesige Gebiet der Nordwest-Territorien, ein Jahr später trat Britisch-Kolumbien der Föderation bei, 1873 folgte die Prinz-Eduard-Insel. Unterschiede in der Verwaltung blieben vorerst: Britisch-Kolumbien, Manitoba und die Prinz-Eduard-Insel wurden unter bundesstaatliche Verwaltung gestellt, die Nordwest-Territorien unter territoriale Verwaltung. Änderungen ergaben sich erst einige Jahre später. 1882 sah die kanadische Landkarte schon anders aus: Oberkanada hiess nun Ontario, Unterkanada Quebec; Britisch-Kolumbien und Manitoba waren gleichberechtigte Provinzen unter Dominion-Status geworden, während man aus dem riesigen Gebiet der NWT die Distrikte Athabasca, Alberta, Saskatchewan, Assini und Keewatin der Verwaltung der Bundesregierung unterstellte. Manitoba selbst hatte an Grösse gewonnen, während man sich von 1881 bis 1889 über die Zuteilung des Landstreifens südlich des Albany-Flusses im heutigen Ontario nicht einigen konnte, bis er schliesslich der Provinz Ontario zugeschlagen wurde. 1898 wurde das Yukon-Territorium von den NWT geschieden, 1905 erhielten Alberta und Saskatchewan eigenen Provinzialstatus, 1912 wurde die Grenze zwischen Manitoba und Ontario endgültig geregelt.

Inzwischen hatte Kanada in seinem Streben nach politischer Eigenständigkeit weitere Erfolge erzielt: Es hatte das Land mit Schutzzöllen umgeben und nach London einen Vertreter als Hochkommissar entsandt. Die dadurch bedingte Zurücksetzung der französischen Minderheit wurde etwas gemildert, als Sir Wilfrid Laurier, der erste frankokanadische Regierungschef, sein Amt antrat (1896–1911).

Wieder griff die Welt nach Kanada: England forderte kanadische Truppen für seinen Burenkrieg (1899–1902) und erhielt sie. Lauriers Entscheidung blieb nicht unwiderspro-

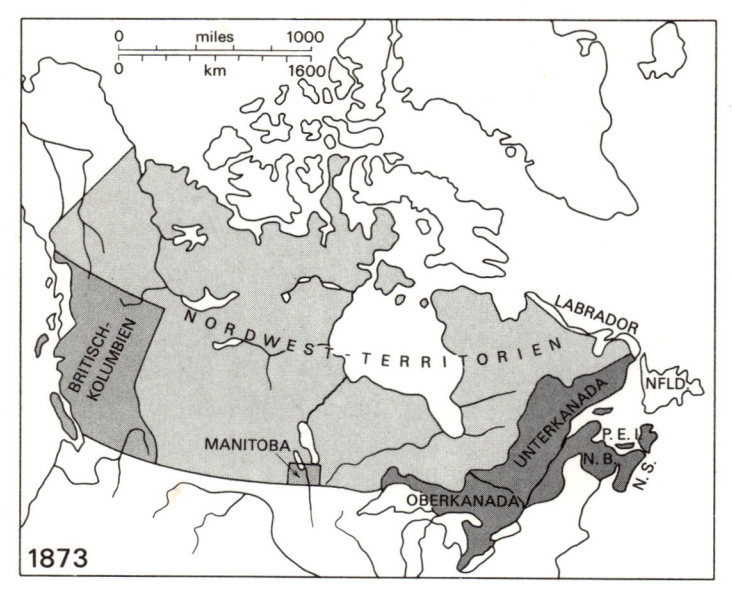

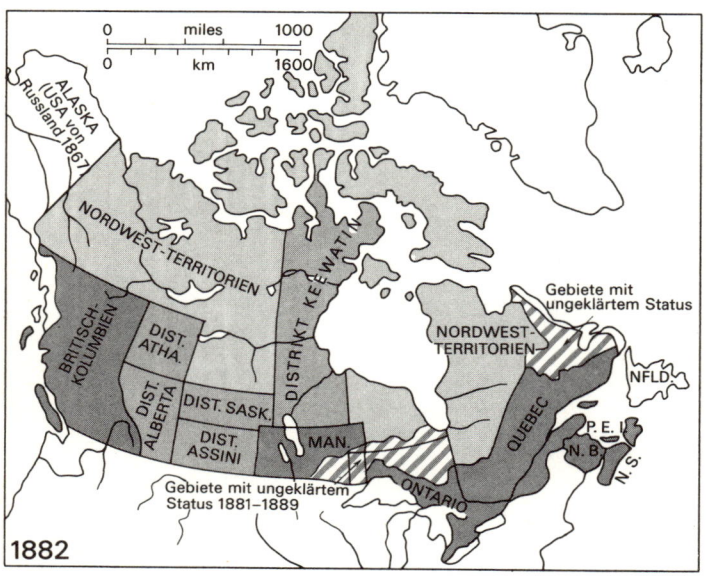

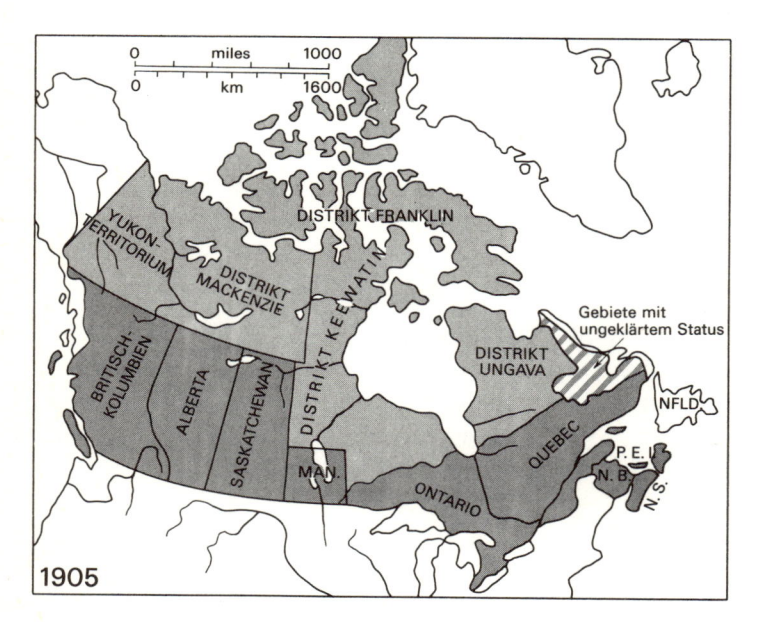

Territoriale Entwicklung

Dominion Kanada
Gebiete unter Verwaltung der Bundesregierung
Gebiete unter territorialer Verwaltung

ATHA. = ATHABASCA
MAN. = MANITOBA
N.B. = NEUBRAUNSCHWEIG
NFLD. = NEUFUNDLAND
N.S. = NEUSCHOTTLAND
P.E.I. = PRINZ-EDUARD-INSEL
SASK. = SASKATCHEWAN

chen: Was suchten kanadische Soldaten, auch wenn es freiwillige waren, in Südafrika? Mehrmals noch sollten kanadische Soldaten auf fremden Boden stehen. Im Ersten Weltkrieg blieben 60 000 Kanadier auf den Schlachtfeldern von Ypern, der Somme, von Vimy und Paschendale. Im Zweiten Weltkrieg waren es 42 000 Mann, die in Caen, an der Schelde und an der Kanalküste starben. Kanadier kämpften in Korea, als das Land 1950 ein UNO-Kontingent nach Ostasien entsandte.

Die Kriegsteilnahme brachte Kanada jeweils durchwegs Vorteile – wenn man von den mehr als 100 000 Gefallenen absieht. Es wurde Mitunterzeichner des Versailler Vertrags von 1919, erhielt seine Mitgliedschaft beim Völkerbund und schloss erstmals einen selbständigen Vertrag mit den USA, als es 1923 mit seinem Nachbarn die Fischereirechte vor seinen Küsten regelte. 1925 erklärte Kanada den gesamten arktischen Archipel zwischen 60° (ohne Grönland) und 141° westlicher Länge zum kanadischen Hoheitsgebiet. Obwohl diese Ausdehnung der Grenzen einseitig durch Dekret erfolgte, wurde sie international anerkannt. Ein Jahr später erhielt Kanada die staatliche Unabhängigkeit von England zugesichert und 1931 im Statut von Westminster die eigene, neue Verfassung bestätigt.

Der Zweite Weltkrieg riss Kanada abermals in die Welt hinaus, wo es, nach 1945, politisch auch verbleiben sollte. Die immer stärkere wirtschaftliche Abhängigkeit von den USA und die vitale Notwendigkeit, in der Zeit des kalten Krieges sich auch strategisch an den Nachbarn zu binden, zwangen Kanada 1949 in die North Atlantic Treaty Organization (NATO). Die Amerikaner errichteten auf kanadischem Territorium 1958 ihre Frühwarnanlageketten Distant Early Warning (DEW) Line und Pine Tree Line. Der atomare Schutzschild über ganz Nordamerika duldete keinen Isolationismus mehr. Gleichzeitig mit dem Beitritt Kanadas zur NATO hatte sich auch Neufundland durch eine Volksabstimmung an Kanada angeschlossen, das nun aus zehn Provinzen und zwei Territorien bestand. Die territoriale Entwicklung Kanadas war abgeschlossen.

Ungelöst blieb das Verhältnis zwischen Franko- und Anglokanadiern. Da die französisch sprechenden Kanadier nur 30% der Gesamtbevölkerung ausmachen und die Aussenpolitik des Dominion sich zumindest nicht gegen die Interessen des Commonwealth stellt, auch wenn sie durchaus eigene Wege geht, fühlten sich die Frankokanadier in die Rolle einer unterpriveligierten Minderheit gedrängt (die «weissen Neger» Amerikas). Die Gründe dafür sind mannigfaltig.

Nirgendwo war der Konservatismus stärker verbreitet als in Quebec, wo Kirche und Bürgertum ein Lebensideal prägten, das dem anglokanadischen diametral entgegengesetzt war. Sorgte sich der zielstrebige englisch sprechende Kanadier um berufliches Fortkommen und gesteigertes Einkommen, so sah der konservative Quebecer das Heil in der Pflege von Familie und Katholizismus. Die Intellektuellen wurden Priester oder Ärzte, das Volk zog in die Fabriken und verrichtete dort niedrigste Arbeiten – nicht etwa, weil die Anglokanadier sie dorthin verwiesen hätten, sondern weil es die eigene Lebenseinstellung so gebot: irregeleitet von Kirche und Konservatismus, denen sogar die französische Politik als gefährlich liberal und suspekt erschien.

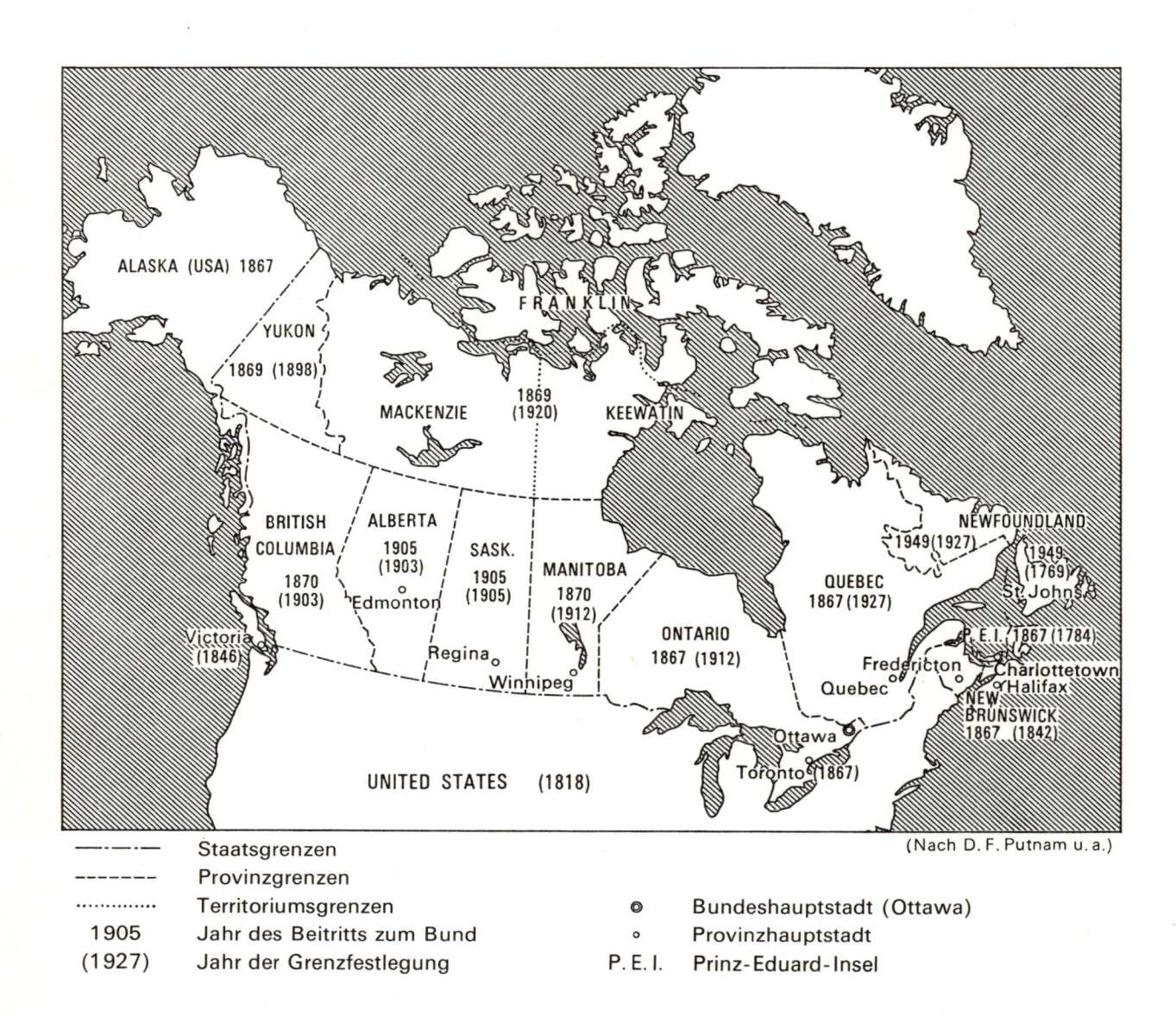

—·—·—	Staatsgrenzen
-------	Provinzgrenzen
············	Territoriumsgrenzen
1905	Jahr des Beitritts zum Bund
(1927)	Jahr der Grenzfestlegung

- ◉ Bundeshauptstadt (Ottawa)
- ○ Provinzhauptstadt
- P. E. I. Prinz-Eduard-Insel

(Nach D. F. Putnam u. a.)

Territorialentwicklung Kanadas seit dem Zusammentritt der vier Gründerprovinzen im Jahre 1867 bis zur Angliederung Britisch-Kolumbiens, der Prinz-Eduard-Insel, der Prärieprovinzen und der Nordterritorien sowie zum Anschluss Newfoundlands 1949. Die zwischen New Brunswick und der Prinz-Eduard-Insel gelegene Provinz Nova Scotia trat dem Dominion 1867 bei.

Eine Gesellschaft, die infolge kirchlichen Einflusses jedem Liberalismus feindselig gegenübersteht und den Anschluss an die geänderte Umwelt sozusagen verschläft, darf sich nicht wundern, wenn die Statistik die Folgen solcher Politik als unbestechliche Fakten nennt: 42% der Studierenden Quebecs waren 1973 englischsprachig – in einer französischsprachigen Provinz! 90% des Kapitals der Provinz ist in anglokanadischem oder gar US-amerikanischem Besitz! Die Kinderzahl einer Quebecer Familie beträgt zwischen zehn und zwölf! Das durchschnittliche Einkommen einer Quebecer Familie rangiert gleich nach dem der erst kürzlich eingewanderten Inder und Italiener! Niedere Arbeiten ziehen aber im Falle einer Wirtschaftskrise grössere Arbeitslosigkeit nach sich: in den letzten Jahren war die Arbeitslosigkeit in Quebec am grössten, fast doppelt so hoch wie in Ontario! Und bitter wird vermerkt, dass die Frankokanadier die Schwerarbeiter, die Anglokanadier aber die Schwerverdiener sind!

Das Aufwachen der Quebecer aus ihrem Dornröschenschlaf erfolgte, als mit dem Tode des Quebecer Premierministers Duplessis im Jahre 1959 die Periode der «grossen Schwärze», die Zeit der bedingungslosen Unterwerfung unter Kirche und Staatsgewalt, zu Ende ging. Das plötzliche Bewusstwerden, den Anschluss an das kanadische Wirtschaftswunder versäumt zu haben, löste unter den jungen Quebecern eine Art Panikstimmung aus. Die Parti Québécois (PQ) und die Befreiungsfront von Quebec (FLQ) traten die Flucht nach vorne an und setzten sich als Ziel, die Heimatprovinz aus dem kanadischen Staat herauszubrechen. 1963 explodierten in Montreal die ersten Bomben, 1964 fuhr die Queen im kugelsicheren Wagen durch Kanada, 1967 kam de Gaulle mit seiner geschmacklosen Bemerkung «Vive le Québec libre!», 1970 wurde der Quebecer Arbeitsminister Laporte von der FLQ ermordet, 1974 kam es zum diskriminierenden Gesetz, das jeden Einwanderer verpflichtet, sein Kind in eine französische Schule zu schicken, getreu der Formel der Separatisten: bilinguisme et biculturalisme. Im Parteiprogramm «La Solution» der PQ sind alle Schritte enthalten, die unternommen würden, sollte der Austritt Quebecs aus der kanadischen Gemeinschaft aktuell werden – eine bedrohliche Vision, die jedoch von der Mehrheit der Quebecer nicht gutgeheissen wird.

Zur Zeit scheint ein Zerbrechen des Staates durch die Person des frankokanadischen Premierministers Pierre Elliot Trudeau gebannt. Als Führer der Liberalen Partei sorgte er für eine Verlagerung der Front in die Aussenpolitik. Sein antiamerikanisches Vorgehen manifestierte sich in der Überprüfung der NATO-Mitgliedschaft Kanadas und in der Aufnahme diplomatischer Beziehungen zum China Mao Tse-tungs. Er drückte ein Gesetz durch, das die Kontrolle von Aufkäufen kanadischer Firmen durch ausländische Unternehmen vorsieht. Trudeaus «stille Revolution» soll die «gespaltene Nation» in den wirtschaftlichen Aufwind führen. Freilich, als er die Inflationsrate im Jahre 1970 senken konnte, geschah dies auf Kosten der Arbeitsplätze unter den Frankokanadiern; 1974/75 wiederholte es sich als Folge der wirtschaftlichen Rezession und des überdurchschnittlichen Arbeiteranteils der Provinz Quebec.

Die Zukunft des Landes liegt in den Händen der Vereinigten Staaten. Wirtschaftlicher Aufstieg, Arbeitslosigkeit, sozialer Friede und letztlich auch das Problem des Separatismus

hängen davon ab, wie sehr die wirtschaftlichen Probleme der mächtigsten Nation der Welt auf den nördlichen Nachbarn übergreifen. 1974 und 1975 wurde Kanada in den Inflationswirbel der westlichen Welt mit hineingezogen und die Arbeitslosenzahlen waren erschreckend gestiegen. Dennoch sucht Kanada Einwanderer: hochqualifizierte, spezialisierte Facharbeiter, keine Ungelernten, keine Akademiker. Unter der Akademikerschwemme leidet Kanada genauso wie jedes andere Industrieland. Von den durchschnittlich 100 000 bis 150 000 jährlichen Immigranten sind aber nicht alle die gesuchten Fachkräfte, und die Dunkelziffer der illegalen Einwanderer liegt über der Zahl der legalen – ein Problem, da in den Industriestädten die Arbeitsplätze bereits rar geworden sind.
Wahrscheinlich kann nur eine Strukturänderung innerhalb der Quebecer Bevölkerung hier einiges ändern. So gesehen, würde sich damit ein dankbares innenpolitisches Betätigungsfeld ergeben, das – in Verbindung mit einer vorsichtigen Lösung aus der US-amerikanischen Hegemonie – die Zukunft Kanadas bestimmen könnte.

94 Die Hoodoos, Erosionsformen in Alberta
95 Takkakaw-Fälle im Yoho Valley, Britisch-Kolumbien
96 Mount Eisenhower, Banff National Park, Alberta
97 Towers Peak in den Rocky Mountains, Britisch-Kolumbien
98 Folgen der Landflucht: verfallene Farm
99 Einsame Farm inmitten überschwemmter Weiden und Felder, Manitoba
100 Strasse durch die Prärien – schnurgerade hügelauf und hügelab
101 Alaska Highway – kurvenreich, staubig und bei Regen kotig
102 Fairholme Mountains im Bow River Valley, Alberta
103 Herbst im Thompson River Valley, Britisch-Kolumbien
104 City von Vancouver mit Mt. Seymour im Hintergrund

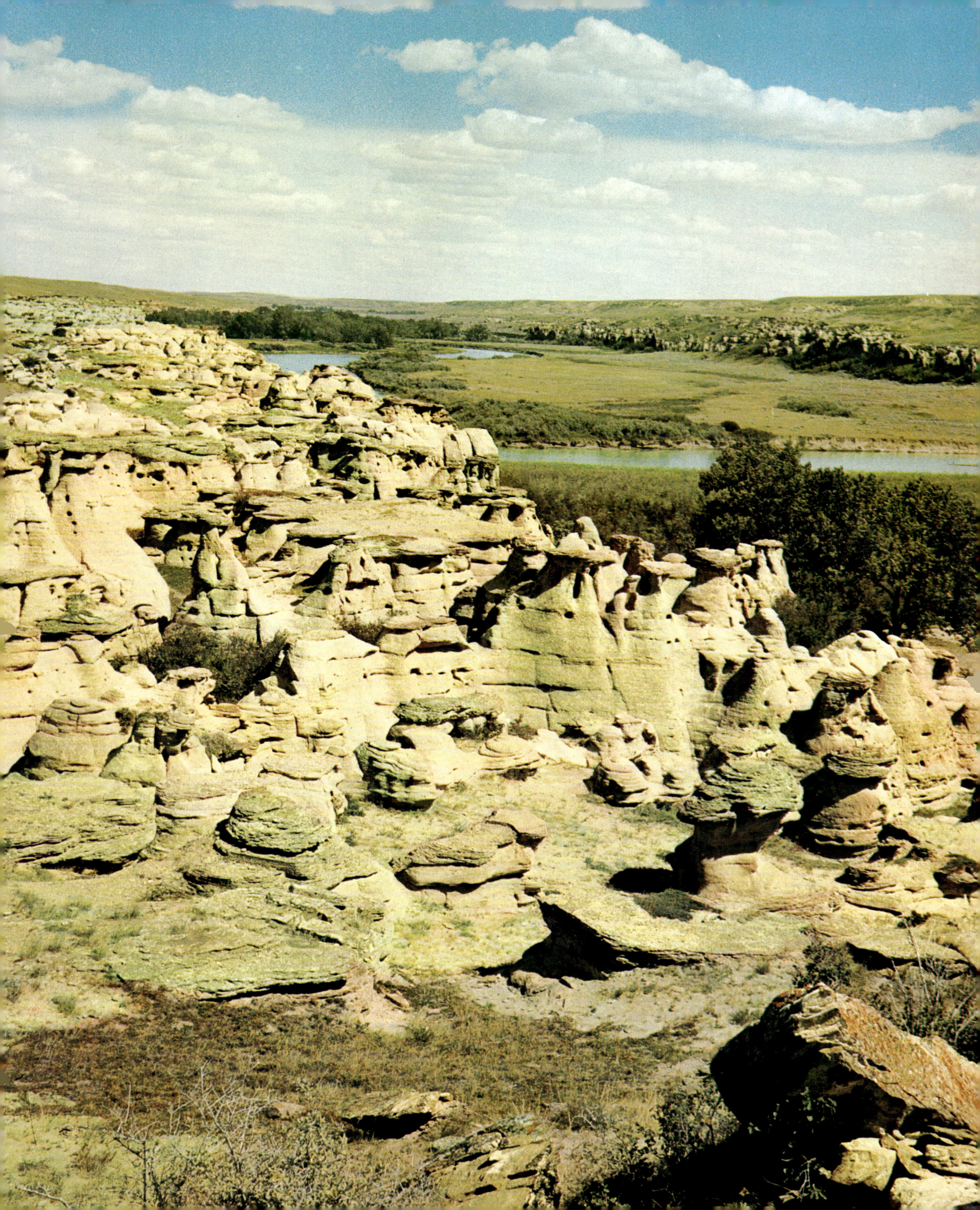

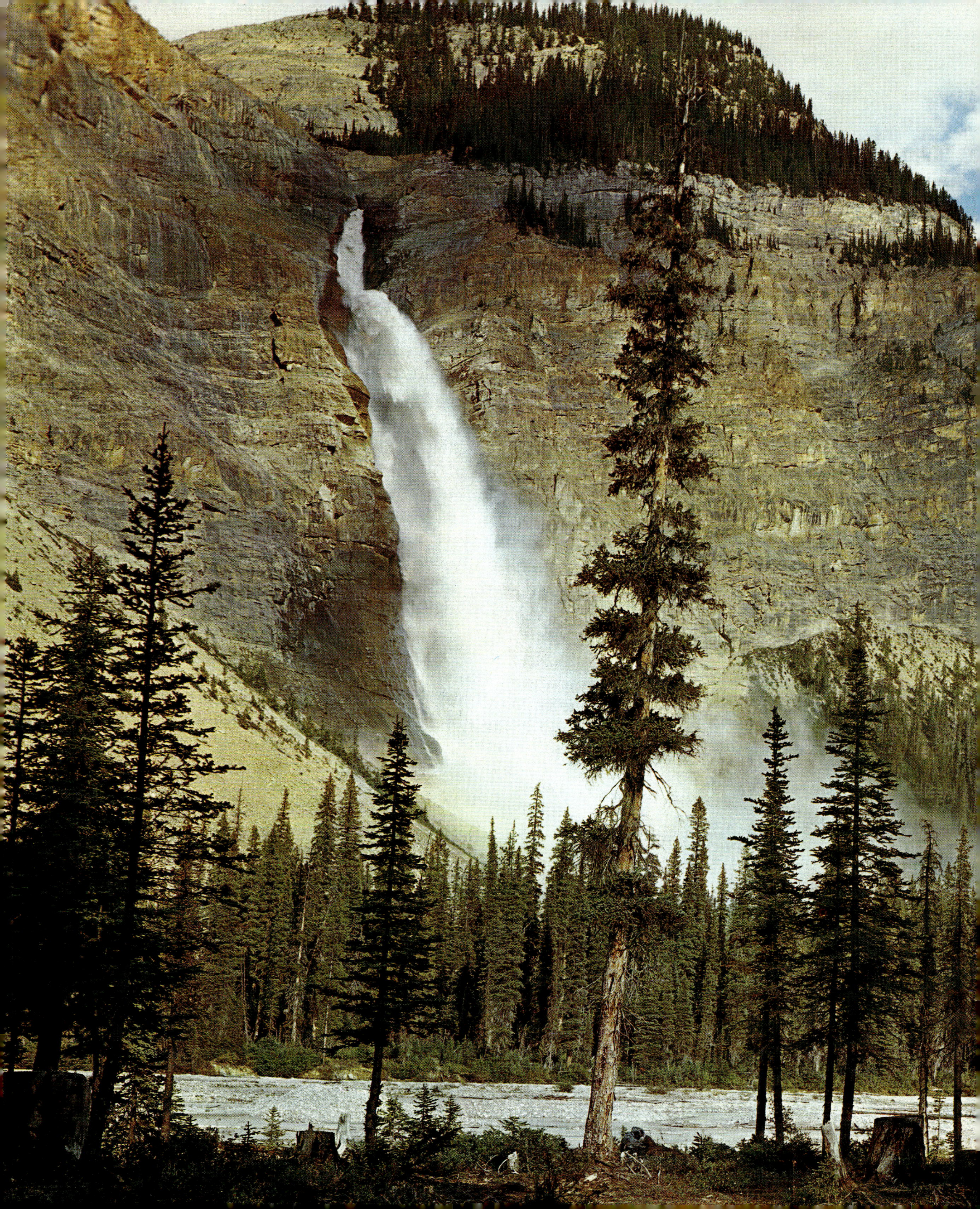

96

97

98

99

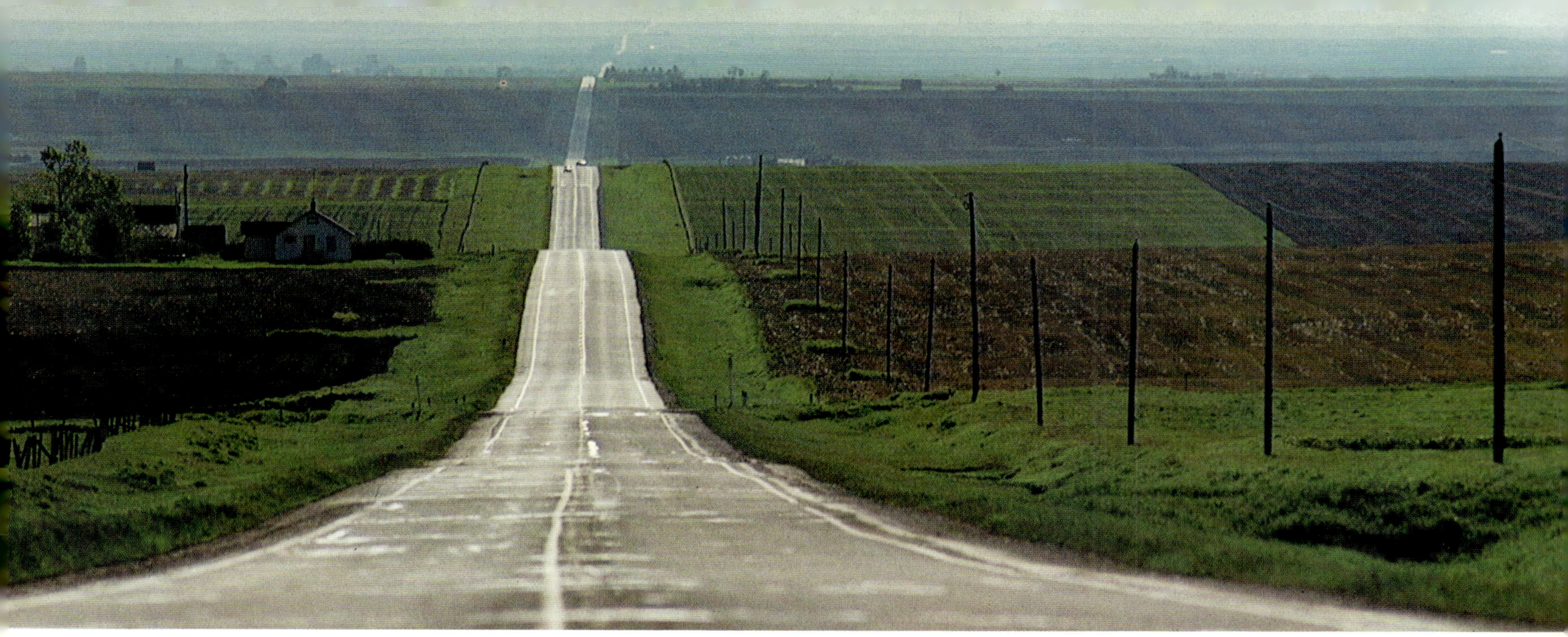

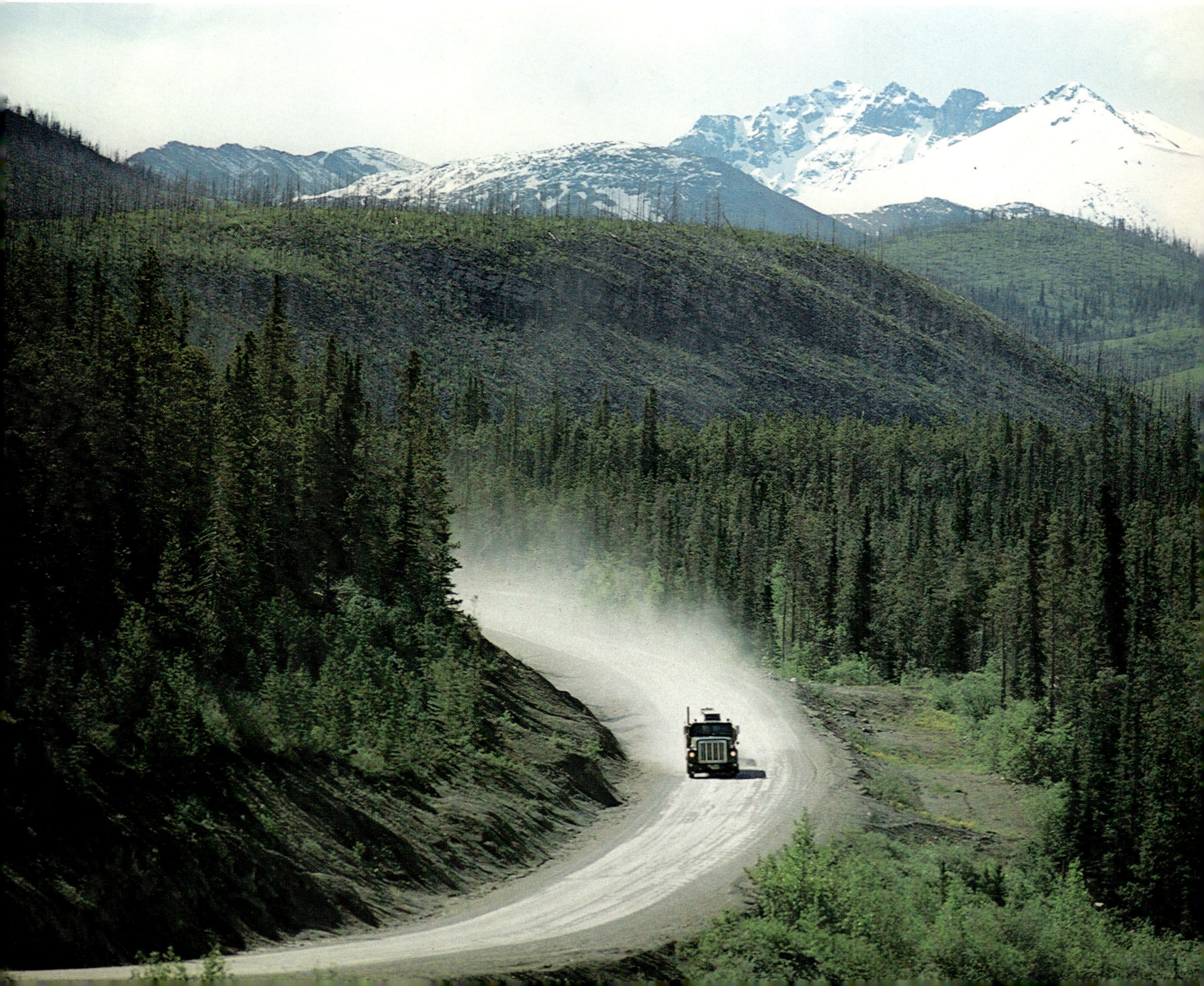

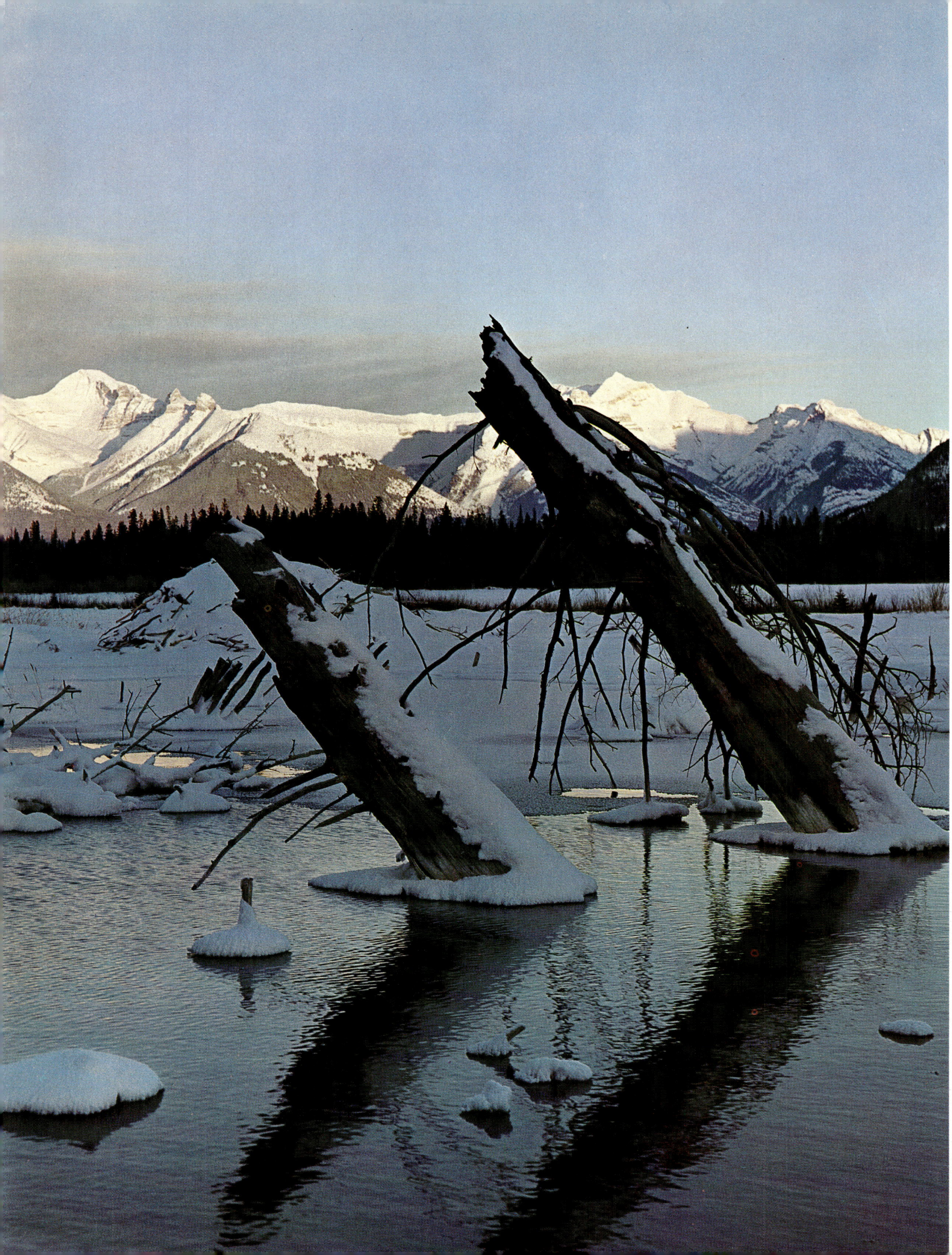

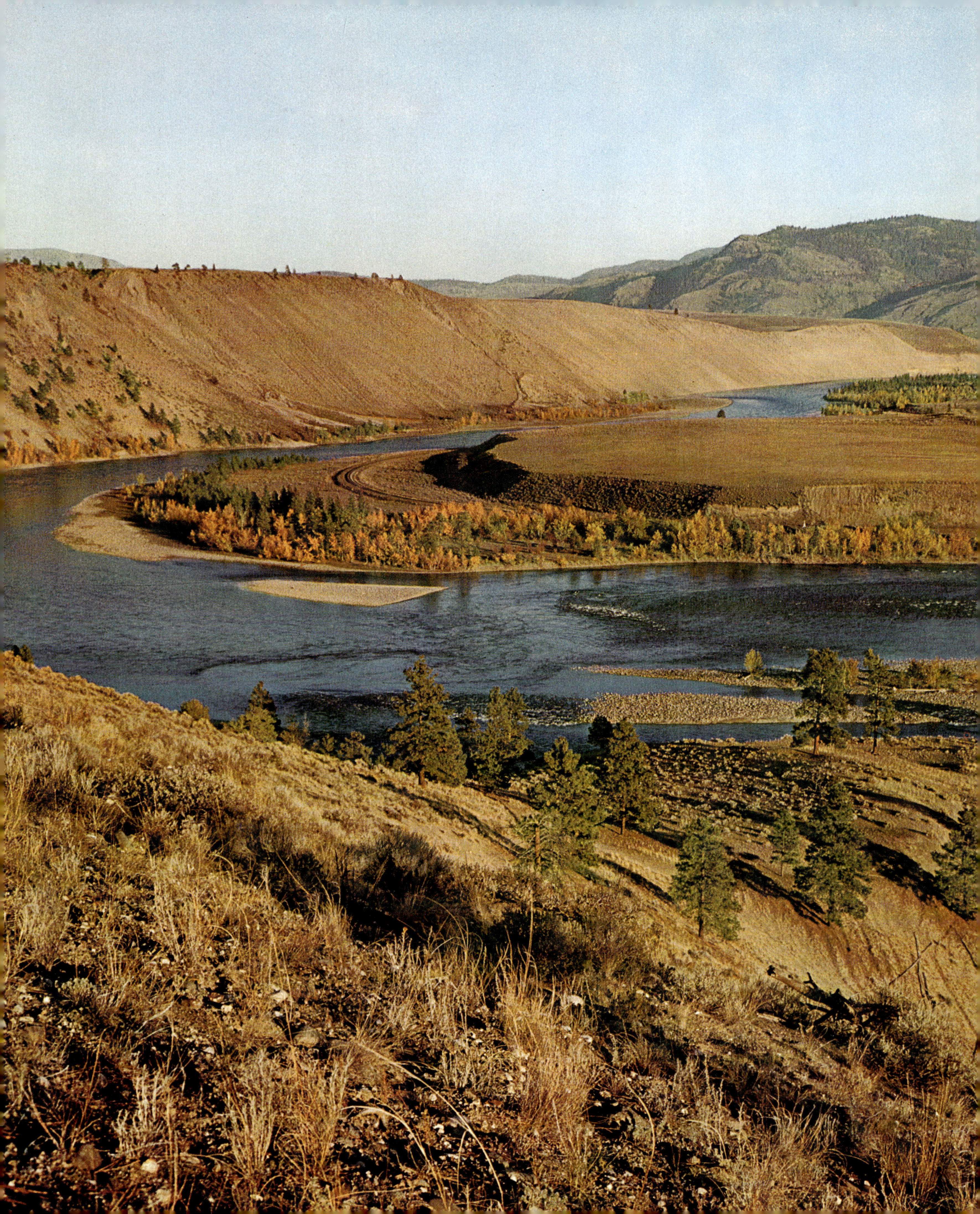

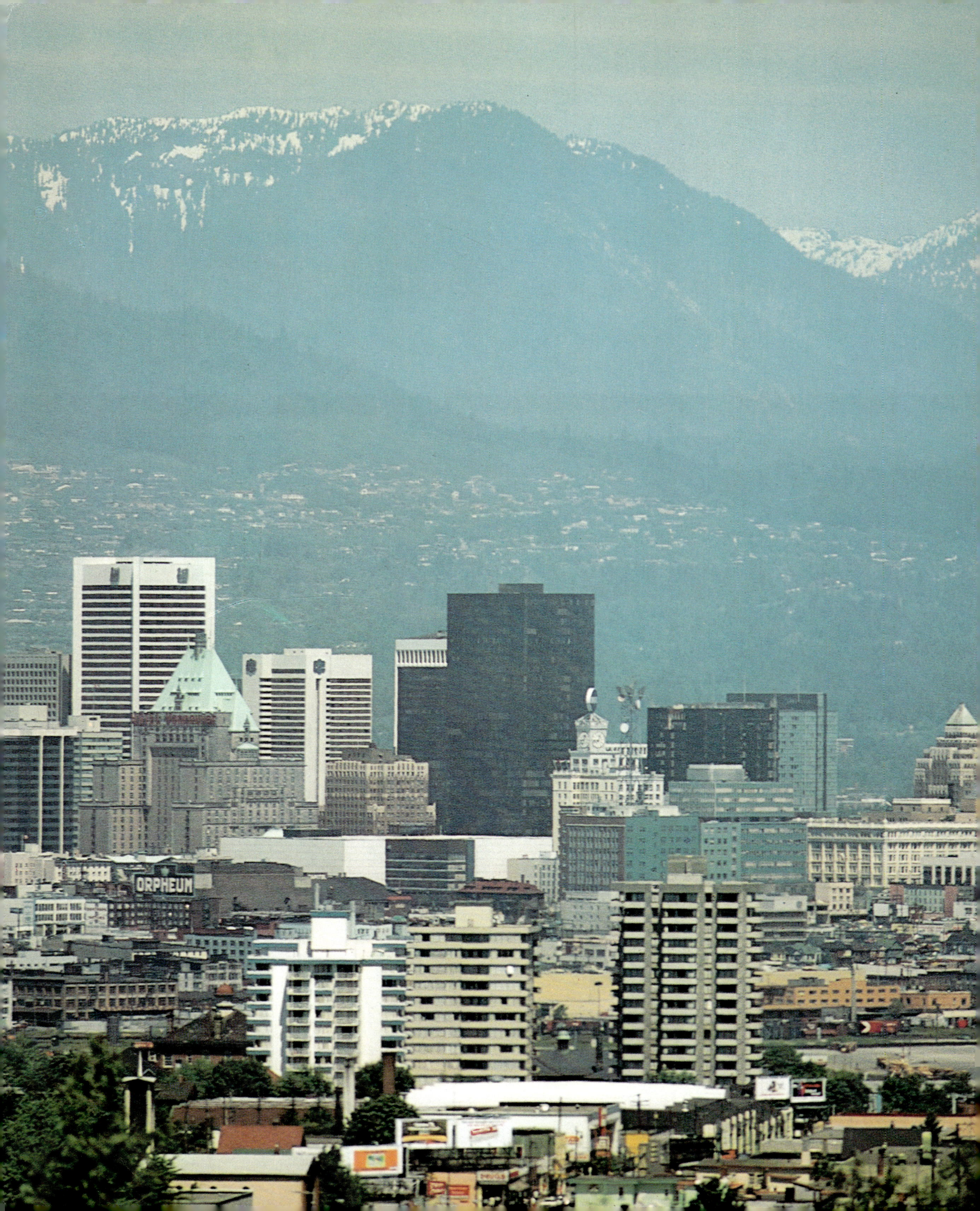
ORPHEUM

Britisch-Kolumbien

Bis zu Beginn dieses Jahrhunderts waren die meisten Bereiche dieser westlichsten der kanadischen Provinzen unerschlossen. Noch im Jahre 1956 bezeichnete ein offizieller Atlas den grössten Teil des Territoriums als «erforscht, doch vorwiegend unbesiedelt». Bis zum heutigen Tage beschränkt sich das bewohnbare Gebiet des weissen Mannes ebenso wie das der siebzigtausend Indianer, die er bei seiner Ankunft hier vorfand, vor allem auf Täler und Küstenstriche, auf unbebautes Weideland der weiten inneren Hochebenen und auf eine kleine Zone der Prärien des kanadischen Mittelwestens im Nordosten von Britisch-Kolumbien. Das nordwestliche Viertel der Provinz von ungefähr der Grösse Polens war bisher weder in ost-westlicher noch nord-südlicher Richtung von Überlandstrassen durchzogen. Keine einzige der Gemeinden dieser Region zählt tausend Seelen, und kaum 2% der Provinzbevölkerung von gut zwei Millionen Menschen haben sich hier niedergelassen.

Weisen auch die Rocky Mountains ein Alter von siebzig Millionen und der immense granitene Batholith des Küstengebirges ein solches von einer Viertelmilliarde Jahren auf, so hat man in Britisch-Kolumbien doch den Eindruck, als hätte alles gestern erst seinen Anfang genommen. Ein hundertjähriges Gebäude irgendwo in der Provinz erregt Aufsehen im Sinne des Sensationellen. Selbst in Vancouver gelten zwei Generationen als «alte Familie». In der Mehrzahl aller Städte und Dörfer können nur die wenigsten ihrer vierzigjährigen Bewohner Anspruch auf den Status von Pionieren erheben, das heisst am Orte geboren zu sein, in dem sie heute leben.
Zwei Drittel des Bevölkerungszuwachses geht in Britisch-Kolumbien nach wie vor auf Zuwanderung zurück. Die meisten Ankömmlinge stammen aus den Prärieprovinzen, für den Ansässigen also in jedem Falle aus dem Osten. Zahlreich sind die Einwanderer aus dem 3200 km entfernten Ontario, das man auch als Ostkanada betrachtet. Die wirklichen Ostkanadier aus den atlantischen oder Meerprovinzen wohnen in einer Entfernung von 4800 km und gelten als Bewohner eines Vorortes Torontos, was sie in keiner Weise entzückt. Die Grösse, das relativ junge Alter und die wilde Ursprünglichkeit Britisch-Kolumbiens finden in jedem einzelnen seiner Einwohner ihren Ausdruck; doch ist die Provinz nicht Heimat von Naturforschern, Bergsteigern und Pionieren allein. Drei Viertel der Bevölkerung sind auf kleinem Raume innerhalb eines Umkreises von 160 km von Vancouver konzentriert, und 25% verteilen sich auf einige prosperierende Täler, die weit grösser sind, als sie auf der Landkarte erscheinen.
Die räumliche Zersplitterung der Bevölkerung auf kleine, dichtbesiedelte Agglomerationen hat zu Legenden geführt, die oft seltsam anmuten. So weist ein Buch zur Landeskunde auf «die glückliche Volksgruppe von Britisch-Kolumbiern am Fusse der Rocky Mountains an den Küsten des Pazifik» hin, während in Wirklichkeit die Mehrzahl von ihnen das Felsengebirge noch nie gesehen haben. Das Gebiet der Rocky Mountains, dessen eine Hälfte in die Provinz Alberta hineinragt, ist 650 km von Vancouver entfernt; erst in den letzten Jahren wurden dort moderne Strassen als Allwetterverbindungen über den Rogers Pass gebaut. Noch kleiner ist die Zahl der Einheimischen, die jemals den offenen Pazifik erblickten. Städte und Dörfer wurden tief im Landesinnern längs der Fjorde und an den

Küsten der langgezogenen Strasse von Georgia gegründet. Erst 1958 schuf man eine Route quer durch Vancouver Island, die bei Long Beach an die Ufer des Ozeans führt.
Was uns am Verhalten der Britisch-Kolumbier im Grunde überrascht, ist die Tatsache, dass sie nicht grössere Isolationisten sind und sich in ihren Sitten und Bräuchen nicht deutlicher von andern Kanadiern unterscheiden. Dafür findet sich eine Erklärung. Die Geschichte der Provinz ist nicht sehr alt; der erste Pelzhandelsposten entstand im Jahre 1806; 1866 vereinigten sich zwei kleine Kolonien zu einer einzigen, und 1871 trat Britisch-Kolumbien der Konföderation bei. Auch das Volk ist jung, und eine seiner besonderen Eigenarten liegt in der Bereitschaft, jederzeit von einem Ort zum andern zu ziehen. Nennen wir das Beispiel der kleinen Gruppe von Bewohnern Fort Nelsons, die freitagnachmittags ihr Städtchen verlässt, auf dem Alaska-Highway mit ihrem Wagen über 500 km nach Süden fährt, um abends in Fort John ins Kino zu gehen und anderntags zurückzukehren. Die unstete, leicht extravagant-marottenhafte Art des kanadischen Westküstenvolkes ist einer seiner auffallendsten Wesenszüge.
Diesem Volke fehlte die Zeit, eine seinem Charakter entsprechende endgültige Form anzunehmen. Im Zeichen des hektischen Reiseverkehrs, da ganze Bevölkerungsschichten in kürzester Zeit an entfernteste Orte gebracht werden, ist heute ein Sichbesinnen auf die eigenen Werte noch schwieriger geworden. Wie rasch sich der Wandel in dieser Hinsicht gerade in den letzten fünfzehn Jahren vollzog, zeigt auch und besonders deutlich die Motorfahrzeugdichte Britisch-Kolumbiens. Auf 2 Einwohner entfiel 1975 ein Motorfahrzeug; 90% der Familien besassen 1975 wenigstens einen Wagen, 25% deren zwei oder mehrere: Zahlen, die weit über dem gesamtkanadischen Durchschnitt liegen.
Der grösste Teil der Bevölkerung ist urban und weiss die Vorzüge des Stadtlebens zu schätzen. In Vancouver leben drei Viertel der Einwohner im eigenen Heim; die Strassen sind eigentliche Boulevards und die Gebäude der City Türme aus Aluminium und Glas. Zur Lebensnotwendigkeit der Bürger scheinen zwei Wagen und eine Yacht zu gehören. Baufällige Sektoren gibt es auch in dieser Stadt, doch keine Slums und keine Mietskasernenquartiere. Den Bauunternehmern kann Zurückhaltung nicht zum Vorwurf gemacht werden; täglich gelingt es ihnen, Grundstücke zu finden, auf denen sie mit grosser Könnerschaft Bisheriges durch Besseres ersetzen.
Ranchbetriebe gibt es auch in den trockeneren, höher gelegenen Hügelgebieten der Okanagan und Nicola Valleys längs des blauen Thompson River und, nördlich davon, beidseits des Fraser auf den weiten Gefilden der Karibu- und Chilcotindistrikte. Vom Mai bis in den Spätherbst bleiben die Herden auf abgelegenen Weideplätzen, im Winter werden sie in ihren Heimfarmen mit Wildheu gefüttert.
Der Name *Karibu*, eine Ableitung der lateinischen Bezeichnung für das nordamerikanische Ren, ist heute im Binnenhochland überall anzutreffen. Vor hundert Jahren war das Karibuland eine kleine baumreiche Ebene zwischen Gebirgen westlich des Quesnel River bei Barkerville. Es war der Brennpunkt des Goldrausches, wo die Besitzungen der Pelzhändler von Neukaledonien über Nacht zur neuen englischen Kolonie Britisch-Kolumbien wurden und später zur kanadischen Provinz. Nördlich dieser alten Goldgräberstätte, 800 km von

Vancouver entfernt, doch noch immer im geographischen Zentrum Britisch-Kolumbiens, liegt die Stadt Prince George, die sich als Fichtenholzkapitale der Welt bezeichnet. War sie nach Ende des Zweiten Weltkriegs eine kleine Gemeinschaft von Blockhauszimmerern, so zählte ihre Bevölkerung 1975 über vierzigtausend Einwohner; nach demographischen Analysen soll diese Zahl weiterhin stark ansteigen.

Zwei Eisenbahnlinien führen nach Prince George: die bundeseigene *Canadian National Railways* und die provinzielle *Pacific Great Eastern*. Mit dem Bau der letzteren wurde um die Zeit des Ersten Weltkrieges begonnen, doch erst 1952 führte sie zum heutigen Prince George. Über einen niedrigen Pass der Rocky Mountains im Norden stellt sie die Verbindung mit dem Peace River District her, wo die Stadt Fort St. John ähnlich spektakulär, wenn auch in bescheidenerem Rahmen, aus dem Boden schoss.

Der natürliche Reichtum des Peace River District war lange Zeit Weizen, als das Gebiet nach dem Ersten Weltkrieg zur Besiedlung durch Veteranen freigegeben worden war. Jene frühen Siedler, die Kälte, Einsamkeit und den im Frühjahr um sich greifenden Gumboschlamm überlebt haben, pflanzen auch heute Getreide. Ihr besonderes Interesse gilt aber jetzt der Saatzucht. Davon exportieren sie einige ungewöhnliche Arten, wie Sesam-Samen zum Beispiel, nach Marokko. Wie im Karibuland zur Zeit des Goldrausches waren es auch hier die reichen Mineralvorkommen, die diesen Abschnitt aufblühen liessen.

Lange schon hatte man Kenntnis von Erdgasreserven im Peace River District. Als während des Zweiten Weltkriegs hier der Fort-Nelson-Flughafen gebaut wurde, über den die Russen mit ihren Pacht-und-Leih-Flugzeugen in ihr Land flogen, stellten die Wasserbehörden so starken Gasgehalt im Brunnenwasser fest, dass sie es wegblasen mussten. Im Mineralbrunnen des Flughafens geschieht dies auch heute noch, indem Gas an die Oberfläche geleitet und ausserhalb der kleinen Pumpanlage verbrannt wird.

Nach sehr kostspieligen Forschungen einer grossen nordamerikanischen Erdölgesellschaft breiten sich die Erdgasfelder nunmehr über Hunderte von Kilometern nach Norden aus. Eine Pipeline leitet das Erdgas von Fort Nelson 1000 km nach Süden in das Küstenland von Britisch-Kolumbien sowie des Staates Washington; parallel dazu verläuft nun auch eine Erdölleitung.

Der Peace River District unterscheidet sich ebensosehr vom Karibuland wie dieses sich vom Okanagan Valley oder von der Küste. In gleicher Weise typisch sind die scharfen Gegensätze im Innern selbst. Die topographische Grenze zieht sich gewunden über die Berge und nähert sich bis auf 6 m der seitlich vorspringenden Schotterkante des Alaska Highway, der 2437 km nordwärts nach Fairbanks am Salcha River in Alaska führt.

80 km westlich von Fort St. John liegt das kleine Dorf Hudson's Hope, von dem niemand weiss, woher sein Name stammt. Fast in Sichtweite seiner kleinen Blockhäuser steht der W.A.C. Bennet Dam, der das Wasser für das zweitgrösste Wasserkraftwerk Britisch-Kolumbiens staut.

Dieser gigantische Erddamm von 2000 m Länge und einer Mächtigkeit von 182 m staut den Peace River auf dessen Reise zum Arktischen Ozean und bildet so den grössten Binnensee in Britisch-Kolumbien: ein Reservoir von 1700 km². In den aus dem Kohlenflözfels ausgesprengten Kraftwerkskavernen werden mehr als 2 Millionen Kilowattstunden elektrischen Stroms erzeugt, der nach einer Transmission über 900 km vor allem dem Südwesten zugute kommt.

Ein grosser Teil des Peace-Reservoirs füllt einen der ausserordentlichsten, doch am wenigsten sichtbaren geologischen Schätze, den Graben der Rocky Mountains, der an der Westkante des Felsengebirges von der amerikanischen Grenze bis fast zum Yukon verläuft. Mit Ausnahme des oberen Fraser-Laufes sind alle seine nördlichen Regionen unbewohnt und nur von vereinzelten Querstrassen durchzogen. Lediglich an seinem weiten Südende, im East Kootenay District, ist er dichter besiedelt. Am Fusse des nackten gefalteten Sedimentgesteins der Rocky Mountains braust dort der Columbia River nordwärts, der Kootenay River nach Süden. Ihre Oberläufe liegen nur wenige Kilometer auseinander und waren früher durch einen Kanal verbunden.

East Kootenay ist von der Küste Britisch-Kolumbiens über zwei moderne Highways erreichbar. Einer der beiden, der *Transcanada*, windet sich durch den Fraser Canyon, über die Viehgebiete des nördlichen Thompson, am baumreichen Seengebiet der Shuswap-Region vorbei und durch den Rogers Pass, wo im Winter oft Artilleriegeschosse die schneebeladenen Überhänge erschüttern und, im allgemeinen kontrollierbare, Lawinen auslösen. Von Golden am Rande des Felsengebirges zieht eine Seitenstrasse längs der Flüsse Columbia und Kootenay nach Süden, berührt die schmucken Sommernachmittagsstädtchen Windermere, Invermere und Athalmere, wo sie in den *Trans Provincial Highway* mündet, der über die Berg-und-Seen-Gebiete West-Kootenays führt.

Die Kootenays gingen aus dem Bergbau hervor, der auch heute eine Hauptrolle in ihrer Wirtschaft spielt, trotzdem durch die Verlagerung von alten zu neuen Minen eine Reihe von Geisterstädten in vielen Hügelfalten entstanden sind. Dieses Wachsen und Vergehen von Bergwerksiedlungen hat bei der Bevölkerung zu einer Art elastischer Haltung und einem gewissen beruflichen Optimismus geführt.

Die riesigen Anlagen der *Consolidated Mining and Smelting Company* in Trail haben die besonders reiche Basismetallader aus der Sullivan Mine bereits weitgehend abgebaut. Dieselbe Anlage bereitet heute Erzvorkommen auf, die vom Grossen Sklavensee in den Nordwest-Territorien auf einer neuen Eisenbahnlinie hierher verbracht werden.

Wenig bekannt und selten besucht sind die leicht dunstigen Queen-Charlotte-Inseln, die dem nördlichen Getreidehafen Prince Rupert gegenüberliegen. Von diesen Inseln aus setzten früher die Haida-Indianer in ihren langen Kanus zu den Raubzügen auf die staatliche Festlandküste an. Dieses Festland ist an seiner westlichen Seite auch heute einer der am dünnsten besiedelten Küstenstriche zwischen Alaska und Feuerland. Die immense Nordwestecke Britisch-Kolumbiens bleibt hauptsächlich Händlern, Trappern sowie den überall und gleichzeitig auftretenden Prospektoren grosser Gesellschaften geöffnet. Eine als Zugang zu den Minen gedachte Strasse zweigt bei Watson Lake (Yukon) vom Alaska Highway ab und führt über die Asbestmine von Cassiar nach Stewart. Die Verbindung zum Yellowhead Way nach Hazelton ist erst seit 1974 als Forststrasse für den Reiseverkehr zu bestimmten Zeiten geöffnet.

Im übrigen gehören die Bewohner Britisch-Kolumbiens zu den bestbezahlten Arbeitskräften Kanadas und bemühen sich mit Erfolg, das Geld auch in Umlauf zu bringen. Es gelingt ihnen, Schulden anwachsen zu lassen, ohne sich besonders zu wundern, und in der Überzeugung zu leben, ein dem Römischen Weltreich Cäsars vergleichbares Imperium zu besitzen. Erst gestern noch, das heisst im Jahre 1881, schrieb das britische Finanzblatt *Truth* über die Provinz: «Die *Canadian Pacific Railway* hat, wie wir feststellen, ihre Obligationen aufzulegen begonnen. Falls diese Bahn je fertiggebaut werden sollte, wird sie zu einem westlichen Teil des Dominion führen, zu einer Provinz so grosser Einöde, wie sie trostloser auf der Welt nirgends besteht. Britisch-Kolumbien ist ein kaltes, kahles Bergland, das zu behalten sich nicht lohnt. Auch mit fünfzig Eisenbahnlinien ist es nicht produktiv zu gestalten.»

Die Prärieprovinzen

Manitoba, Saskatchewan und Alberta werden als Prärieprovinzen bezeichnet, doch erfolgt diese Zusammenfassung nicht unwidersprochen. Wohl besitzt besonders Saskatchewan wie das amerikanische Kansas Tausende von Kilometern Weizenland; aber die Topographie des Gebietes wechselt vom gewaltigen Felsengebirge im Westen zum Wald und zur Tundra des Nordens, zum Felsgestein und zu den Seen des Laurentischen Schildes im Osten. Ein Küstenstrich in der Hudson Bay und ein Hochseehafen, Churchill, sind im Sommer sogar während zehn eisfreien Wochen befahrbar.

Einige Zeit nannte man diese Provinzen «Brotkorb der Welt»; auch diese Benennung ist ungenau. Von 1969 bis 1970 ist die Prärieweizenernte um 353 Millionen Bushels zurückgegangen. Obschon sie 1972 mit 513 Millionen Bushels eindrücklich war, stellte sie 1974 mit 14,2 Mill. t nur 4% des jährlichen Weltweizenanbaues dar, verglichen etwa mit 23% Russlands. Mit seiner grossen Bevölkerung ist letzteres allerdings auf die gesamte Eigenproduktion angewiesen und in Jahren der Missernte zur Weizeneinfuhr gezwungen. Demgegenüber erzielt Kanada mit seiner vergleichsweise kleinen Einwohnerzahl jährliche Überschüsse von Weizen hoher Qualität für die Ausfuhr. In den letzten Jahren haben die Getreidefarmer der Prärien nicht zuletzt dank gewaltiger Ausfuhrquoten nach China, Russland und andern Ländern des Ostens Gewinne verzeichnet wie nie zuvor.

In der ersten Hälfte unseres Jahrhunderts machten vor allem Agrarprodukte den Reichtum der Prärieprovinzen aus; heute sind es Erdöl, Erdgas, Kalium und andere Mineralien, die im Erdinnern liegen. 1974 betrugen die Erdöleinnahmen Albertas über 1 Milliarde Dollar. Aus Tantiemen und Ölverkaufsrechten fliessen der Provinzregierung Mittel so reichlich zu, dass sie auf Verkaufssteuern verzichten kann. Die ausserordentlichen Öleinkünfte Albertas spiegeln sich auch in den prosperierenden Städten Edmonton und Calgary wider, von denen beide Anspruch auf den Titel einer Ölkapitale Kanadas erheben. Viehzucht, Landwirtschaft, chemische Fabriken, Forstwirtschaft, Lebensmittelverarbeitung und zahlreiche Kleinindustrien ergänzen das Bild der blühenden Wirtschaft dieser stark aufstrebenden Provinz.

Im Gegensatz dazu machte sich Saskatchewan früher durch seine sozialistisch-demokratischen Experimente einen Namen. Von 1944 bis 1964 wurde es von der *Cooperative Commonwealth Federation Party* regiert, dem einzigen sozialistischen Regime Nordamerikas. Im Laufe ihrer zwanzigjährigen Amtstätigkeit trat die CCF-Regierung besonders durch ihren Spitalversicherungsplan, das umstrittene Krankenversicherungsprogramm und eine Anzahl staatlicher Unternehmen hervor, darunter eine Autoversicherungsgesellschaft, eine Autobuslinie, eine Luftverkehrsgesellschaft und eine Natriumsulfatfabrik. Heute steht Saskatchewan im Zeichen eines Kalium-Booms, in den sich sechs grosse Gesellschaften phasenweise einschalteten, und auch die Erdölforschung wird intensiviert.

Manitoba, die östlichste der drei Provinzen, ist zugleich die konservativste; doch zeigt die Administration unter Premierminister Ed Schreyer (1974) Tendenzen, die dazu beitrugen, sie in Einklang mit ihren Nachbarn zu bringen. Die Primärindustrien Manitobas sind Landwirtschaft, Erdölproduktion, Holzaufarbeitung, Bergbau, Fischerei und Pelztierjagd. Die Fertiggüterproduktion überwiegt gegenüber dem Agrarsektor im Verhältnis von zwei zu eins. Die meisten Fabrikationsanlagen befinden sich in Winnipeg, dessen Bevölkerung mit fünfhundertvierzigtausend Einwohnern die Hälfte derjenigen der Provinz umfasst. Auch im Norden entwickelt sich Manitoba stark, so in der Bergwerkstadt Flin Flon, der Nickelstadt Thompson und in der neuen, gigantischen Kraftwerkanlage von Grand Rapids. Ausserdem besitzt sie eine der Kernreaktoranlagen Kanadas in der neuerrichteten Stadt Pinawa im Whiteshell-Gebiet östlich von Winnipeg.

Vor wenigen Jahren begann der wirtschaftliche Aufschwung der Prärieprovinzen, trotzdem der Fortschritt in ihren Gebieten gesamthaft betrachtet mit dem nationalen Wachstum nicht Schritt halten konnte. Es war schwieriger für sie als für die Provinzen des Ostens und Westens, die Ansiedlung neuer Industrien attraktiv zu gestalten, was auch in Zukunft ein Sorgenfaktor bleiben wird. Doch haben die in verhältnismässig kurzer Zeit erzielten wirtschaftlichen Erfolge und die moderne Vielfalt der Industrien der Bevölkerung grössere Sicherheit als in vergangenen Jahrzehnten gebracht.

Ferne Vergangenheit

Um die Prärieprovinzen als das zu verstehen, was sie heute sind, werfen wir kurz einen Blick in längst vergangene Tage. Aus welchem Grunde leben in diesem Gebiete von 2 Millionen Quadratkilometern rund dreieinhalb Millionen Menschen oder 16% der kanadischen Gesamtbevölkerung, und weshalb sind diese in ihrer überwiegenden Mehrzahl in den südlichen Regionen angesiedelt, wo sich über ein Drittel in den fünf Städten Winnipeg, Regina, Saskatoon, Calgary und Edmonton zusammenballen? Eine der Erklärungen ist auch geologischer Art. Historisch gesehen, ist das Land jung, in der Sicht des Geologen jedoch alt; und es war die geologische Vergangenheit, die seine Besiedlung durch den Menschen wesentlich bestimmte.

Die Tatsache, dass die Regionen des Nordens und Ostens keine eigentlichen Prärien sind und dem Präkambrischen Schild zugehören, ist die eine der Begründungen. In präkambrischer Zeit, die vor rund fünfhundert Millionen Jahren endete, bedeckte das gewaltige archaische oder Ur-Gebirge diesen Teil des Landes. Im Verlaufe der Jahrmillionen wurde es durch Erosion abgetragen und stellt seither geologisch einen «stabilen Bereich niedriger Erhebungen» dar. In der Eiszeit hinterliessen die Gletscher auf dem an die Oberfläche tretenden nackten präkambrischen Gestein eine Ablagerungsschicht. Diese Sedimente bilden heute den Boden eines weiten mit Buschwerk und Wald überzogenen Gebietes, während im präkambrischen Gestein nach Mineralvorkommen geforscht wird. Als Ganzes gesehen hat sich diese Zone jedoch als zur Besiedlung ungeeignet erwiesen; das ist mit einer der Gründe für die Bevölkerungskonzentration im Süden.

Eine andere Ursache liegt darin, dass ein Pleistozän-Gletscher den grössten Teil der Prärien bedeckte und langsam in nördlicher Richtung zurückging. In der Schlussphase dieses Rückzuges trug er zur Bildung des Agassiz-Sees bei, da ein Abfliessen der Wasser nach Norden durch die zurückbleibenden Moränen verhindert war. Als dieser Agassiz-See sich

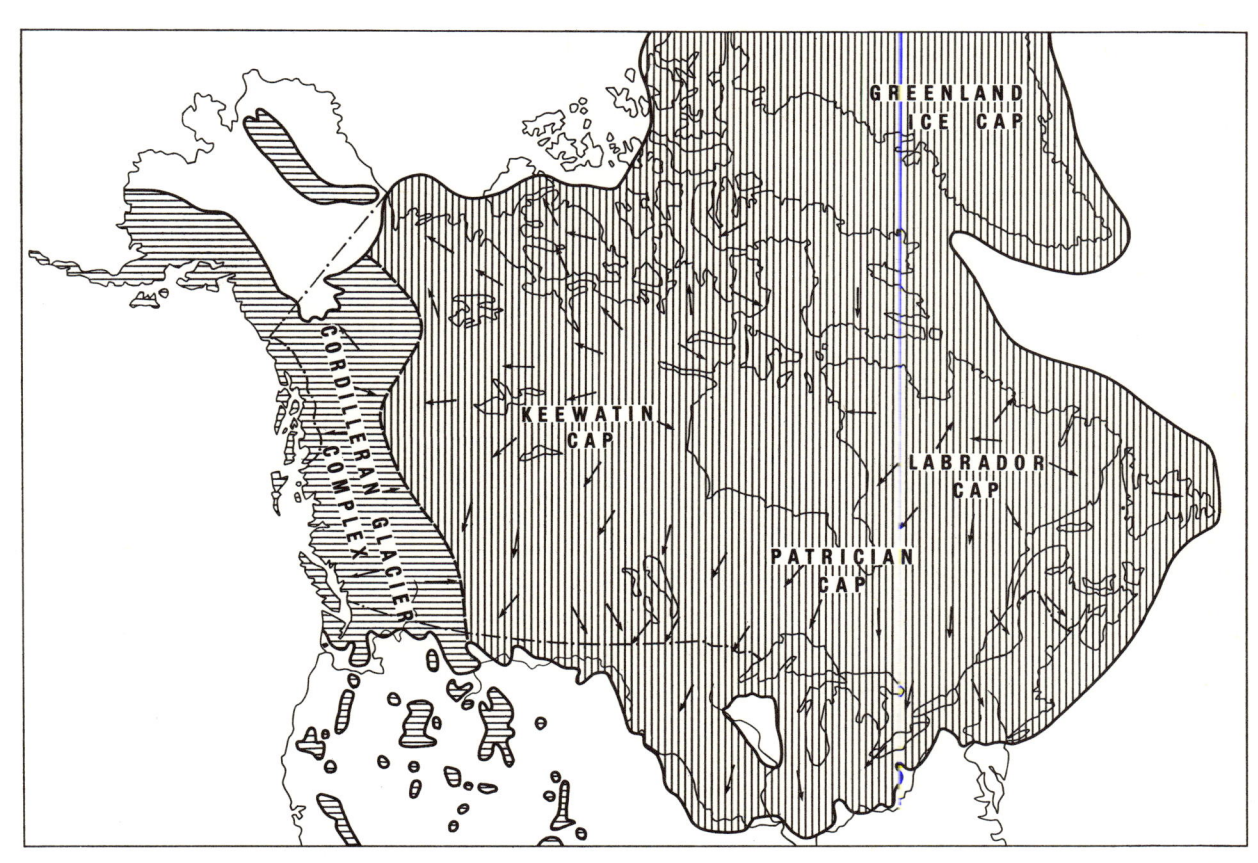

Grösste Inlandvereisung in Nordamerika mit Richtung der Gletscherbewegung

zurückbildete, entstanden mächtige Ströme, die in kleinere Seen abflossen, deren grösste als Winnipeg-, Manitoba- und Winnipegosis-Seen in der Provinz Manitoba bis auf den heutigen Tag erhalten blieben. Eine Vorstellung von der Grösse dieser frühen Flüsse der Prärien geben die gewaltigen Täler, durch die einige von ihnen heute noch fliessen: das Assiniboine-, das Qu'Appelle- und das Souris-Tal. Ein anderes Indiz besteht aus dem riesigen Delta, das in grauer Vorzeit der Assiniboine oder dessen Vorläufer dort geschaffen hatten, wo sie in den zurückweichenden Agassiz-See einmündeten. Heute kennzeichnen ausgedehnte, mit Buschwerk bewachsene Sandhügel und die einzige wirkliche Sandwüste Kanadas, die sahara-artigen *Bald Heads*, 160 km westlich von Winnipeg und unmittelbar südlich der Kleinstadt Carberry, diese Gebiete. Der weitaus grösste Teil des früher vom Agassiz-See berührten Südabschnittes jedoch ist reicher Schwemmlandboden, und es ist nicht überraschend, dass er zum Weizengürtel dieses Jahrhunderts wurde.

Das Vermächtnis des Agassiz-Sees besteht aber nicht allein aus reicher Alluvialerde; es umschliesst auch ein ausgedehntes Wasserwegsystem. Die Seen und Flüsse Manitobas

vorwiegend nördlich der Agrarlandschaft umfassen eine wesentlich grössere Fläche als das bebaute Land der Provinz. Auch im Norden Saskatchewans und im Nordosten Albertas begegnen wir gewaltigen Seesystemen. Sie alle sind zur Besiedlung nicht geeignet, selbst wenn der Wasserreichtum der Prärien eines Tages zum flüssigen Gold und zu einem der entscheidenden Vorzüge dieses Landesteils geworden sein wird.
Auch die klimatischen Faktoren machen eine intensivere Besiedlung der Prärien unwahrscheinlich. Als Inlandprovinzen der nördlichen Breiten sind Manitoba, Saskatchewan und Alberta starken Temperaturschwankungen ausgesetzt. Im Juli betragen die Durchschnittstemperaturen der Südregionen fast 21°C; selbst am 57. Breitengrad im Lynn-See-Gebiet liegen sie noch über 15°C, und auch im äussersten Norden sind sie nicht tiefer als 10°C, während die Januarmittelwerte im Süden auf den Gefrierpunkt, im Norden dagegen auf minus 31°C absinken können. Temperaturen und Bodenverhältnisse wirken sich auf die Vegetation aus, die wir hier finden. Im Süden herrschen Steppen, Grasland und Wald weitgehend vor; doch ändert sich das Landschaftsbild um so deutlicher, je weiter wir nach Norden kommen: Laubwald, Nadelwald und Tundra lösen einander in dieser Reihenfolge ab. Je mehr wir uns den arktischen Bereichen nähern, desto unwirtlicher wird die Umwelt und um so weniger zur Besiedlung verlockend. Jenseits des 54. Breitengrades ist Dauerfrostboden verbreitet. Einige andere Länder, darunter Russland, haben sich ihre nördlichsten Regionen auf bemerkenswerte Art erschlossen, und es ist denkbar, dass auch Kanada früher oder später dazu übergeht. In nächster Zukunft aber wird sein Norden, von isolierten Minenstädten, Indianerlagern und Handelsstationen abgesehen, unberührt bleiben.

Jüngste Vergangenheit

Die Geschichte der Prärieprovinzen beginnt, wenn wir sie mit der übrigen Welt in vergleichbare Beziehung bringen, mit der Ankunft des weissen Mannes. Nach Ende der letzten Eiszeit scheinen die als Paläo-Indianer bekannten Grosswildjäger von Asien her über eine Landbrücke die heutige Beringstrasse überquert zu haben und den arktischen Küsten entlanggezogen zu sein, bis sie sich schliesslich auf dem Festland verbreiteten. In den heutigen Provinzen Alberta, Saskatchewan und Manitoba lebten sie im Waldland des Nordens und drangen allmählich zu den Prärien des Südens vor. Zur Zeit der ersten europäischen Erforschung in der zweiten Hälfte des 17. Jahrhunderts waren sie längst angesiedelt und kannten damals das Pferd noch nicht. Sie bekamen es zu Beginn des achtzehnten Jahrhunderts zu Gesicht, als einige streunende Exemplare aus spanischen Kolonien Mexikos die Indianerstämme der kanadischen Central Plains erreichten. Diese erste Bekanntschaft der Ureinwohner mit dem Pferd führte zu einer Wendung in ihrer Lebensweise: die Jagd auf den Büffel begann. Während die Prärie-Indianer des Südens sich jetzt auf Pferden fortbewegten, lebten die ihrer Natur nach weniger aggressiven Waldindianer des Nordens in kleinen Zeltlagerstätten.

Dies war das Bild, dem sich die ersten Weissen auf kanadischem Boden gegenübersahen. Schon 1610 hatte Henry Hudson jene Bucht befahren, die seinen Namen trägt, obschon man in Unkenntnis darüber ist, ob er auch an Land gegangen war. Der erste Weisse, der das heutige Manitoba betrat, war vermutlich Sir Thomas Button, der zwei Jahre nach Hudson die Bucht im Segelschiff erreichte und mit seinen Leuten an der Mündung des Nelson River ein Winterquartier aufschlug. Erst 1670 nahmen Briten diese Erkundungsstreifzüge wieder auf, als sie im gleichen Jahre die *Hudson's Bay Company* gründeten, deren Ziel der Pelzhandel im Innern des Festlandes war. Zu diesem Vorgehen wurden die Briten von den Franzosen angespornt, die, von Montreal aus operierend, mit Pelzhandelsgeschäften in weiter südlich gelegenen Gebieten phantastische Gewinne erzielten. Die Hudson's Bay Company begann im Norden feste Handelsstationen zu errichten, und die Tundra wurde als erste von Weissen besetzt.

In der Folge drangen die Franzosen unter La Vérendrye in die Südregionen ein, wo von 1733 an bis zum Fall Quebecs im Jahre 1759 zahlreiche Handelsposten unterhalten wurden. Bald darauf gingen die südlichen Routen in die Hand einer britischen Rivalin der Hudson's Bay Company, der North West Company, über, die frankokanadische Voyageurs in ihren Dienst stellte und sich nach französischem Vorbild zu entwickeln begann. Der Ort des heutigen Winnipeg am Berührungspunkt des Red River mit dem Assiniboine wurde zur Ausgangsbasis aller Operationen der North West Company auf westlichem Gebiet. Allmählich kam es zu Vermischungen von Franzosen mit Indianern, und die aus dieser Verbindung hervorgehenden Métis lebten als Halbnomaden fort.

Im Jahre 1812 trafen die ersten Ankömmlinge aus dem Hochland Schottlands, die sogenannten *Selkirk*-Siedler, in Kanada ein. Ihr Ziel als erste Präriefarmer bestand in der Anlegung von Nahrungsmittelvorräten zur Fortsetzung des Pelzhandels. Die erste landwirtschaftliche Siedlung von Bedeutung lag zu dieser Zeit 1300 km südlich im heutigen amerikanischen Staate Illinois. Bald wurden die neuen europäischen Siedler von der North West Company als Eindringlinge betrachtet, die durch sie ihre Vorherrschaft im Pelzhandel gefährdet sah. Für die Selkirk-Siedler folgte eine schwere Zeit. Erst als im Jahre 1821 die North West Company von der Hudson's Bay Company verdrängt wurde, schien die Zukunft der Schottenkolonie gesichert.

Doch waren die Sorgen der frühen Siedler nicht zu Ende. Um die Mitte des 19. Jahrhunderts war ihre Zahl durch Einwanderer aus Ostkanada und den Vereinigten Staaten stark gestiegen; die Expansion des weissen Mannes hatte kriegerische Auseinandersetzungen mit den Mestizen zur Folge, die ihre Erstgeburtsrechte durch diesen Zuwandererstrom bedroht glaubten. Nach zwei Aufständen erlitten die Mestizen zwei Niederlagen und verloren ihren romantischen Führer Louis Riel.

Als Ganzes betrachtet, verliefen Erschliessung und Besiedlung der kanadischen Prärien weit friedlicher als die des amerikanischen Westens. Aus dieser Phase der Entwicklung Kanadas sind weder Sagen von bewaffneten Zusammenstössen noch solche von Gesetzlosigkeit und Verfemung erhalten. Einer der Gründe dieser relativen Ordnung war das Vorhandensein der *North West Mounted Police,* der Berittenen Polizeitruppe des Nordwestens, der Vorläuferin

der weltberühmten *Royal Canadian Mounted Police* von heute. In der Zwischenzeit führte, im Jahre 1870, die starke Bevölkerungszunahme zur Schaffung der Provinz Manitoba, drei Jahre nach der Gründung des Dominions Kanada. Die Schwesterprovinzen Alberta und Saskatchewan entstanden erst 1905; ihre heutige Grösse erhielten sie nicht vor 1912.
Kanada ist ein neues Land; die Prärieprovinzen und Britisch-Kolumbien sind, was ihre Besiedlung betrifft, seine jüngsten Glieder. Als älteste feierte Manitoba 1970 ihr hundertjähriges Bestehen; die beiden andern zählen siebzig Jahre. Doch hat sich in dieser kurzen Zeit viel ereignet. Die Grundlage der Wirtschaft ist umgestaltet worden, und neben ländlichen bildeten sich städtische Verhältnisse heran; dem künstlerischen Schaffen wurden Wege geebnet, und das zahlenmässig kleine Volk ist bedeutend grösser geworden. Die stärkste Bevölkerungszunahme geht auf die neunziger Jahre des 19. und auf den Beginn des 20. Jahrhunderts zurück. Eine entschiedene Einwanderungspolitik der Regierung brachte zu dieser Zeit einen Immigrantenstrom nicht nur aus Ostkanada und den Vereinigten Staaten, sondern auch und vor allem aus Grossbritannien, Island und dem europäischen Festland nach Kanada. Ausser nationalen und ethnischen Gruppen bildeten diese Neuansiedler auch religiöse Gemeinschaften: Mennoniten, Hutteriten, Duchoborzen und Mormonen. Im Gegensatz zu den Vereinigten Staaten, wo Einwanderer sich im Schmelztiegel verloren, gründeten die neuen Kanadier eigene Kolonien. Sicher haben sie oft Probleme geschaffen, doch letztlich auch zum Völkermosaik des Landes beigetragen und geben den Städten der Prärieprovinzen kosmopolitische Züge.

Heutiges Gepräge

«Würde ich als Dollarmillionär mein Geld zu investieren suchen, so käme nur Alberta in Betracht.» Diese Äusserung eines Gutinformierten ist typisch für die Haltung zahlreicher Kenner Albertas, das auch als kanadisches Texas gilt. Seine 50-Millionen-Dollar-Industrie zu Beginn dieses Jahrhunderts hat sich heute um mehr als das Zehnfache erweitert. Die Kohlenförderung liegt bei mehreren Millionen Tonnen jährlich, die Kohlenreserven werden auf 7,5 Milliarden Tonnen geschätzt. In der Fertiggüterindustrie stieg der Jahreszuwachs um mehr als 50 Millionen Dollar, und die Bautätigkeit besonders auf Stadtgebiet hat in einer Weise zugenommen, die man vor dreissig Jahren für unwahrscheinlich gehalten hätte.
Doch sind dies nur Teilaspekte der wirklichen Quellen seines Reichtums: die potentiellen gehen weit darüber hinaus. So besitzt die Provinz in den Teersandgebieten Athabaskas das mächtigste unberührte Erdöleinzelvorkommen der Welt von schätzungsweise 700 Milliarden Fass Öl. Auf seinem Gebiete liegen über 10 Millionen Morgen unentwickeltes Agrarland und eine Nutzholzfläche von 442000 km².
Ist der Provinzwohlstand auf dem Lande an Struktur und Qualität seiner Gebäude ersichtlich, so tritt er in den Städten noch deutlicher vor Augen. Der äusserste Westen

befindet sich in überaus stürmischer Entwicklung. Edmonton mit 500 000 und Calgary mit 410 000 Einwohnern sind die beiden Städte mit der intensivsten Wachstumsdynamik des nordamerikanischen Kontinents. In nur einer Hinsicht bleiben Spuren der Pionierzeit Albertas auch heute unverwischt. Das uneingeschränkte Streben der Provinz nach materiellem Besitz liess sie auf kulturellem Gebiete verkümmern; die kreative und die darstellende Kunst zum Beispiel haben sich aus ihrem Frühstadium nicht fortentwickelt. Immerhin konnte sich im romantischen Fremdenort Banff, im Bow River Valley der Ostrockies, eine Kunstschule entfalten, die Studierende selbst aus den USA anzieht.

Von Saskatchewan, dessen magnetische Wirkung heute vom Kalium ausgeht, lässt sich in grossen Zügen ähnliches sagen. Die Kaliumentdeckungen der letzten Jahre haben dieser sonst vorwiegend landwirtschaftlichen Provinz neue Möglichkeiten eröffnet, die ihre Zukunft in entscheidender Weise mitbestimmen werden. Die Kaliumreserven Saskatchewans, die grössten der Erde, sind zu einem günstigen Zeitpunkt erschlossen worden. Die Bedeutung der aus Kalium gewonnenen chemischen Düngemittel ist heute in aller Welt anerkannt. Einige Kaliumbergwerke sind in voller Tätigkeit, andere werden geplant. Da Kalium im Unterschied zu Erdöl teilweise an Ort und Stelle aufgearbeitet wird, sind gleichzeitig Nebenindustrien im Entstehen, die der Provinz zusätzliche Erträge sichern. Obwohl die wichtigste, ist Kalium nicht die einzige Rohstoffquelle Saskatchewans; die Regierung hat schon vor längerem neue Vergünstigungen für Bergwerkdistrikte erlassen; zusammen mit den beträchtlichen Fortschritten im Strassenbau haben diese zur erhöhten Aktivität im Norden geführt. Ölschiefer und Teersand werden zurzeit auf die Möglichkeit eines industriellen Abbaus untersucht, und neue Vorkommen von Gold, Kupfer, Zink und Eisen wurden bekannt. Die Provinz verfügt ausserdem über industriell förderbare Lager an Ton, Salz, Natriumsulfat, Kohle, Uranium, Helium, und in ihrem Südabschnitt brach ein Erdölboom aus. Die Mineralausbeute Saskatchewans beträgt jährlich mehrere hundert Millionen Dollar.

Im Gegensatz zu Alberta und Manitoba besitzt Saskatchewan keine grösseren Städte. Wohl zählen seine wichtigsten Stadtsiedlungen Regina und Saskatoon 140 734 und 126 449 Einwohner, doch sind sie trotz des hektischen Zuwachses der letzten Jahre nach Art und Charakter Landstädte geblieben. Wie in den andern Provinzen Kanadas ist der Trend zur Verstädterung aber auch hier deutlich sichtbar. Seit Ende des Zweiten Weltkrieges hat sich die Bevölkerung der Städte Saskatchewans verdoppelt und ist auf dem Lande fühlbar zurückgegangen. Auch die Hochbautätigkeit ist stark erweitert und erzielte um 1973 ihren bisher höchsten Stand.

Der vielschichtige Wirtschaftsaufschwung Saskatchewans ist zweifellos eindrucksvoll; doch kann nicht unbeachtet bleiben, dass drei Fünftel der Provinz aus Wald bestehen und die Landwirtschaft nach wie vor beherrschend ist. Trotz der ausgedehnten Weizenanbaugebiete Albertas und Manitobas bleibt Saskatchewan *der* Weizenraum Kanadas.

Seit den zwanziger Jahren dieses Jahrhunderts verlieren die westlichen Agrarregionen ihre junge Generation an die Städte; um so mehr überrascht es, dass sie ihren Getreideertrag durch verbesserte Anbautechnik steigern konnten. Im Jahre 1961 besass Saskatchewan

103 000 Farmen; 1965 waren es noch 93 924. Seither ist die Zahl der Farmen um weitere 10% zurückgegangen.

Mit Hilfe der Bewässerung werden sich künftige Ernten dennoch steigern lassen. Heute schon besitzt Alberta eine Million Morgen bewässertes Agrarland; auch in West-Saskatchewan ist die Irrigation schon verwirklicht. Hier ist ein umfassendes modernes Bewässerungsprojekt seiner Vollendung entgegengegangen. Am South Saskatchewan River entstand durch Errichtung zweier gewaltiger Dämme ein Stausee von 225 km Länge, der Lake Diefenbaker; seine Aufgabe ist ausser der Bewässerung von 200 000 Morgen Land die Speisung eines Kraftwerkes mit einer Leistung von 800 Millionen Kilowattstunden jährlich.

Wie in Alberta und Manitoba ist auch in Saskatchewan die Abwanderung der Landbevölkerung eine auffallende Erscheinung. Zur Zeit der Besiedlung des kanadischen Westens war das schnellste Fortbewegungsmittel das Pferd. Da die Farmer ihren Weizen selbst zu den Getreide-Elevatoren führten, mussten diese möglichst nahe gelegen sein, und bald wuchsen Städte und Dörfer um die Getreidesilos heran, so dass Präriestädte und Weiler oft kaum zwanzig Kilometer voneinander entfernt waren und Einkaufszentren für Farmer benachbarter Gebiete wurden. Mit der Ankunft des Automobils und der gepflasterten Strasse begann sich einiges zu ändern. Da grössere Städte dem Käufer reichere Auswahl boten, wandten diese sich von den kleinen Zentren bald ab und ausschliesslich den grossen zu. Auf Kosten der kleineren wurden grosse Städte stets grösser, und viele Präriedörfer werden bald ganz verschwinden. Die Prärieprovinzen sind ein junges Land mit wechselvoller Geschichte. Ausser der Erde seines Bodens scheint hier nichts von Dauer zu sein. Nirgends wird dies deutlicher offenbar als im weiten Farmland von Saskatchewan.

Wie Alberta und Saskatchewan ist auch Manitoba nicht länger eine Agrarprovinz. Der Landwirtschaftsertrag macht hier noch ein Drittel der Gesamteinnahmen aus und wird weiter zurückgehen. Obschon Manitoba heute Minen als Spekulativunternehmen besitzt und kleinere Gold-, Kupfer-, Zink- und Nickelvorkommen zu seinen Einkünften beitragen, hat es bisher keine dem Erdöl Albertas und dem Kalium Saskatchewans gleichwertige Rohstoffquellen erschlossen. Wohl finden sich auf seinem Gebiete Petroleum- und Kaliumlager, doch sind sie klein und mit denen seiner westlichen Nachbarn nicht vergleichbar. Was die gewaltigen ungenutzten Cäsiumvorräte Manitobas betrifft, die zur Herstellung fester Treibstoffe Verwendung finden, sind sie in naher Zukunft sehr wahrscheinlich industriell nicht ausbeutbar.

Durch eine vielgestaltige Wirtschaft, die vor allem in Winnipeg und den umliegenden Stadtkomplexen konzentriert ist, vermochte sich aber auch Manitoba freie Bahn zu schaffen. Winnipeg ist nicht nur die grösste, sie ist auch die älteste Stadt der Prärieprovinzen und ging aus einem frühen Eisenbahn- und Bankenzentrum hervor. Mit der Erschliessung des Westens für die Landwirtschaft ist sie zur Getreidekapitale Kanadas und zum Schlüsselpunkt der aufstrebenden Leichtindustrie geworden.

Die ersten Bewohner des kosmopolitischen Winnipeg waren Schotten und Franzosen gewesen; heute sind Ukrainer die grösste Volksgruppe der Stadt, die auch deshalb eine besondere Stellung einnimmt, da sich hier Anfänge einer einheimischen Kultur feststellen lassen. Vielleicht weil sie älter und grösser als zahlreiche Präriestädte des Westens war, fand sie auch Zeit, sich andern als nur wirtschaftlichen Dingen zuzuwenden; denn hier finden die schöpferischen Künste der Prärieprovinzen ihren lebendigsten Ausdruck. Winnipeg ist ausserdem die Stadt der bedeutendsten und erfolgreichsten Musikfestspiele Kanadas. Sie unterhält ein eigenes Symphonieorchester, einen philharmonischen Chor, ein Berufsensemble im Manitoban Theatre Centre und das Royal Winnipeg Ballet, das internationalen Ruf geniesst. In den letzten Jahren ist sie zur Halbmillionenstadt geworden.

Manitoba als «Schlüsselprovinz» und Winnipeg als «Tor zum Westen» erfüllen die in diesen Bezeichnungen zum Ausdruck kommende Rolle. Durch sie gelangen wir zum ausgedehnten Land jenseits der Grossen Seen, das viel umfassender ist, als gemeinhin angenommen wird: ein Land des fernen Horizontes und endlosen Himmels, dessen Pioniertum weit zurückliegt, mit dem das Volk sich jedoch eng verbunden fühlt. Denn trotz raschen Wachstums seiner Städte und zunehmender Urbanität ist dieses Land von der enormen Grösse des Raumes und letztlich seiner Einsamkeit geprägt.

105 Mount Robson mit Berg Glacier und Berg Lake im Felsengebirge
106 Kanadischer Biber, *Castor canadensis*
107 Mount Edith Cavell im Jasper National Park, Alberta
108 Schichtenbänder und Erosionsfurchen am Red Deer River bei Drumheller, Alberta
109 Scarborough Bluffs, jahrhundertealte Erosivgebilde am Ontariosee
110 Thompson River Canyon, Britisch-Kolumbien
111 Spiegelung im Vermilion Lake im Banff National Park
112 Quellgebiet des Athabasca River im Jasper National Park, Alberta
113 Hereford-Rinder vor einer Furt in Alberta
114 Schäferidyll im Okanagan Valley, Britisch-Kolumbien

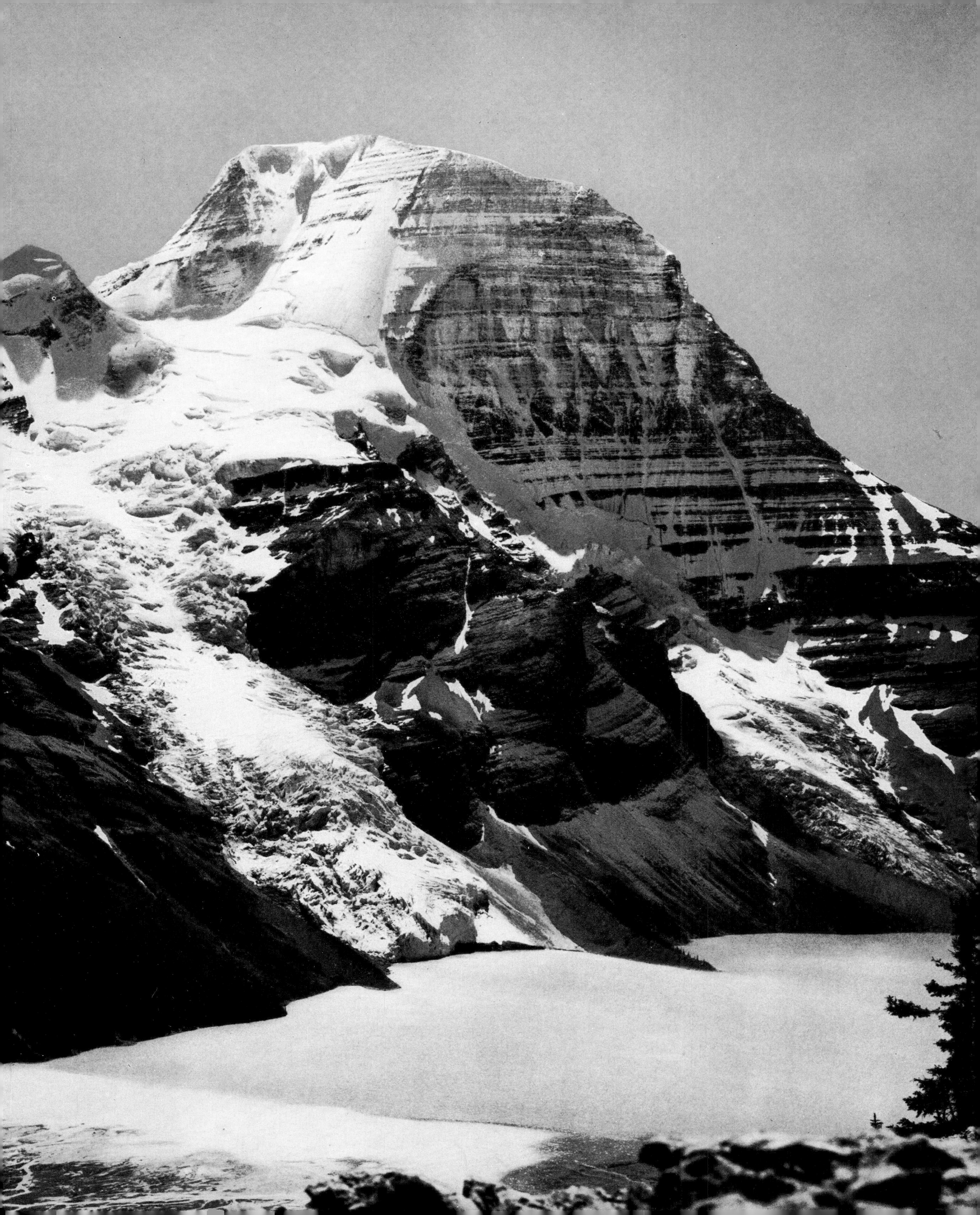

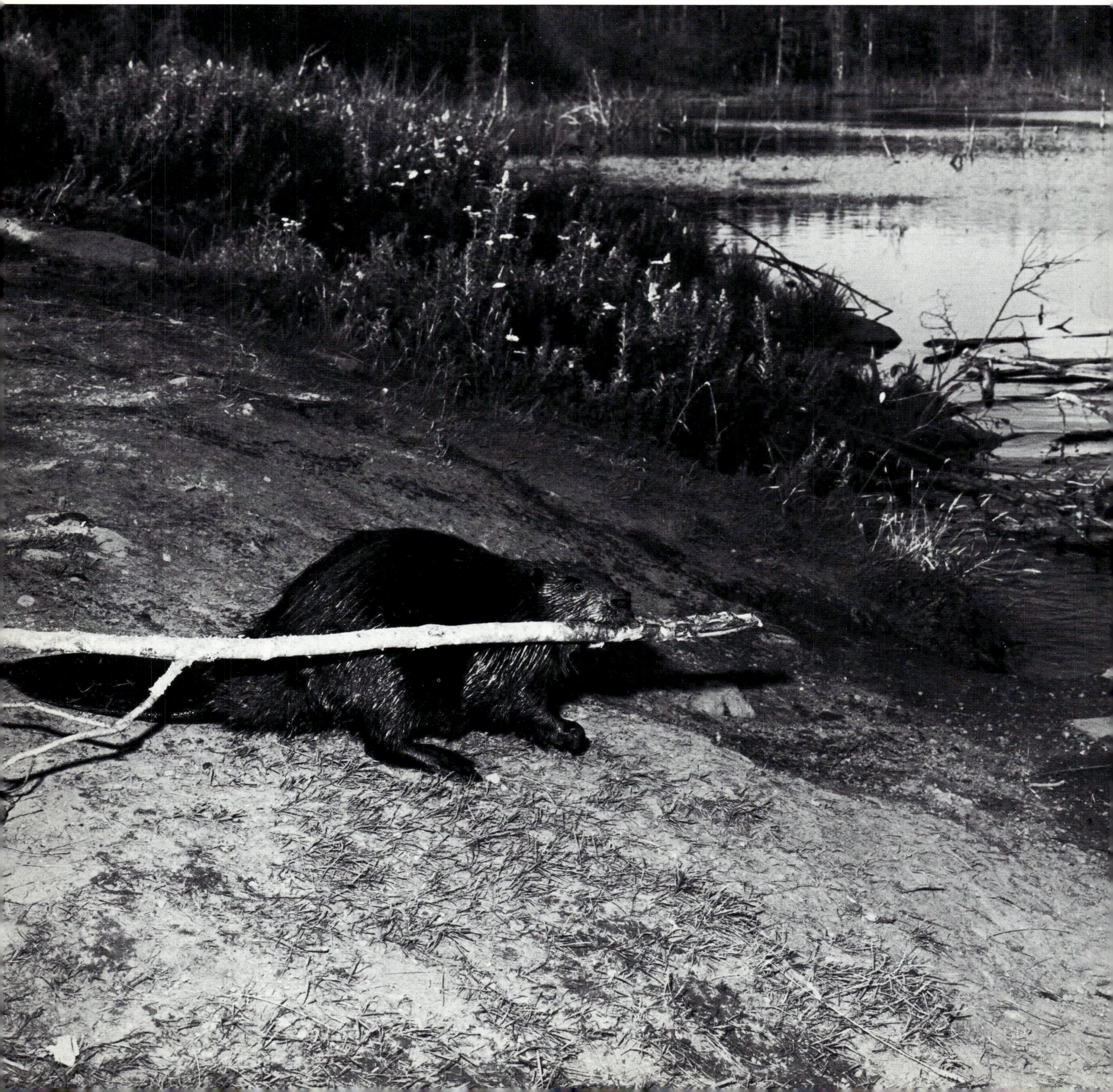

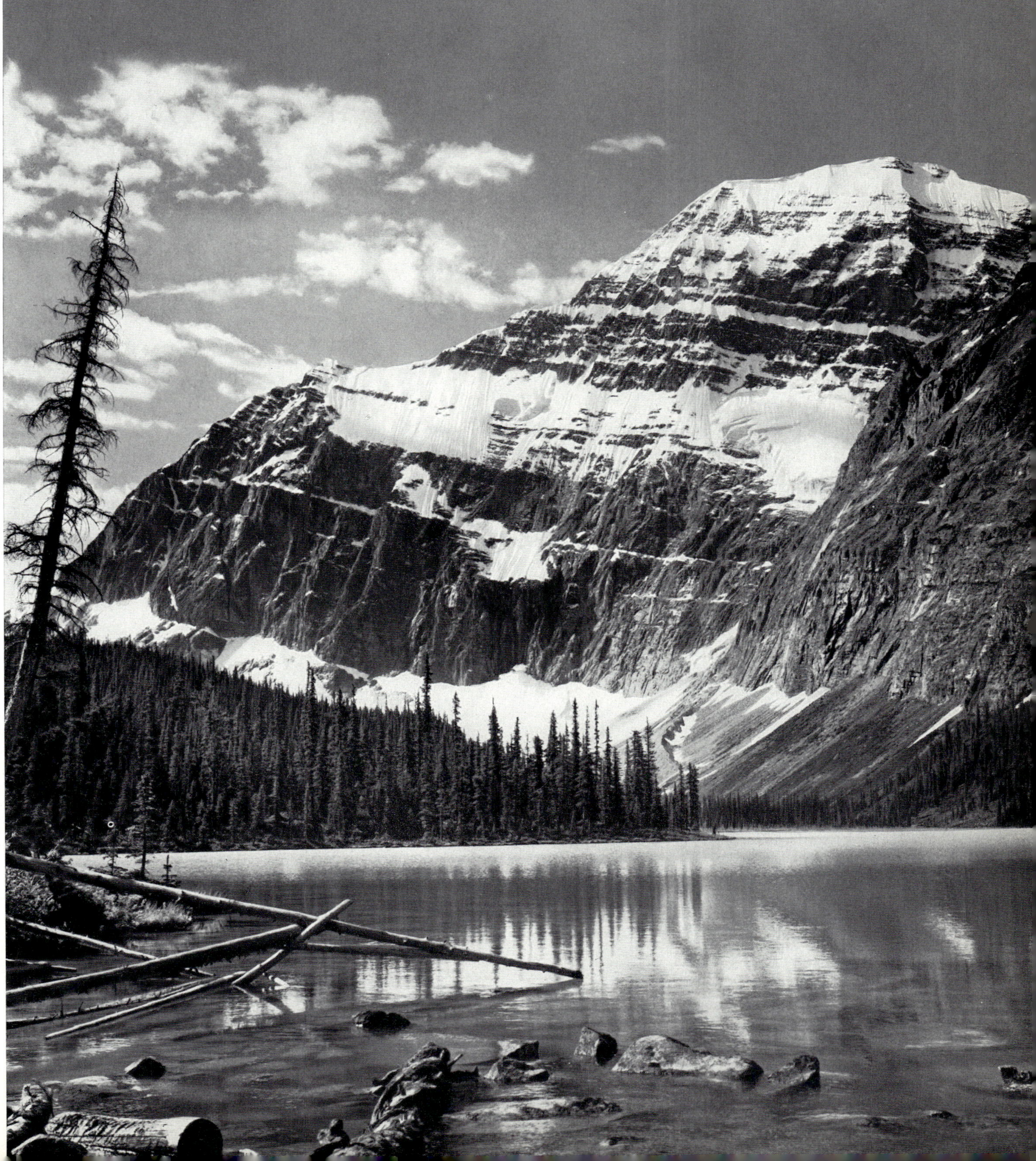

108

109

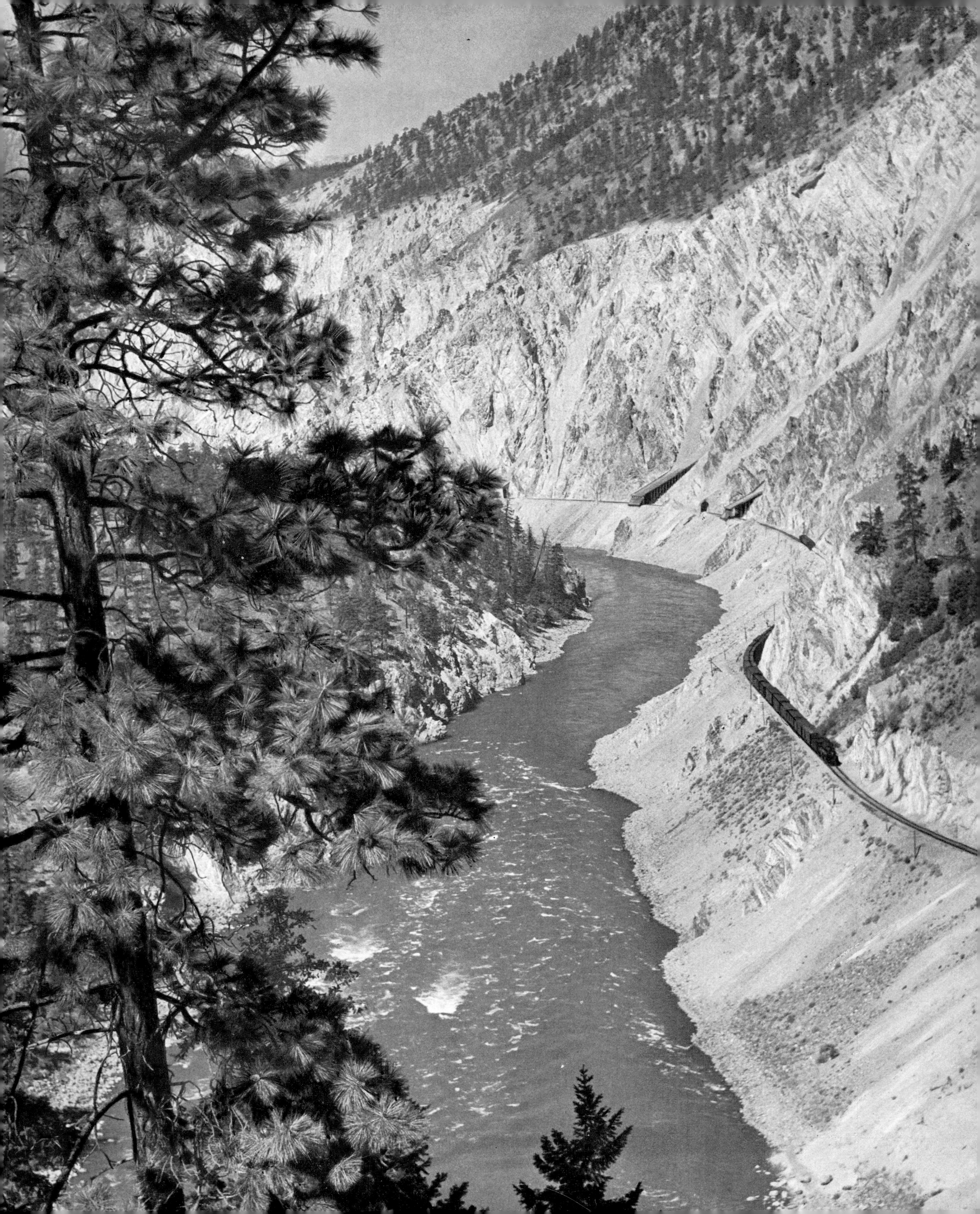

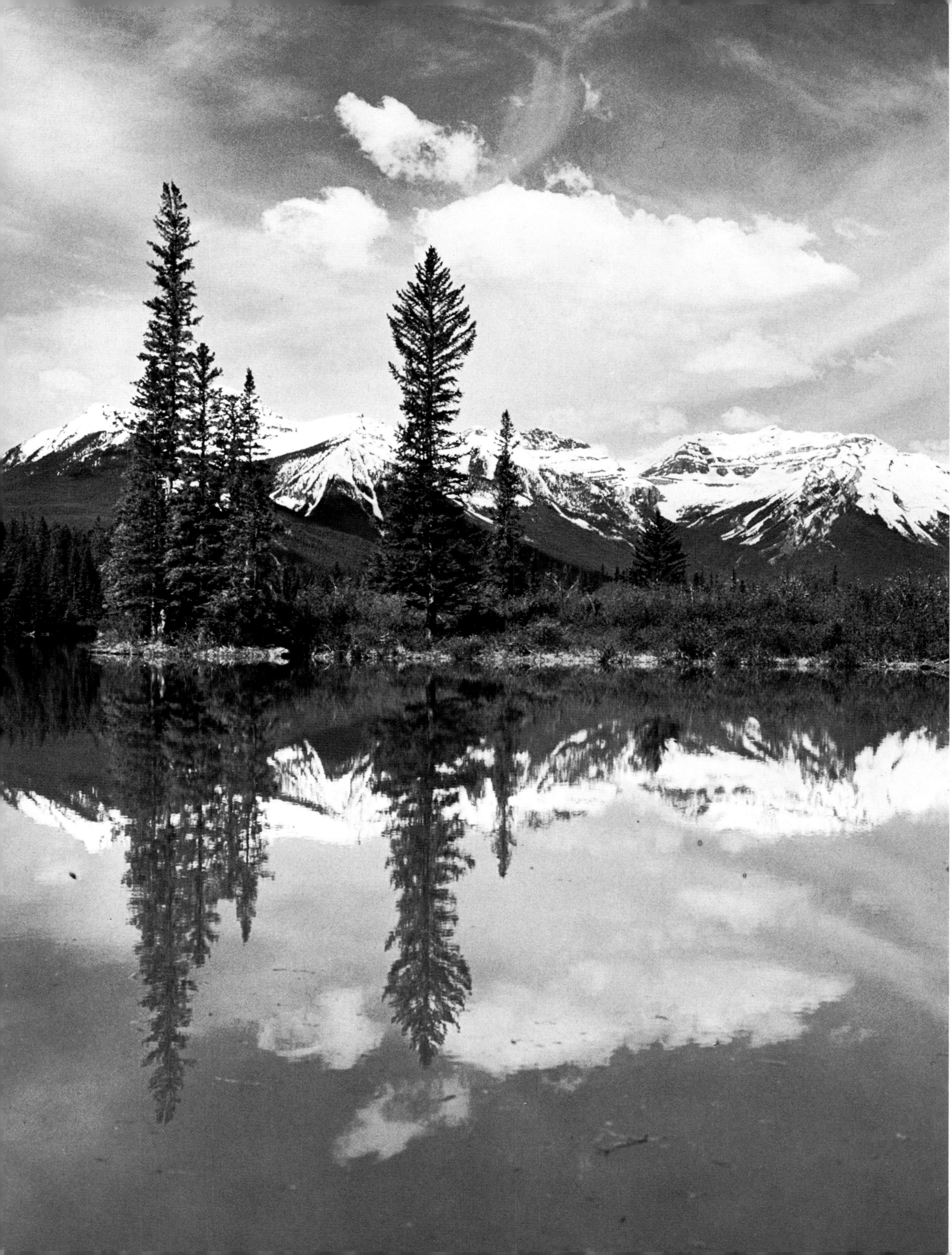

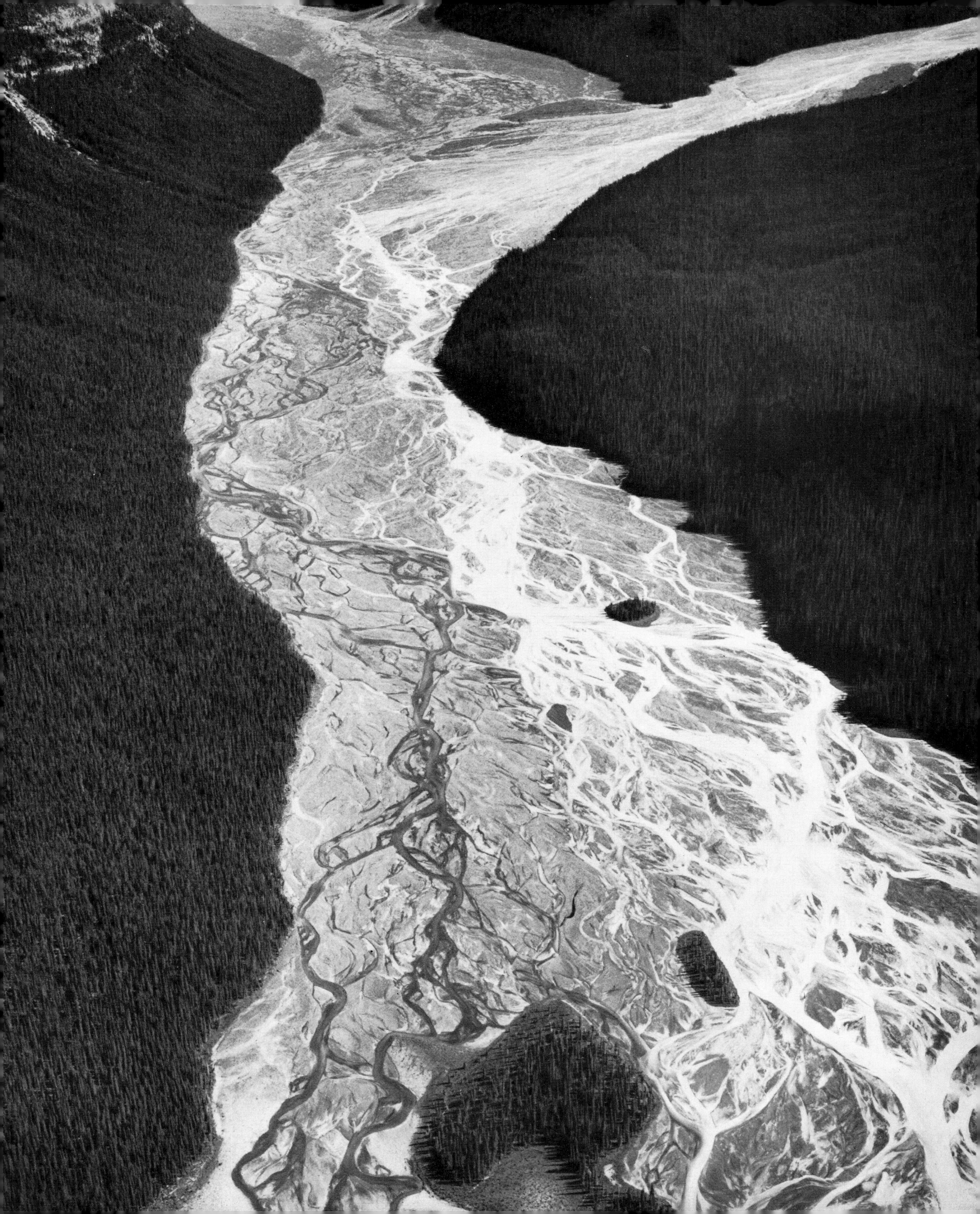

113 114

Ontario

Der Anspruch Ontarios auf den Titel «Herzprovinz Kanadas» beruht auf weit mehr als nur seiner zentralen Lage innerhalb des Landes und des nordamerikanischen Kontinents. Als Heimat jedes dritten Einwohners Kanadas beschäftigt Ontario die Hälfte aller Arbeitskräfte der Nation, erzeugt mehr als 50% der Industriegüter und des Wertes sämtlicher Metalle sowie einen Drittel des Gesamtertrages der kanadischen Minerale, Agrarprodukte und des Papiers. Unter seinen neun Schwesterprovinzen folgt Ontario flächenmässig mit 1 070 000 km^2 nach Quebec an zweiter Stelle, ebenso im Sektor der elektrischen Produktionskapazität und im dritten Range seine enormen Wasserkraftreserven.

Ist seine reiche Stromerzeugung ein Ausgleich für die sich knapp an der Rentabilitätsgrenze bewegenden Erdöl- und Erdgaserträge und das Fehlen von Kohle, so liegt der Schlüssel zur wirtschaftlichen Führung der Provinz in der Vielfalt ihrer Industrien, besonders auf dem Gebiete der Produktionsgüter. Hier werden praktisch alle in Kanada gebauten Automobile und schweren Maschinen hergestellt, und auf nationaler Ebene ist Ontario in so unterschiedlichen Wirtschaftszweigen führend wie Eisen, Stahl, elektronischer Ausrüstung, Fleischverpackung, Mobiliareinrichtungen, Kautschukprodukten, Chemikalien, Nahrungsmitteln.

Geographisch bildet Ontario ein unregelmässiges Dreieck, dessen Basis im subpolaren Bereiche der Hudson Bay liegt, während sein Scheitel wie eine Pfeilspitze tief in den industriellen Nordosten der Vereinigten Staaten hineinragt. Seine Fläche entspricht zweimal der Grösse Frankreichs, viermal jener Westdeutschlands bei einer Bevölkerung von nur 14% jedes dieser Länder. Die Erdoberfläche ist im allgemeinen flach oder leicht gewellt; ihr höchster Punkt erreicht unweit des Oberen Sees knapp 600 m. Mit Ausnahme des südlichsten Provinzabschnittes bildet der Präkambrische oder Kanadische Schild mit seinen unermesslichen Mineral- und Holzlagerreserven die Grundlage aller Wirtschaft. Von der 220 000 km^2 umfassenden Frischwasserseefläche beträgt der kanadische Anteil der Grossen Seen, der gesamthaft in Ontario liegt, 40%. Die Great Lakes und die vielen tausend kleineren Inlandseen mildern die Extreme des Kontinentalklimas im Zentrum von Nordamerika: Nach den mässigen Regenfällen des milden Frühlings folgen warme Sommer mit langer Sonnenscheindauer und Winter, die mit jenen der südskandinavischen Länder verglichen werden können.

Seitdem vor über dreihundertfünfzig Jahren französische Forscher Ontario zum erstenmal betraten, verlief die Zugangsroute zur Provinz über den St. Lorenz und dessen grossen Nebenfluss Ottawa, deren Wasser sich bei Montreal vereinigen. Heute noch zeigt das Ottawatal Spuren seiner Abhängigkeit von den Holzindustrien, denen es seine wirtschaftliche Bedeutung in erster Linie verdankte. Dichte Rauchschleier und berghohe Kiefernholzstapel lassen die Nähe von Mühlenstädten wie Hawkesbury am Ufer des breiten Flusses erkennen, der die natürliche gemeinsame Grenze Ontarios und Quebecs bildet, bis diese mitten durch den Temiskaming-See nordwärts einen Bogen zur James Bay hin beschreibt. An der Quebecseite des Ottawa ragt die Masse des Kanadischen Schildes kilometerweit steil empor, im auffallenden Gegensatz zum fruchtbaren Flachland im untern Talabschnitt Ontarios, der früheren Westroute französischer Pelzhändler. Mächtige Kraftwerke verwandelten an mehreren Stellen des Flusslaufes dessen Fluten in elektrische Energie.

Ottawa

Im Jahre 1859 von Königin Victoria zum Regierungssitz der alten Provinz Kanada ernannt, wuchs das «subarktische Holzfällerdorf» zur prächtigen Stadt mit grosszügigen Parkanlagen, modernen Wohnhäusern und eindrucksvollen öffentlichen Gebäuden heran. Auf einer Kalksteinklippe mit weitem Blick über den Ottawa River und die Gatineau-Hügel des Kanadischen Schildes beherrscht der neugotische Komplex der Parlamentgebäude das Handelszentrum der City. Der Confederation Square in nächster Nähe des Parlamenthügels ist die Drehscheibe der Innenstadt, deren Verkehr das National War Memorial umflutet; am belebten Zwischenabschnitt liegen National Art Gallery und das Centre for the Performing Arts. Unweit davon endet der vom Ontario-See heranführende Rideau-Kanal in den Schleusen der tiefen Felsschlucht zwischen dem Parlament und dem schlossähnlichen Château-Laurier-Hotel. In der Metropolitan Area von Ottawa leben über 600 000 Bewohner. Die Stadt wird von einem grünen Parklandgürtel umschlossen; hier sind die Zivilverwaltungsdienste der Landesregierung untergebracht. Nahe dem Stadtzentrum gibt auf einer Fläche von 570 ha die Central Experimental Farm Einblick in kunstgerechte Führung der Hauswirtschaft und steht während des ganzen Jahres zur Besichtigung offen. Als bedeutendes Erziehungszentrum besitzt Ottawa zwei Universitäten; davon ist eine die erste zweisprachige Hochschule des Landes. Das weltberühmte Atomforschungszentrum von Chalk River, flussaufwärts von Ottawa, gilt als Symbol Kanadas für dessen Stellung in der Wissenschaft des 20. Jahrhunderts. Ausser den hier errungenen Fortschritten auf dem Gebiet der Medizin und der Wirtschaft verdankt Ontario diesem Zentrum die Errichtung von vier Atomkraftwerken.

Die legendäre Ottawa-Route des Pelzhandels gehört der Vergangenheit an. Der Hauptzugang zur Herzprovinz Ontario ist heute der gewaltige St.-Lorenz-Seeweg, der mit seinen Dämmen und Schleusen 85% aller Hochseeschiffe der Welt ins Innere Nordamerikas führt. Das Moses-Saunders-Wasserkraftwerk besitzt in der Nähe der Textil- und Papierstadt Cornwall einen 40 km langen künstlichen See, dessen Anlage die Dislozierung einiger Ortschaften notwendig machte.

Upper Canada Village, ein getreues Abbild der Pionierzeit bei Morrisburg, erinnert an die frühe Besiedlung des Tales durch flüchtende Loyalisten während der Amerikanischen Revolution. Am Westende des St.-Lorenz-Sees beginnt bei der Stadt Prescott ein über hundert Kilometer langer Korridor durch baumbestandene Granithöcker auf dem Südsporn des Kanadischen Schildes: die sagenhaften Tausend Inseln des St. Lorenz.

Nach dem Passieren der Inselkanäle und des hochaufstrebenden Bogens der Ivy Lea Bridge, die Ontario mit dem Staate New York verbindet, erreichen die Schiffe als ersten wichtigen Hafen das historische Kingston, die «Kalksteinstadt». Als frühes Handelszentrum und Hauptstadt der alten Provinz Kanada in den vierziger Jahren des 19. Jahrhunderts liegt sie am obern Ende des St. Lorenz, eingangs des Ontario-Sees, wo sich auch die Eintrittspforte zum Rideau-Kanal befindet; der 1820 gebauten militärischen Wasserroute via Ottawa River nach Montreal. Andere Fragmente der Erinnerung an Kingstons vergangene Tage, als seine

Beziehungen zu Amerika weniger freundlich waren, sind der Martello-Turm und die Hügelbastion Fort Henry, eine Zitadelle und als lebendiges Museum vielbesuchte Touristenattraktion Ontarios. Heute ist Kingston Aluminium- und Textilstadt sowie Sitz des Royal Military College, des kanadischen Sandhurst oder West Point, ferner Queen's, der ältesten Universität der Provinz.

Westlich Kingston erreichen wir die Gartengrafschaft Prince Edward, eine von tiefen Buchten durchfurchte Halbinsel mit Sandstränden. Ein wichtiger Luftwaffenstützpunkt, ist Trenton gleichzeitig auch Südende des gleichnamigen Kanals, der den Ontario-See mit der Georgian Bay am Huron-See verbindet. Nachdem es früher eine wichtige Handelsroute war, ist das Trent-Wasserweg-System wie sein östlicher Nachbar, der Rideau-Kanal, nun Anziehungspunkt der Motorbootenthusiasten im Sommer. Peterborough unweit von Trenton am Kanal ist Zentrum der Elektronikindustrie, stellt Vergnügungsschiffe und Getreideprodukte her, letztere in der grössten Getreidemühle des Britischen Commonwealth. Die Schleusenanlage Peterboroughs ist Teil des Trent-Kanals und die höchste der Welt. Westlich Trenton längs der Ontario Beach wird die Küstenlinie des Ontario-Sees in kurzen Abständen von Kleinstädten wie Cobourg und Post Hope unterbrochen, die als einstige Getreidehäfen heute Herstellungszentren so verschiedener Produkte wie verarbeiteter Nahrungsmittel, Feinradium und Chemikalien sind. Östlich der Metropole Toronto liegt Oshawa, eine der vier Städte Ontarios, in denen nahezu sämtliche Fahrzeuge Kanadas hergestellt werden. Im nahegelegenen Pickering erheben sich die Anlagen eines mächtigen Atomkraftwerkes, das den Elektrizitätsbedarf einer Dreieinhalbmillionen-Stadt decken kann. Zwischen diesen Städten und Stadtkernen ziehen sich über das flachwellige Landesinnere Apfelplantagen hin und eines der bedeutendsten Tabakanbaugebiete Ontarios.

Toronto

Brennpunkt des wirtschaftlichen, politischen und sozialen Lebens Ontarios ist Toronto, die ausgedehnte Industrie- und Handelshauptstadt, in der ein Drittel der Provinzbevölkerung lebt. «Toronto» ist vom Huron-indianischen Wort für «Treffpunkt» abgeleitet und könnte für alle Verbindungslinien nicht zentraler liegen: Highways, Eisenbahnen und Luftlinien führen von hier strahlenförmig nach allen Teilen des Kontinents, und sein Naturhafen spielt eine hervorragende wirtschaftliche Rolle. Aus einer Blockhaussiedlung im ausgehenden achtzehnten Jahrhundert hat sich Toronto zur zweitgrössten Stadt Kanadas entwickelt und beherrscht heute mit Montreal den Handel der Nation.

Die auf einer Fläche von 620 km² ausgebreitete City setzt sich aus dreizehn Stadtbezirken zusammen und bildet als Metropolitan Toronto die Verwaltungseinheit. Im Stadtzentrum werden Royal York, das grösste Hotel des Britischen Commonwealth, und die Bank of Commerce, Kanadas ältester Wolkenkratzer, von den schwarzen Hochhaustürmen der Dominion Bank und anderen modernen Skyscrapern überragt. Längs der Stadtseite des

Hafens versorgen gewaltige Lagerhausanlagen, Getreidesilos und Öldepots mehr als tausendfünfhundert Schiffe aus fünfzig Ländern im Jahre. Bay Street, die von den Docks aus nordwärts verlaufende Handelsschlagader der City, ist Sitz der Toronter Börse, die, nach dem Volumen gehandelter Aktien, nur von der New Yorker Wall Street übertroffen wird. Unweit östlich davon führt parallel zur Bay Street die einstige Militärstrasse Yonge Street in ihrem südlichen Abschnitt zum Einkaufszentrum der Stadt. Westlich der Bay Street erreichen wir auf der University Avenue die roten Sandsteingebäude des Provinzparlaments im Queen's Park. Rings um die Legislatur gruppieren sich die Colleges, Schulen und Fakultäten der Universität mit fünfundzwanzigtausend immatrikulierten Studenten. Das Royal Ontario Museum an der Bloor Street ist die in ihrer Art umfassendste Hochschulinstitution Nordamerikas.
Im Zentrum überragt das Rathaus mit zwei konkaven Türmen Bay und Universität; die bassinförmige, längliche Plaza ist im Winter eine Eisbahn. Auf der einen Seite des Platzes verbirgt Osgoode Hall, Juristische Fakultät und gleichzeitig Gerichtsgebäude, ihre klassischen Säulengänge hinter schmiedeiserner Umzäunung. Weiter nördlich beherrscht die berühmte Casa Loma, romantische Rekonstruktion eines europäischen Schlosses, den niedrigen Hügelzug.
Längs des weitverzweigten Systems von Eisenbahnen und Highways, die alle nach Toronto führen, stehen zahllose Anlagen der Leicht- und Schwerindustrie: Viehhöfe, Chemiewerke, elektronische Firmen, Verlagshäuser, Maschinengeschäfte, Werkzeugfabriken und Vertriebsgesellschaften. Entsprechend dem nordamerikanischen Schema der Aufgliederung dehnt sich das Wohngebiet Torontos weit nach Norden, Osten und Westen aus. Doch hat die Abwanderung von den Vororten in die urbanen Zentren in letzter Zeit zu einer Neuentwicklung der Innenstadt geführt, wo baufällige Sektoren jetzt modernsten Apartmenthochhäusern weichen. Ausser der Provinzuniversität besitzt Toronto die städtische Hochschule York und insgesamt fünfhundert Elementar- und Sekundarschulen; damit wird der explosive Zuwachs der Bevölkerung seit Ende des Zweiten Weltkrieges veranschaulicht, die sich fast verdoppelt hat. Ins Gewicht fällt der Anteil europäischer Einwanderer, davon allein aus Italien eine Viertelmillion. Seit 1945 siedelten sich in Ontario mehr als die Hälfte der Neuankömmlinge an.
Auch kulturell ist Toronto bedeutend. Ausgezeichneten Ruf geniessen sein Symphonieorchester, seine Kunstgalerie, sein Ballett und die zahlreichen Theater, darunter das O'Keefe Centre der Innenstadt mit dreitausend Sitzplätzen. Besonders attraktiv sind ausserdem viertausend Hektaren gepflegter Parkanlagen und hundert öffentliche Schwimmbäder, von denen fünfzig das ganze Jahr geöffnet sind. Auf dem Gelände der Canadian National Exhibition am Seeufer findet der grösste Jahrmarkt Nordamerikas statt. Besonders erwähnt sei die neueste Errungenschaft der Stadt, Ontario's Centennial Centre of Science and Technology. In diesem Museum werden die wichtigsten Etappen des Fortschritts Kanadas seit der Konföderation von 1867 chronologisch festgehalten.
Nachdem sie die Stadt Richtung Norden verlassen hat, wird Yonge Street zur Durchgangsstrasse und kurvt über reiches, flachwelliges Farmland am pittoresken Gartental der

Holland Marsh vorbei bis Barrie am Simcoe-See und endet jenseits hoher Kiefern- und Ulmenwälder bei Midland an der Georgian Bay, dem Verschiffungshafen des westkanadischen Getreides. Durch diese Abkürzung kann die Welland-Kanal-Route umgangen werden, indem man an ihrer Stelle mit der Bahn nach Toronto zurückfährt. Die Wirtschaft Midlands war lange Zeit von den Hartholzwäldern seiner Umgebung abhängig, doch sind seit zwanzig Jahren Industrien mit der Herstellung von Plastik, optischen Instrumenten und Präzisionswerkzeugen beschäftigt.

Unmittelbar vor Midland passieren wir die naturgetreue Nachbildung des Fort Ste-Marie, des palisadenumsäumten Hauptquartiers der Jesuitenmissionare vor dreihundert Jahren. An die Ufer des Ontariosees zurückgekehrt, fahren wir an einem Stadtgürtel vorbei nach dem nahen Hamilton, dem Pittsburgh Ontarios, der drittgrössten Stadt der Provinz. Toronto International Airport auf halbem Wege zwischen den beiden Städten nimmt jährlich über drei Millionen Passagiere auf; hier landen und starten rund siebzigtausend Flugzeuge im Jahr.

Die landeinwärts den breiten Naturhafen säumenden Stahlwerke umhüllen Hamilton mit einem Rauchmantel und lassen bei Nacht das lodernde Feuer der Hochöfen gespenstig aufflackern. Hinter der Stadt selbst erhebt sich der «Berg», der Kalksteinwall der Niagarastufe; er zieht sich nordwärts zur Georgian Bay hin und trennt Südontario gleich einer Festung in zwei Teile. Westlich dieses Steilabbruchs fällt die Niagarahalbinsel allmählich zum Detroit River ab.

Niagarahalbinsel

Im Süden und Osten von Hamilton verläuft der «Berg» parallel zum Ontario-See, bis beide die Mündung des Niagara River erreichen: ein neues Segment unverteidigter Grenze zwischen Ontario und dem Staate New York. Im Schutze von Wasser und Abdachung liegt dieser «Fruchtkorb» Ontarios hingebettet, der Streifen roter Erde, auf dem die meisten Kernfrüchte Kanadas wachsen: Birnen, Pfirsiche, Kirschen und Trauben; gleichzeitig ist er Grundlage der kanadischen Weinindustrie. In diesem klimatisch unvergleichlichen Landstrich schiessen die Papiermühlen, Stahlgüterfabriken und Vororte der Industriestadt St. Catharines wie Pilze aus dem reichen Boden und drohen ihn in naher Zukunft ganz zu verschlingen.

Den Bergrücken von St. Catharines durchfliesst der Welland-Kanal und führt die Schiffe 100 m über die Steilböschung an den Niagarafällen vorbei zu den flachen, tückischen Wassern des Eriesees. Dicht hinter dem Berge, unmittelbar an der Mündung des Niagara River, verbirgt sich das idyllische Kolonialdörfchen Niagara-on-the-Lake, das die ersten Parlamentgebäude Ontarios des Jahres 1790, Navy Hall und Fort George, als Memorabilien einer bedeutenden Vergangenheit bewahrt. Hoch über der verschlafenen Siedlung erhebt sich am äussersten Rande des Bergzugs ein mächtiger Turm, der an den Tod des britischen Kommandanten Sir Isaac Brocks in der blutigen Schlacht auf Queenstone Heights im Jahre

1812 erinnert. Einen Steinwurf von diesem Denkmal entfernt stehen heute gewaltige Wasserkraftwerke.

Höher als das Kabel der Verbindungsbahn über der Whirlpool Gorge auf der Ontario-Seite des Niagara River schiesst ewiger Gischt vom Katarakt empor, wo die Wassermassen des berühmten Horseshoe-Falls auf einer Breite von achthundert Metern in die Tiefe stürzen. Von den flussseits gelegenen Oakes Gardens aus können die Niagarafälle gefahrlos betrachtet werden, ebenso auf der prächtigen Rainbow Bridge, die von Niagara Falls zu ihrer Namensschwester am New Yorker Ufer führt, und vom neuen Aussichtspunkt aus.

Auf ihrer Fahrt zu den offenen Gewässern des Eriesees dem immensen Katarakt entlang segeln die Schiffe durch die City von Welland am gleichnamigen Kanal dem Ausgang bei Port Colborne zu; westlich davon nimmt der Erie-See den mäandrierenden Grand River auf. In der Nähe Hamiltons wird die Stadt Brantford zum südlichen Anker der Kleinen Ruhr, einer beeindruckenden Kette von Industriestädten am Oberlaufe des Grand River.

In Brantford kam der Erfinder des Telephons, Alexander Graham Bell, zur Welt; von hier aus führte er im Jahre 1876 das erste «Ferngespräch» über eine Distanz von 12 km. Heute werden in Brantford Textilien, Möbeleinrichtungen und Farmgeräte hergestellt. Ihre Schwesterstädte Galt, Preston, Guelph und die «Siamesischen Zwillinge» Kitchener und Waterloo produzieren Chemikalien, Nahrungsmittel, schwere Maschinerie, Kautschuk- und Lederwaren, Möbel- und elektronische Einrichtungen. Waterloo besitzt zwei Universitäten; auch das nahegelegene Guelph hat seine eigene Hochschule.

In diesem oberen Teil des Grand River Valley löst waldreiches, welliges Hügelgelände die flachen Felder ab. Hier bewahrt die Bevölkerung ihr deutsches Erbe, das ihre mennonitischen Vorfahren um 1800 von Pennsylvanien nach Ontario brachten. Dieses ausgedehnte Industrieland, das in Oshawa beginnt und im Westen und Süden durch Toronto, Kleine Ruhr, Hamilton und Niagara dringt, wird Goldenes Hufeisen genannt; über ein Drittel aller kanadischen Herstellungsgüter werden hier erzeugt.

Inmitten eines blühenden Milchwirtschaftsgebietes westlich Brantford liegen Woodstock, Ingersoll und London. Letzteres ist eine schmucke Stadt mit Parkanlagen; hier münden zwei Seitenarme des Thames River ineinander und fliessen westwärts in den St.-Clair-See. Als Handelszentrum der Halbinsel ist London auch Sitz der Universität West-Ontarios. Stratford am Avon River nördlich London ist für seine weltberühmten Shakespeare-Festivals bekannt, die heute auch Konzerte, Opern, Jazz und Filme in ihr Programm miteinbeziehen. Die Festspiele wurden 1953 eröffnet.

Die gemeinsame Grenze Ontarios und der Vereinigten Staaten verläuft vom Detroit River in nordöstlicher Richtung quer durch den flachen St.-Clair-See in den Clair River, an den dockreichen Ufern des petrochemischen Zentrums Sarnia vorbei, bevor sie in den Huron-See führt. Seine Sandstrände auf Ontario-Gebiet sind ein bevorzugtes Ferienziel; sie erstrecken sich weit nach Norden, dem Westvorsprung der Halbinsel Bruce entlang, bis sie in Form einer felsigen Landzunge den See von der Georgian Bay trennen. Mit ihrer zerklüfteten, tief eingeschnittenen Küstenlinie zieht sich die Halbinsel südwärts. In Owen

Sound, einer dieser fjordartigen Einbuchtungen, liegt die Stadt gleichen Namens, bedeutend als Schiffbauzentrum und als Hafen. Im Süden schiebt sich das nördliche Ende der Niagara-Abdachung an den Wasserrand hinab und wird zum vorzüglichen Skigelände.

Der Weg nordwärts

Nördlich der Halbinsel Bruce und einer von Ost nach West mitten durch die Georgian Bay verlaufenden Linie liegt Nordontario. Dieses waldbedeckte, seenreiche Gebiet umschliesst sieben Achtel der Gesamtprovinz, aber nur einen Zehntel ihrer Bevölkerung. Dessenungeachtet ist Nord-Ontario die Schatzkammer der Provinz an natürlichen Reserven. Zwischen Georgian Bay und Ottawa River durchstreifen wir die Distrikte Parry Sound, Haliburton und Muskoka mit ihren Mischwäldern und Myriaden von Seen. Infolge der Nähe ihrer Absatzmärkte in Süd-Ontario sind diese endlos scheinenden Territorien lebenswichtige Zentren der Holzwirtschaft. Mit fast 8000 km² ist der Algonquin-Park im Bereiche Haliburtons die grösste der vielen Parkanlagen: von den Picknickstellen seitlich der Highways bis zu den bestausgerüsteten Campingregionen, die von der Provinzregierung unterhalten werden. Der Nipissing-See nördlich der Parry-Sound-Gebiete an der historischen Pelzhandelsroute von Montreal nach Westen ist einer der grössten Binnenseen Ontarios. Die Stadt North Bay an seinen Ufern ist heute eine mächtige Bomarc-Raketen-Basis.

Manitoulin Island am Nordufer der Georgian Bay ist die grösste Frischwasserinsel der Erde und scheint auf die schäumenden Stromschnellen von Sault Ste-Marie hinzuweisen. Die felsige Küstenlinie der Bucht auf der gegenüberliegenden Seite dieser Insel des «Grossen Geistes» ist stellenweise von Farmland unterbrochen; im Landesinnern sind es die grossen Lichtungen der Bergwerkstadt Sudbury, das 85% des Nickels der freien Welt produziert, oder der Uraniumstadt Elliot Lake. In Sault Ste-Marie übernehmen gewaltige Stahlwerke das Erz von den reichen im Ostwinkel des Oberen Sees gelegenen Minen Algomas. Soo mit seinen grossen Fichtenwäldern im Hinterland ist ein Papierzentrum, berühmt vor allem wegen seines Schiffskanals, des entferntesten Gliedes der St.-Lorenz-Kette. In den acht schiffbaren Monaten des Jahres bewältigt die Fahrrinne mehr Verkehr als die Kanäle Suez und Panama in einem Jahr.
Die Bevölkerung des weiten Gebietes Nord-Ontarios, das sich vom Quellbereich des Ottawa River bis zur Grenze Manitobas ausdehnt, ist in Minenstädten und Holzfällercamps längs des Kanadischen Schildes konzentriert. Für die Provinz bedeutet der Bergbau eine Milliardenindustrie, was man von ihrer Holzwirtschaft nicht behaupten kann; denn die ihre Oberfläche zu drei Vierteln bedeckenden Wälder sind eine Kronreserve, ein der Krone vorbehaltenes, sorgfältig verwaltetes Holzreservat, in dem nur mit besonderen Lizenzen und nach bestimmter Selektion geschnitten werden darf. Dieses Waldland überwacht ein Netz von Beobachtungstürmen, und Helikoptergeschwader stehen zur Bekämpfung von Waldbränden bereit; für die Wiederaufforstung im Sinne der Konservierung bestehen ausserdem

festumrissene Richtlinien. In Nordost-Ontario verbindet die provinzeigene *Ontario Northland Railway* North Bay mit den Hartgesteinsminen in Cobalt, New Liskeard, Kirkland Lake und Cochrane; der grosse Goldminenkomplex Timmins liegt nicht weit von der Hauptlinie der Northland entfernt. Moosonee am Ende des Schienenweges vor der James Bay ist der einzige Salzwasserhafen Ontarios. Weiter nördlich geht die James Bay in das grosse Binnenmeer Hudson Bay über.

Von North Bay und Sudbury aus winden sich die *Canadian Pacific* und die *National Railways* westwärts am Oberen See vorbei durch eine Wildnis von Fichtenwäldern, Seen und Sumpfmoorland, wo Schwarzbär, Rentier und Wolf die Szenerie beleben. Als südlichste der Transkontinentallinien hält sich die Canadian Pacific auf ihrem Westkurs nahe der Felsenküste und erreicht Hunderte von Kilometern später die Zwillingsstädte Port Arthur und Fort William, das heutige Thunderbay. Fort William war historischer Treffpunkt der sagenhaften Handelsfürsten zur Pelzhandelszeit Montreals. Auf halber Distanz zwischen Atlantik und Pazifik liegen an ihrem ungeteilten Ufer Papiermühlen, Docks zur Verladung von Erzen und dreissig Silo-Elevatoren mit einem Fassungsvermögen von 100 Millionen Bushels; hier wird das Getreide der Prärieprovinzen für die Transatlantikfrachter gelagert.

Von ihrer nördlicheren Route durch die Seegebiete Nordwest-Ontarios zweigt eine Nebenlinie der Canadian National zu den Uferstädten und wird zur Konkurrentin der Canadian Pacific, die nordwärts nach Winnipeg, Kenora und der amerikanischen Grenze entlang via Fort Frances zum Rainy River am gegenüberliegenden Ende des Kenora-Wälder-Sees führt, hart an der Grenze Manitobas.

Quebec

Die grösste Provinz Kanadas ist heute eines der faszinierendsten Gebiete Nordamerikas. Ihre hervorstechende Eigenschaft ist der Kontrast, der überall augenfällig zutage tritt. Montreal mit seiner Skyline moderner Wolkenkratzer ist von kleinen Dörfern umgeben, die sich um ihren Kirchturm scharen, der während Generationen das Mass aller Dinge in Quebec war. Der kosmopolitische Dynamismus der Stadt wird teilweise aufgewogen von einer ländlichen Lebensweise, die auf dem Pfarrbezirk beruht und dessen weitgehender Kontrolle allen Tun und Lassens.

In der Provinzwirtschaft bestehen neben den dominierenden industriellen Körperschaften kleinste Familienunternehmen fort, die um ihr Dasein ringen und den Prozess der Zentralisation nicht wahrzunehmen scheinen. Als früher solidestes Bollwerk des privaten Unternehmertums beginnt sich Quebec heute mehr und mehr einer Art Zentralplanung französischen Typs zuzuwenden.

Ethnisch gesehen stehen dem gleichmütigen anglokanadischen Bankier der St. James Street Montreals der unbeschwerte Farmer aus der Beauce südlich Quebec-City gegenüber, dessen Vorfahren Franzosen waren; der hochintelligente frankokanadische Staatsbeamte, der Quebec aus dem Provinztum herausheben möchte, und der verdriessliche Handelsmann englischer Herkunft der Gaspé-Halbinsel oder des Gatineau-Gebietes, der den raschen Wandel seiner Umwelt mit einiger Panik verfolgt.

Diese Zeichnung der Kontraste ist natürlich vereinfacht; sie werden im Zuge der Entwicklung auch immer stärker verwischt. Der Einfluss der Stadt auf das Land gewinnt sichtbar die Oberhand, und dessen Urbanisierung macht deutliche Fortschritte. Die Bildung und Isolierung von Volksgruppen nach ihrer nationalen Zugehörigkeit wird bald ein Ende nehmen, wie auch die täglichen Gewohnheiten sich zunehmend ändern. Frankokanadier, die zweihundert Jahre lang den strengen Traditionalismus verkörperten, sind kühne Erneuerer geworden. Die grundlegende Wandlung, die sich heute in Quebec vollzieht, wird als die Ruhige Revolution bezeichnet.

Dieser paradoxe Begriff ist ein Hinweis dafür, dass die Ära der Vielgestaltigkeit noch nicht zu Ende ist. Das heutige Leben in Quebec ist beherrscht vom Gegensatz zwischen dem mächtigen Drängen nach Komplexität und Pluralismus und der ärgerlichen, wenn auch nachlassenden Reaktion all jener Provinzbewohner, die der religiösen, wirtschaftlichen oder politischen Tradition bisher stillschweigend folgten. Diesem Dilemma sieht sich nicht nur Quebec gegenüber; doch haben es die meisten der mitbetroffenen Gemeinschaften bereits überwunden oder sind auf dem Wege dazu. Was den ganzen Prozess aus dem üblichen Rahmen heraushebt, ist die beispiellose Intensität, mit der die Bevölkerung Quebecs sich zu wandeln anschickt. Die freudige Aufgeschlossenheit der modernen Generation verleiht dieser ältesten europäischen Gemeinschaft Nordamerikas eine jugendliche Beschwingtheit, an der gemessen das Englisch sprechende Kanada altmodisch erscheint. Trotz der uneindämmbaren Entwicklung auf nahezu allen Gebieten Quebecs wird mindestens einer der Gegensätze in absehbarer Zukunft bestehen bleiben: das Verhältnis der Bevölkerungszahl zur physischen Grösse der Provinz. Mit einer Fläche von anderthalb Millionen Quadratkilometern ist sie nicht nur die räumlich grösste Konföderierte des Landes, sondern, wenn wir von den Zentralregierungen Kanadas und der Vereinigten Staaten absehen, zugleich das umfassendste politische Gebilde Nordamerikas. Auf einem Bereiche von dreimal der Oberfläche Frankreichs lebt ein Volk von rund sieben Millionen Einwohnern, und mit Ausnahme der rund fünftausend Indianer und Eskimos ist Nord-Quebec kahles, unbewohntes Tundrenland, das selbst die Trapper nicht kennen.

Der Süden

Diese Bezeichnung kann verschieden gedeutet werden. Die meisten Bewohner Kanadas betrachten den Süden Quebecs als Fernen Osten. Ist das Klima hier auch milder als in der Arktis, so bleibt es, verglichen mit andern Zonen des Kontinents, doch äusserst gegensätzlich. Die Winter sind kälter und länger, die Sommer kürzer als irgendwo in Kanada. Gilles Vigneault beschreibt seine Heimat Quebec mit: «Mon Pays n'est pas un pays, c'est l'hiver».
Trotz seinen endlosen Weiten ist die physische Geographie Quebecs nicht auffallend kontrastreich. Die Bodenerhebungen reichen bis auf 1000 m, und nördlich von Quebec-City, längs der Ufer des St. Lorenz, zeigt die Landschaft zahlreiche Klüfte. Vergleichen wir sie mit den Kordilleren der Westküste, dann erscheinen die alten Berge hier als Hügel. Wenn Quebec auch die starke Flächenausdehnung der drei Prärieprovinzen fehlt, so beherrschen auf Tausenden von Quadratkilometern seine Wälder das Landschaftsbild. Von den Waldlichtungen aus überblickt man ein leicht gewelltes, von grösseren Hügeln durchzogenes Land, das an das französische Burgund erinnert.
In einer Hinsicht unterscheidet sich Quebec von den andern Provinzen: Es wird vom majestätischen St.-Lorenz-Strom durchflossen, der das Land, einem gigantischen Silbermesser gleich, in zwei Teile trennt. Dieser Fluss, der die Grossen Seen mit dem Atlantik verbindet, hatte für Quebec schon immer Bedeutung. Im 17. Jahrhundert war er den Gründern Neufrankreichs Wasserweg und Hauptstrasse, und bereits damals stellte er gleichzeitig die einzige ausserordentliche militärische, soziologische und wirtschaftliche Lebensbasis dar. Heute ist er mehr denn je zum lebenswichtigen Faktor eines Volkes geworden, das zu 90% in seiner unmittelbaren Nähe wohnt. Seitdem der St.-Lorenz-Seeweg 1959 Wirklichkeit wurde, dringen Ozeanschiffe in das Herz des Kontinentes vor.
Der St. Lorenz ist aber nicht der einzige wichtige Fluss in einem Gebiete, das seinen Titel Schöne Provinz dem Reichtum an Wäldern, Flüssen und Seen verdankt. Zwei andere bekannte sind der Ottawa River, der Quebec im Westen vom benachbarten Ontario trennt, und der Saguenay, der, vom grossen Inlandsee St. John her fliessend, in den St. Lorenz mündet. Seine Buchten und Klippen, die ihn nordöstlich von Quebec-City hoch überragen, können wir als verkleinerte Fjorde beschreiben.

Neufrankreich und die Legende vom Lande

Trotz ihrer Ausstrahlung und gelegentlichen Grösse ist es nicht die Landschaft, die Quebec das besondere Gepräge gibt: es ist das in mancher Beziehung einzigartige Volk. 81% der Einwohner Quebecs sprechen Französisch, davon ist die überwiegende Mehrzahl frankokanadisch oder, wie sie sich selbst nennt, *canadienne*. Es sind die Abkömmlinge der 65000 Kolonisatoren Neufrankreichs, die dort verblieben waren, als die Siedlung nach 1759 in britischen Besitz überging. Innerhalb von nahezu zweihundert Jahren entstand daraus eine Volksgruppe von acht Millionen Menschen, die sowohl in Kanada wie in den Vereinigten Staaten leben. Für die meisten von ihnen blieb die Heimat jedoch Quebec, in dem sie die Bevölkerungsmehrheit besitzen.

Seit früher Zeit wurden die Canadiens nicht nur als von den englischen Kolonisten verschieden betrachtet, sondern schon im 17. Jahrhundert auch von ihren Cousins in Frankreich. Sie waren unabhängigen Geistes, verwegen und passten sich dem gefahrvollen Leben in der Kälte der kanadischen Wälder auf das beste an. Sie waren die Männer Neufrankreichs, die als erste das Mississippi-Tal durchstreiften und von deren früher Anwesenheit im Mittleren Westen Namen wie Duluth und Detroit zeugen. Vor allen andern waren sie in jenem Teile aktiv, den man heute den weiten Kanadischen Westen nennt, und während einiger Zeit schien es wirklich so, als würde Nordamerika nicht englisch, sondern französisch werden. In zahlreichen Kämpfen zwischen Engländern und Franzosen brachten französische Waffen oft die Entscheidung.

Das Schicksal und die Politik des französischen Hofes in Versailles bestimmten es jedoch anders. Als um die Mitte des 18. Jahrhunderts die entscheidenden Schlachten geschlagen wurden, begann sich die freiere Einwanderungspolitik der englischen Regierung auszuwirken. Bald standen weniger als siebzigtausend französische Kolonisten annähernd zwei Millionen Engländern im Süden gegenüber. Trotz dem Heroismus der französischen Truppen konnte über den Ausgang des Krieges kein Zweifel bestehen. Die endgültige Regelung erfolgte im Vertrag von Paris des Jahres 1763, in dem sich Frankreich zur Abtretung Ost-Kanadas und des heutigen Quebec an England verpflichtete.

Für die von einem nach Religion und Sprache fremden Gegner bezwungene Bevölkerung Neufrankreichs begann eine Zeit der Prüfung. Das zweihundert Jahre dauernde Ringen um die Erhaltung ihrer Identität war lange Zeit ein Kampf um das blosse Überleben und eine Abwehr der Angriffe auf französische Kultur und Religion. In diesem düsteren Zeitabschnitt entwickelte sich eine an Wesenseinheit grenzende Allianz zwischen französischem Kanadianismus und römischem Katholizismus, bei welcher die Sprache zur Hüterin des Glaubens, der Glaube zum Hüter der Sprache wurde. Die Führung ging vom Klerus aus, ohne dessen Inspiration das Überleben nicht möglich schien. Aus diesem Grunde wäre es noch vor kurzem durchaus keine Übertreibung gewesen, Französisch-Kanada als eine Theokratie zu bezeichnen oder, in der schärferen Variante kanadischer Eingeweihter, als «die von Priestern gerittene Provinz». Doch ändert sich heute auch darin vieles. Einer der dornenvollsten Aspekte der Ruhigen Revolution besteht gerade in der Neueinschätzung der

Rolle der Kirche, nachdem sich die wachsende Erkenntnis verbreitet, dass der Überlebenskampf nun gewonnen ist.

Das lange Ringen zeitigte auch andere Resultate. Eines der bedeutungsvollsten ist die Umwandlung des Wertes, den man bisher der Erdscholle beigemessen hat. Zweihundert Jahre lang hielten die frankokanadischen Führer ihr Dogma vom Ackerland als der einzigen wirklichen Quelle von Reichtum und Macht aufrecht. Sie liessen es zu, dass Industrie, Wissenschaft und Finanzwesen in andern Händen lagen. Als soziales Ideal verkündeten sie den Frankokanadiern die enge Gemeinschaft kinderreicher Familien auf dem Bauernhofe unter der Aufsicht des örtlichen Curé. Manchenorts garantiert noch jetzt nicht ein Dorf- oder Gemeinderat die Einheit sozialer Führerschaft, sondern die Pfarrei.

Dieses Festhalten am landwirtschaftlichen Schicksal der Frankokanadier und an der moralischen Überlegenheit des Landlebens war noch 1959 das politische Credo eines Provinzialpremiers. Dieser Leitgedanke war im Grunde schon seit Beginn dieses Jahrhunderts mit der Wirklichkeit nicht mehr im Einklang; bereits damals hat Quebec aufgehört, überwiegend ländlich zu sein. Heute ist seine Gesellschaft weitgehend urban und lebt zu drei Vierteln in Städten.

Montreal

Im Mittelpunkt jeder Fortentwicklung der Provinz steht Montreal, die grösste Stadt des Landes. Mit ihren über 2,7 Millionen Einwohnern ist sie das Zentrum sowohl des Handels und der Industrie als auch der Schönen Künste weit über Französisch-Kanada hinaus. Wenn wir Montreal als zweitgrösste Französisch sprechende Stadt der Welt bezeichnen, müssen wir den Eindruck präzisieren, den diese Beschreibung erweckt: sie ist vielmehr eines der grössten kosmopolitischen Zentren der Erde. 70% seiner Einwohner sprechen Französisch, für 30% ist Englisch Mutter- oder, da sie im täglichen Umgang gesprochen wird, Alltagssprache. Ausser den grossen französischen und englischen Gemeinschaften leben in Montreal zahlreiche Juden, Ukrainer, Italiener und Angehörige anderer Rassen. An zwei seiner drei Universitäten wird in englischer Sprache unterrichtet, und zwei seiner einflussreichsten Tageszeitungen erscheinen nur in dieser Sprache. In der Innenstadt hören wir Englisch ebensooft wie Französisch, und es gibt hier Enklaven als Städte innerhalb der Stadt wie Westmount mit vorherrschend englischer Atmosphäre. Die physischen Charakteristika Montreals sind der St.-Lorenz-Strom, der rings um die Insel fliesst, auf der die City steht, und der *Mont Royal*, dem die Stadt ihren Namen verdankt und der sich mit bewaldeten Parkanlagen und herrlichem Ausblick inmitten der Metropole erhebt.

Für europäische Begriffe ist Montreal eine junge Stadt; aus amerikanischer Sicht schulden wir ihrer Geschichte Respekt. Sie wurde am 18. Mai 1642 von vierzig Untertanen des Königs Louis XIII. gegründet, deren Vorhaben die Errichtung einer Missions- oder Handelsstation war. Welche dieser beiden kulturell unterschiedlichen Absichten ursprünglich geplant war, blieb in den folgenden Jahren die Streitfrage. Doch bevor schliesslich der Handel vor der

Religion den Sieg davontrug, beansprucht die Tatsache überragendes Interesse, dass Montreal westlicher Vorposten des belagerten Neufrankreich war, das dauernd Angriffe der kriegerischen Irokesenstämme abzuwehren hatte, die während über hundert Jahren den französischen Kolonisten zu schaffen machten. Trotzdem sie die Stadt nie erobern konnten, plünderten die Indianer wiederholt die umliegenden Ortschaften, und ihre Raubzüge blieben für die Siedler der westlichen Bastion der Kolonie ein ständiger Gefahrenherd.

Allen Misshelligkeiten zum Trotze, einschliesslich einer kurzen Besetzung durch Truppen im Laufe der Amerikanischen Revolution und eines Brandes, dem 1852 die halbe Stadt zum Opfer fiel, wuchs Montreal nach der britischen Eroberung zur Handelskapitale und zum Meerhafen heran. Sie wurde auch bald zur Vergnügungsstadt und erwarb sich im 19. Jahrhundert den Ruf eines Kleinen Babylon. Dieses hübsche Attribut blieb nach kurzer Zeit vergessen, doch hielt sich ihr anderer Beiname, Nordamerikanisches Paris, bis auf den heutigen Tag: die Stadt der Sünde im Gegensatz zu Toronto, der tugendhaften. Die Legende führt uns zum Teil in die Ära der Prohibition zurück, als die gesamten Vereinigten Staaten und weite Gebiete Kanadas an Alkohol trockenlagen und Montreal die einzige grössere Stadt war, wo liberale Gesetze mit Alkohol Nachsicht übten.

Auch heute unterhält man sich gut in Montreal. Die Art der Vergnügungen ist verfeinert worden, und sie sind in einen Hauch kosmopolitisch-weltstädtisches *savoir-vivre* gehüllt. So haben sich den erhalten gebliebenen Bars einige der besten Restaurants des Kontinentes beigesellt, und umfassendes Kulturleben strömt aus der modernen Place des Arts im Zentrum der City. Kunstgalerien und Konzertgruppen, darunter ein erstklassiges Symphonieorchester, Theater und internationale Filmfestivals tragen erfolgreich dazu bei, den früheren Handelsposten den Städten Europas anzugleichen und wenn immer möglich eine echte Pariser Atmosphäre zu schaffen.

Auch auf anderer Ebene ist Montreal mit der französischen Hauptstadt recht wesensverwandt. In allen Bereichen ist sie zum Brennpunkt der Aktivität innerhalb der Provinz geworden. Ihr intensives kulturelles, industrielles, intellektuelles und handelspolitisches Leben gibt ihr die Anziehungskraft eines Magneten, der aus allen Provinzregionen das Beste an einem Punkte vereinigt. Wie Paris ist Montreal Ziel der meisten aufgeweckten Köpfe auch der ländlichen Gebiete, wo man sie möglicherweise dringender benötigte, und wie in Paris kommen zu den Problemen, die sie löst, einige neue hinzu.

In einer Beziehung ist Montreal in striktem Sinne nordamerikanisch geblieben: sie wird von Wolkenkratzern regiert. Majestätischstes aller Gebäude ist die in Kreuzform angelegte *Place Ville Marie*, ein über hundertachtzig Meter hoher Betonturm mit Verwaltungsdepartementen, Restaurants, Lichtspieltheatern und unterirdischen Shopping-Promenaden. Es ist nicht das einzige seiner Art; andere sind hinzugekommen. New York oder Paris? Montreal hält die Mitte. Doch wird sie durch ihre besondere Atmosphäre, die eine Mischung von Modernität, Kosmopolitismus und Charme ist, zu einer der grossen Städte Nordamerikas werden.

Quebec-City

Mit Montreal verglichen, ist die Provinzkapitale von ruhiger Gesetztheit; sie bleibt vor allem Beamten- und Universitätsstadt, Sitz der Regierung und der Laval-Hochschule. Trotz ihren 480 500 Einwohnern ist *Metropolitan Quebec* von diesen Institutionen geprägt. Die Stadt hat wenig Industrie, und obwohl auch ihr Handelsvolumen durchaus bemerkenswert ist, kann sie in keiner Weise mit Montreal konkurrieren.

Die Bedeutung Quebecs und das Interesse, das sie verdient, beruht auf andern Faktoren. Als Zentrum der Provinzregierung ist die Stadt automatisch politischer Brennpunkt Französisch-Kanadas; sie hält, mit andern Worten, in diesen Tagen des Umbruchs im Lande eine strategische Schlüsselstellung inne. Rein äusserlich gilt diese einzige von einer Wallmauer umgebene Stadt Nordamerikas als eine der attraktivsten des Kontinents, und die engen Strassen und Gassen im ältesten Stadtteil sind greifbare Fragmente ihrer Geschichte geworden. Wohl wurden alle heute erhaltenen Gebäude nach der 1608 durch Samuel Champlain erfolgten Gründung der Stadt gebaut. Doch bleiben genügend Überreste aus den frühen Tagen des französischen Regimes, die Einblick in den ursprünglichen Charakter der ersten permanenten Siedlung Kanadas gewähren.

Dabei hilft ihr die Topographie. Besonders vom St. Lorenz aus ist die scharfe Trennung zwischen Oberer und Unterer Stadt deutlich sichtbar, wo die kleinen Türme des imposanten Château Frontenac auf dem hohen Vorgebirge die höchsten Häuser der Unterstadt überragen. Und niemand, der von den alten Handelsstrassen in der Tiefe zur europäischen Oberstadt emporstieg, wird den «Charme der urbanen Landschaft» vergessen, wie ihn ein französischer Autor des 18. Jahrhunderts beschrieb.

Seit früher Zeit blieb die Obere Stadt den begüterten Schichten vorbehalten. Heute ist sie weit über ihre Mauern hinausgewachsen, die man im 19. Jahrhundert in Befürchtung eines amerikanischen Angriffs baute, ohne dadurch den Charakter der Stadt zu verändern. Trotz allen Wandlungen im Laufe ihrer dreihundertjährigen Geschichte ist dieser Stadtteil Privileg der besitzenden Klasse geblieben.

Das jährliche Hauptereignis von Quebec-City findet seltsamerweise im Winter statt: der Karneval, der im Monat vor Beginn der Fastenzeit Zehntausende von Besuchern anzieht. Sportveranstaltungen aller Art werden abgehalten, von Kindereishockeyturnieren bis zu Motorbootrennen auf dem eisigen St. Lorenz. Ungeachtet des kalten Wetters spielt sich das Treiben im Freien ab und tanzt man auf den schneereichen Strassen. Das Finale besteht in einer nächtlichen Parade unter Musikklängen durch die geschmückten Strassen der Oberen Stadt. Bei dieser Prozession nehmen die Karnevalskönigin und ihre Herzogin, die beide eines der alten Quartiere der City vertreten, die Huldigungen des Volkes entgegen. Anschliessend begibt man sich zum *Cariboo Drink*, einem feurigen Trank aus starkem Alkohol, nach Hause.

Obgleich in seiner heutigen Form kaum älter als zehn Jahre, beruht der Karneval auf einer Tradition von Jahrhunderten. Früheste Quellen Quebecs weisen auf vorfastenzeitliche

Feiern und Trinkgelage hin, die mit der Hoffnung verbunden waren, die Unbill der Witterung mildern zu können. Der Begriff des *Carnaval* wurde schon im 17. Jahrhundert mit diesen Festlichkeiten in Beziehung gebracht.

Tourismus und Industrie

Auf halbem Wege flussaufwärts Richtung Montreal liegt Trois-Rivières, dessen Name sich auf drei Arme bezieht, in die sich der benachbarte St. Maurice River kurz vor seiner Mündung in den St. Lorenz teilt. Es ist eines der führenden Papierzentren der Welt und eine bedeutende Metallurgiestadt, die kurz nach ihrer Gründung im Jahre 1634 bereits Eisenwerke besass. An ihre frühen Stätten erinnert heute eine der Hauptstrassen, *Rue des Forges*. Während die Bezeichnung *Vieille Capitale* für Quebec als Hauptstadt der ganzen Provinz gilt, ist Trois-Rivières *Capitale de la Mauricie*, des Tales des St. Maurice River.
Im Norden und Westen von Montreal liegt das ausgedehnte Provinzgebiet Abitibi. Ein Land von Wäldern, Minen und spärlicher Landwirtschaft, wurde es in den zwanziger Jahren dieses Jahrhunderts von einer neuen Art Pionieren erschlossen. Heute leben zweihunderttausend Menschen vom Ertrag der Basisindustrien, die sich an diesem Orte entwickelt haben, wo im Jahre 1911 weniger als hundert Menschen wohnten.
Unterhalb Abitibi liegt südwestlich von Quebec jenseits des Ottawa River gegenüber der gleichnamigen Bundeshauptstadt Kanadas das 63 580 Einwohner zählende Industriestädtchen Hull, das allzu nahe bei Ottawa gelegen ist, als dass es sich zu eigener Persönlichkeit hätte entwickeln können. Es ist das Tor zum seereichen, als Ferienregion zunehmend bevorzugten Gatineau-Park.
Eine Stadt, die sich keinen Problemen gegenübersieht, wie sie grosse Nachbarorte mit sich bringen, ist Chicoutimi, Hafen und Handelszentrum des Saguenay-St-Jean-Gebietes. Auch andere Städte und Dorfschaften sind nahe dem grossen Inlandsee St. John im südlichen Zentralabschnitt Quebecs gelegen; doch kommt Chicoutimi mit seinen 55 000 Einwohnern an günstiger Lage längs des Saguenay River die unbestrittene Rolle einer Metropolis zu. Bis um die Mitte des 19. Jahrhunderts blieb das Gebiet unbesiedelt. Nach 1850 begannen zahlreiche Kolonisten ins Land zu strömen, in dem sie ein gemässigtes Klima und brauchbares Ackerland vorfanden. Auch heute noch lebt die Region vorwiegend aus Landwirtschaft und Forstwesen, doch kamen Industrien hinzu. Die bedeutendste ist die Aluminiumindustrie, die Arvida ins Leben gerufen hat, eine Stadt mit 25 000 Einwohnern.
Jenseits der Halbinsel Gaspé und des Unteren St. Lorenz dehnt sich die trostlose Gegend La Côte Nord aus. Es ist ein Gebiet von Flüssen, Wäldern und Felsen und war vor wenigen Jahren noch kaum bewohnt. Heute haben sein hydroelektrisches Potential und die Zunahme der Bergbautätigkeit im Innern die Lage völlig gewandelt und zu raschem Bevölkerungsanstieg geführt. Ein Beispiel ist die Stadt Sept-Iles, 640 km nordöstlich von Quebec-City. Innert zehn Jahren ist die Zahl ihrer Einwohner von 2000 um das Zehnfache gewachsen und steigt unvermindert an. Doch endet die Strasse immer noch elf Kilometer östlich dieser

Pionierstadt, und eine Anzahl Küstendörfer sind nur mit Schiff oder Flugzeug erreichbar. Aber selbst diese kleinsten Gemeinschaften mit Namen wie Havre St. Pierre beginnen sich allmählich aus ihrer Isolierung zu lösen.

Am nahezu äussersten andern geographischen und zum Teil auch klimatischen Ende liegt jener Teil der Provinz, der sich südöstlich des St. Lorenz hinzieht. Hier, in den Distrikten La Beauce, La Chaudière und Les Bois Francs, breitet sich eine Weidelandschaft mit sanften Hügelzügen aus, wo Ackerbau und Molkereiwirtschaft vorherrschen. Diese Region ist als *Eastern Townships* überliefert. Der Name fand vor fast zweihundert Jahren allgemein Verwendung, als die britische Regierung kanadisches Land an Siedler abtrat, die während der Amerikanischen Revolution hierher geflüchtet waren. Der Begriff *Eastern* wurde damals zur Unterscheidung des Quebec-Landes vom westlich davon gelegenen Ontario-Land gebraucht. Die Einwanderungswelle durch diese Loyalisten des Vereinigten Imperiums gab den östlichen Grafschaftsbezirken britisches Gepräge, das in einigen Gemeinden auch heute fortdauert. Trotzdem die Frankokanadier nun eine starke Mehrheit bilden, bestehen englische Ortsbezeichnungen weiterhin in grosser Zahl, und in einigen Counties beträgt das englische Bevölkerungselement oft 50%.

Haupthandelszentrum ist Sherbrooke, das dieses von zwei Völkern geprägte Gebiet symbolisiert. Obschon das Verhältnis Französisch zu Englisch in Sherbrooke rund sechs zu eins beträgt, sorgen die vielen englischen Städte und Dörfer der Umgebung für einen gewissen Ausgleich. Die Stadt besitzt je eine in Englisch und in Französisch unterrichtende Universität, ebenso eine englische und eine französische Tageszeitung. In den Bergwerken von Asbestos und in den Thetford Mines produziert Kanada rund vier Fünftel des Asbestes der Erde.

Würde es eines Symbols bedürfen, die Kompliziertheit der Natur Quebecs auszudrücken, wäre diese Französisch sprechende Stadt mit dem englischen Namen besonders geeignet. In Sherbrooke wie in der Provinz, der sie zugehört, schafft die Verschiedenartigkeit Probleme; doch spiegelt sie auch den ganzen Zauber Quebecs wider, dieses kleinen Ebenbildes des grossen Kanada.

---

115 Bis vor vierzig Jahren versah dieser Heckraddampfer noch seinen Dienst
116 Tundra im Norden Kanadas bei Tuktoyaktuk, Nordwest-Territorien
117 Jäger mit Trophäen vor ihrem Wasserflugzeug, Neufundland
118 Eskimojäger am Ward Inlet, Baffin Island
119/120 Goldwäscher und ihre Ernte, die «Nuggets»
121 Bonanza Creek, das ehemalige Paradies der Goldgräber, wie es heute aussieht!
122 Bahnstation Carcross der White Pass and Yukon Railway, Yukon-Territorium
123 Barkerville, die Goldgräberstadt Britisch-Kolumbiens
124 Motiv aus Dawson City, der Stätte des berühmtesten Goldrausches aller Zeiten
125 Barkeeper im hohen Norden
126 Verfallenes Haus in Dawson City

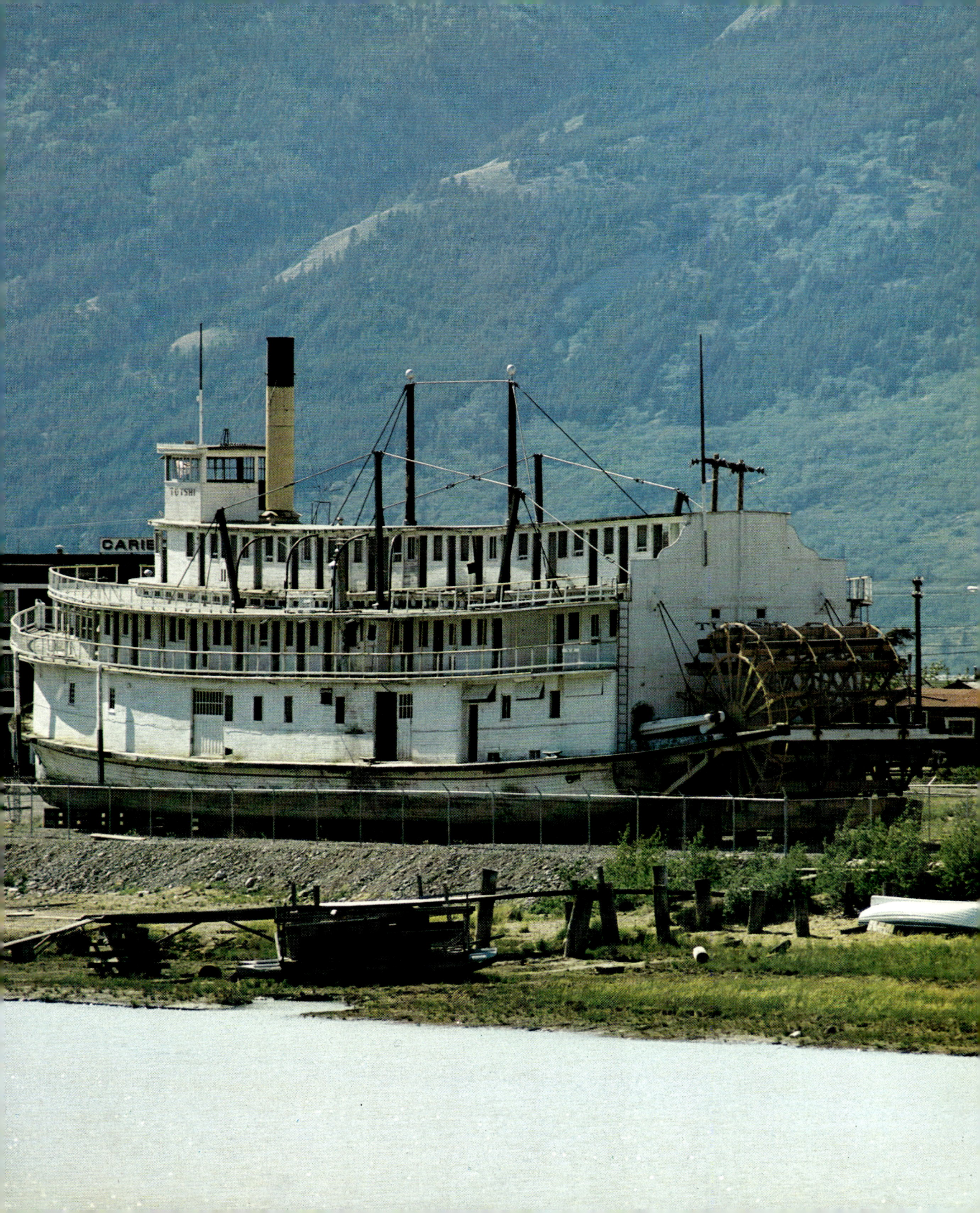
TUTSHI

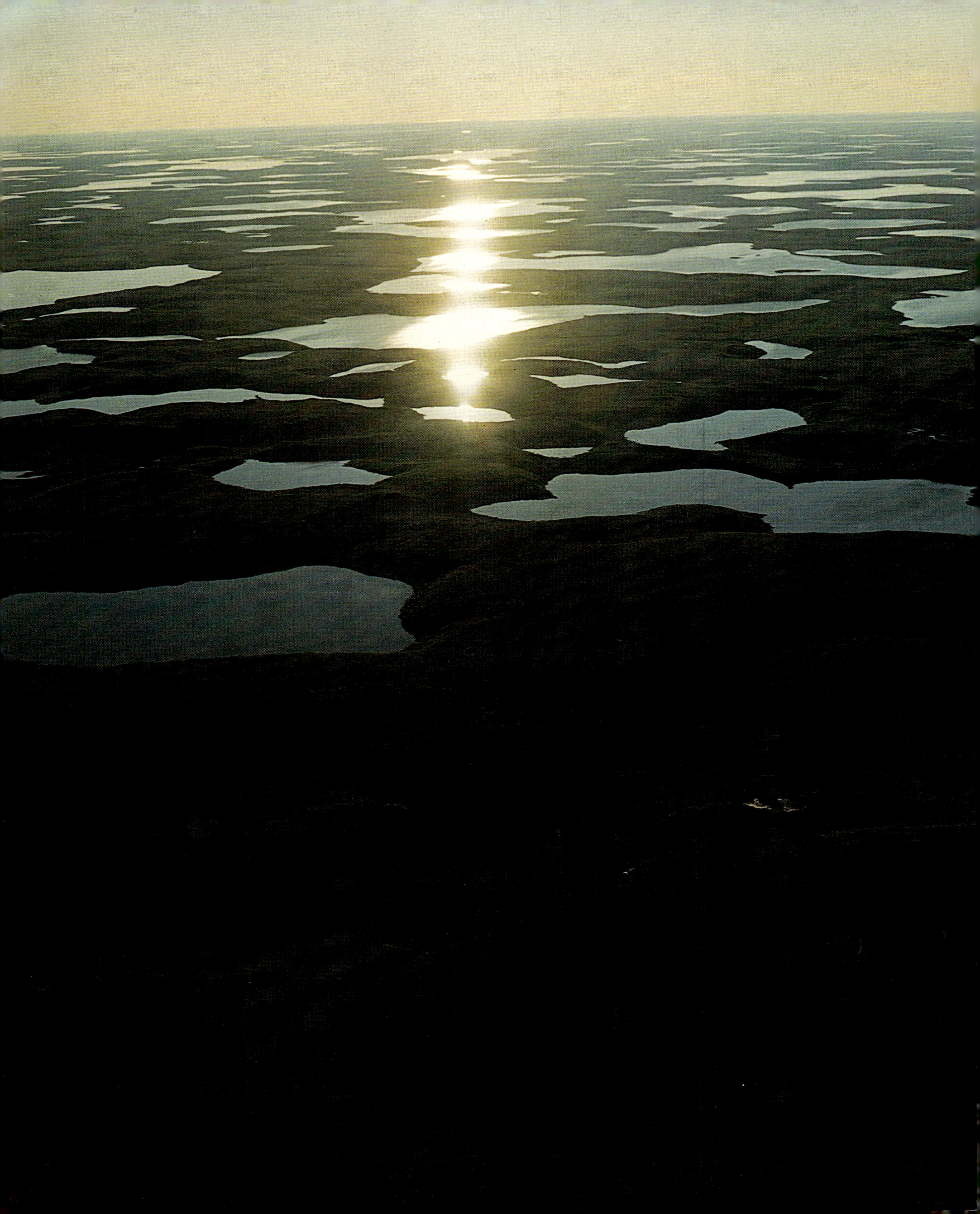

117

118

119
120
121

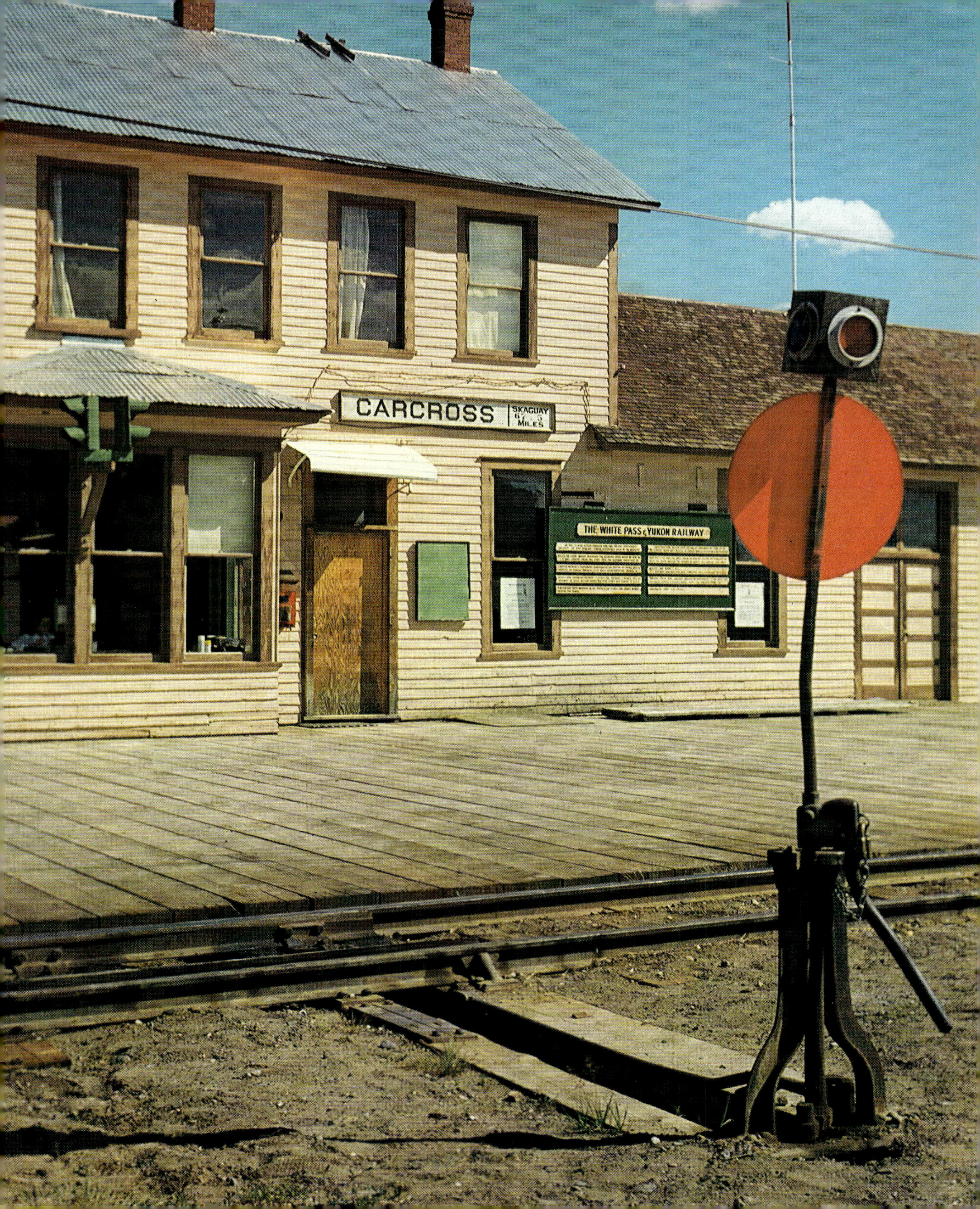
CARCROSS
SKAGUAY 67.5 MILES
THE WHITE PASS & YUKON RAILWAY

123

124

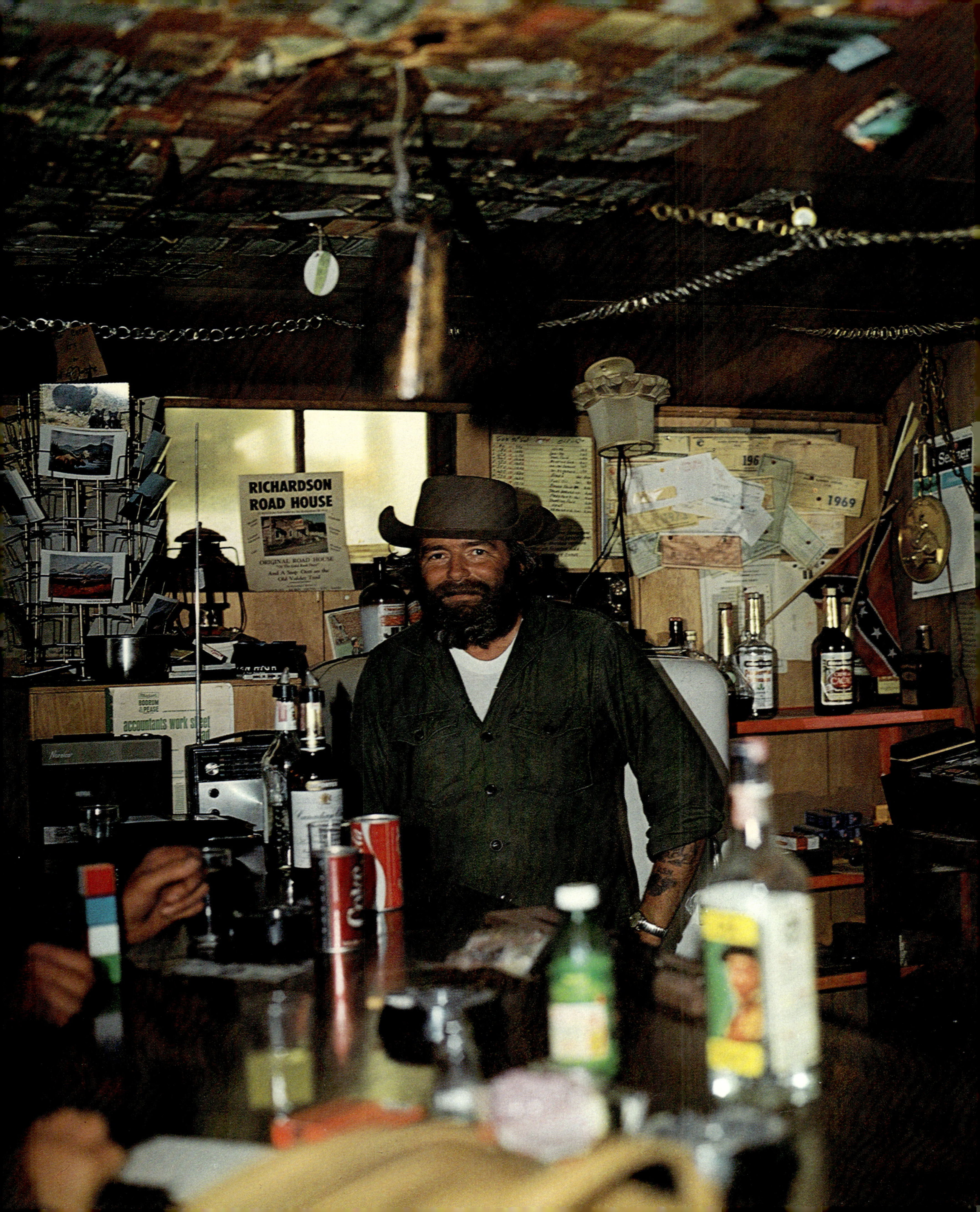
RICHARDSON
ROAD HOUSE
accountants work sheet
1969

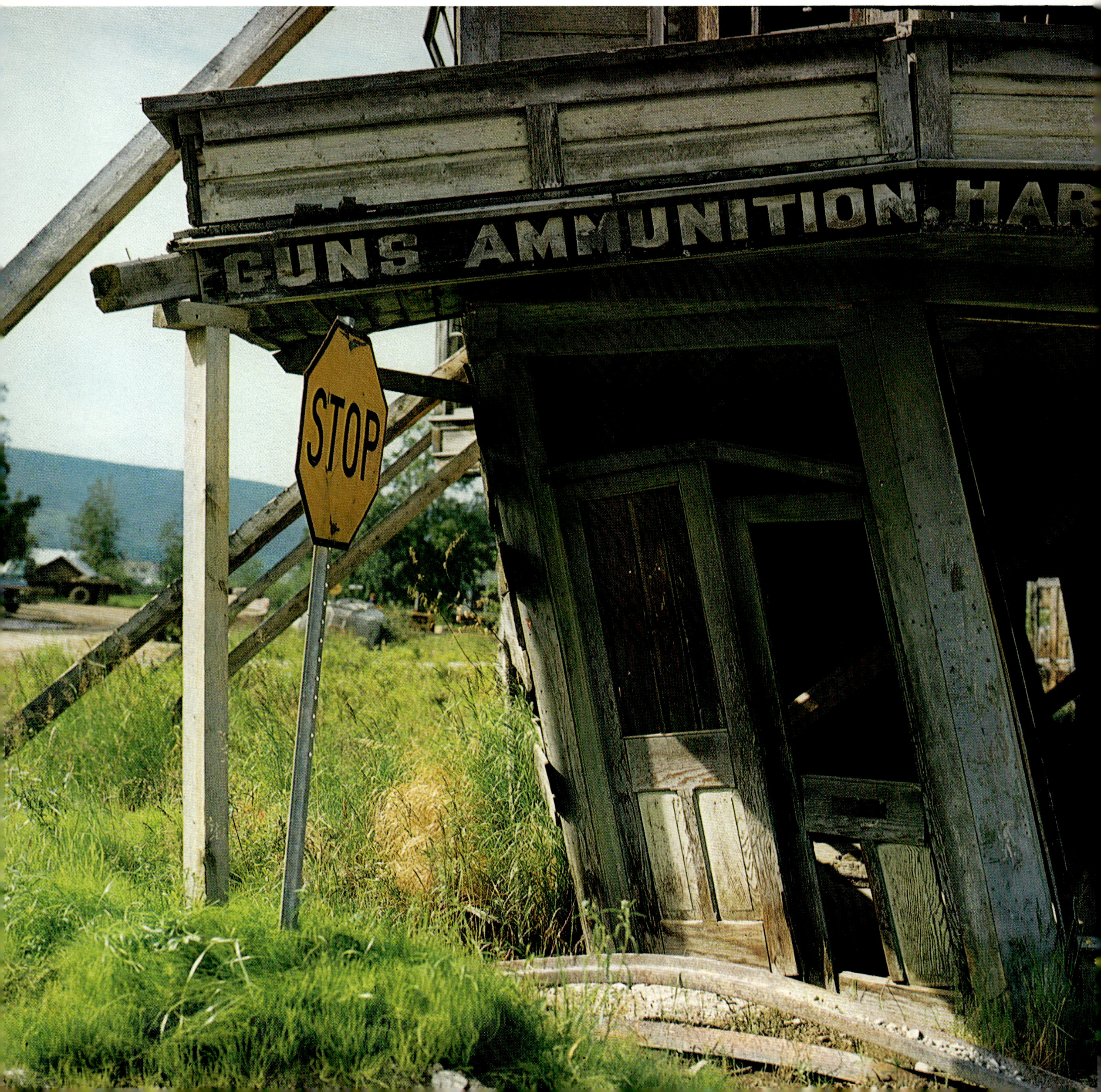
GUNS AMMUNITION HAR
STOP

Die Meerprovinzen

Den drei atlantischen oder Meerprovinzen Neubraunschweig, Neuschottland und Prinz-Eduard-Insel schloss sich 1949 Neufundland an, das am 31. März dem Kanadischen Bunde beitrat. Ursprünglich waren sie unter dem Namen Akadien, den ihnen die ersten französischen Siedler gaben, zu einer Einheit zusammengeschlossen. In der Charta Neuschottlands, die König James VI. 1621 Sir William Alexander verlieh, erscheint erstmals die lateinische Bezeichnung Nova Scotia zur deutlicheren Trennung von Acadia. Sitz der Regierung war zunächst Annapolis Royal, bis sie in das 1749 gegründete Halifax übersiedeln konnte.

Neubraunschweig

Im Laufe der Amerikanischen Revolution drangen in den achtziger Jahren des 18. Jahrhunderts eine grosse Anzahl Loyalisten in Neuschottland ein. Mehr als die Hälfte von ihnen versuchten sich im höheren Teil der Provinz niederzulassen, zur Hauptsache längs des St. John River. Die Ermunterung dazu durch Regierungskreise im verschanzten Halifax war gering. Auf seiten der Loyalisten begann die Feindseligkeit gegenüber dem Gouverneur Neuschottlands und den Cliquen, die ihnen nicht freundlich gesinnt waren, zu wachsen. Bestrebungen zur Schaffung einer besonderen Provinz und zur Einsetzung einer neuen Regierung in St. John führten 1784 zum Erfolg. Es wurde vorgeschlagen, die neue Provinz New Ireland oder Pittsylvania nach dem grossen britischen Minister William Pitt zu nennen. Man wählte schliesslich den Namen der deutschen Heimatstadt der damals Grossbritannien regierenden Dynastie: Braunschweig. Das zu gleicher Zeit verliehene Provinzsiegel stellt ein flussaufwärts fahrendes Schiff dar und eine am Ufer unter Pinienbäumen im Entstehen begriffene Siedlung. Ihr Motto lautet: *Spem reduxit*, «Sie belebt die Hoffnung».
Die notleidenden kleinen Grafschaften vermochten ihre anfängliche Armut allmählich zu überwinden. St. John und St. Andrews wurden Handelsumschlagplätze, von denen Fisch und Holz ausgeführt, Textilien, Eisenwaren von Britannien, Rindfleisch und Weizenmehl von den Vereinigten Staaten und Zucker, Melasse, Rum von Westindien importiert wurden. Die Besiedlung des gesamten Provinzgebietes von 98 000 km² verlief eher stockend. An den nördlichen und östlichen Küsten vermischten sich gelegentlich Engländer, Schotten und Iren mit Akadiern, die an ihrem Besitze festhielten, den sie den Wäldern abgerungen hatten. Sie waren Abkömmlinge jener Akadier, die 1755 der Verbannung entgingen, indem sie sich in den Wäldern versteckten, die ihnen Schutz vor dem Zugriff britischer Suchtrupps boten.
Die erste grosse Krise bedeutete für Neubraunschweig der Ausbruch des Krieges von 1812. Die Vereinigten Staaten rechtfertigten ihren Angriff auf Grossbritannien damit, dass dieses seine Rechte bei der Durchsetzung der Bestimmungen zur See während des Kampfes gegen Napoleon überschritten habe. In Wirklichkeit waren die Amerikaner der Überzeugung, Grossbritannien sei zu sehr in Europa engagiert, um Kanada zu Hilfe zu eilen, und letzteres werde für sie eine leichte Beute sein. Doch erwies sich die britische Seemacht als stark genug, Amerika von jedem Angriff auf kanadische Küsten abzuhalten. Ausserdem lebten Verwandte zahlreicher Amerikaner Neuenglands in den Meerprovinzen, die nicht bereit waren,

gegen diese Krieg zu führen. Der westlich an Neubraunschweig grenzende amerikanische Staat Maine zeigte sich ebenfalls als loyaler Nachbar.

In den letzten Phasen des Konflikts, als die Briten vom Norden Penobscots aus Kontrolle über die Küste Maines erlangten, erweiterte sich der Handel zwischen Neuengland und Neubraunschweig. Für die Kanadier erwies er sich als besonders gewinnbringend, da sie ihre Produkte zollfrei in die Vereinigten Staaten einführen konnten. In den südlichen Häfen Neubraunschweigs wurden Schiffe gebaut und mit eigenen Leuten bemannt, die als Freibeuter in amerikanische Gewässer eindrangen.

Die langen Kriege, die England mit Napoleon führte, waren für Neubraunschweig besonders einträglich. Für seine Importe an Holz, Hanf und Teer war Grossbritannien stets auf Länder an der Ostsee angewiesen; doch begannen diese unzuverlässig zu werden und waren zum Teil auch durch Allianzen mit Frankreich verhindert. So war es nicht überraschend, dass schottische Holzkaufleute, die mit der britischen Navy in Kontakt standen, den Atlantik überquerten und in Neubraunschweig Zweigniederlassungen errichteten. Es herrschte grosse Nachfrage nach Kiefernmasten; die Preise waren gut und die Siedler Neubraunschweigs vorzügliche Holzfäller. Bald trieben die begehrten Stämme auf allen Flüssen der Provinz. Zur Zeit der Napoleonischen Kriege sollen 85% ihrer Bevölkerung vom Holzhandel gelebt haben.

Es war ein ausgesprochener Kriegszeitboom; doch nach der Verbannung Napoleons und dem Friedensschluss in Europa hielten die Käufe britischer Holzfachleute in Neubraunschweig an. In England brach eine neue Ära des Wohlstands aus, und die Kiefer wurde als ideales Täfelholz hochgeschätzt. Britische Holzkaufleute setzten sich mit ihrer Forderung an die Regierung durch, auf Holzimporten von Ostsee-Gebieten prohibitive Zölle zu erheben, indem sie auf ihre Unterstützung der Franzosen hinwiesen. Diese Steuerabgaben hatten für Neubraunschweig den Charakter eines Schutzzolles, und als seine Kiefernreserven erschöpft waren, setzte die Nachfrage nach Fichtenplanken im Mutterlande ein. Wohl waren die Fichtenvorräte in Neubraunschweig unermesslich, das Problem war nur, ausreichenden Schiffsraum zu ihrem Transport zu schaffen. So erwachte der Schiffsbau zu neuem Leben, und zahlreich waren die Frachter, die holzbeladen über den Atlantik fuhren. Von 1825 bis 1874 wurden in Neubraunschweig über sechstausend Schiffe gebaut. Allein das kleine Dorf St. Martins stellte 390 Einheiten aller Grössen her. Das einheimische Tamarack-Holz war leichter als Eiche und verlieh den Schiffen ihre besondere Schnelligkeit. Unübertroffen war die 1851 in St. John gebaute *Marco Polo* mit einer Wasserverdrängung von 1625 t. Mit der Ankunft des Dampfschiffs hatte aber die Stunde der grossen Segler geschlagen.

Im Jahre 1975 zählte die Bevölkerung Neubraunschweigs über 640 000 Einwohner; davon sind etwa 40% akadischer Herkunft. Die Entwicklung der Industrie macht Fortschritte, wenn vielleicht auch nicht in spektakulärer Weise, und der allgemeine Lebensstandard ist gestiegen. Zwischen St. John und Digby auf Neuschottland versieht ein Fährboot den täglichen Dienst. St. John wurde zum Winterhafen des Ostens, von wo aus der westliche Weizen und die Produktionsgüter Nord-Kanadas nach europäischen und südamerikanischen Märkten verschifft werden. In der Stadt finden wir ein ausgedehntes Trockendock, Schmelzhütten, eine Zuckerraffinerie und ein Holzstoffwerk. Fredericton, die Universitätsstadt Neubraunschweigs, besitzt Stiefel- und Schuhfabriken und eine Ziegelbrennerei. Die Produktion von Heizgeräten ist die Haupteinnahmequelle von Sackville mit seiner Mount-Allison-Universität. St. Stephen verdankt seinen Ruf dem traditionsreichen Zuckerbäckergewerbe. Holzstoffwerken und Papiermühlen begegnen wir in Newcastle, Bathurst, Dalhousie, Edmundston, Campbellton, St. John und St. George.

Prince Edward Island

Prince Edward Island ist die kleinste Provinz Kanadas. Sie liegt in einer halbkreisförmigen Bucht des St.-Lorenz-Golfes, der sich von Point Miscou in Neubraunschweig zu Cape North in Cape Breton hinzieht. Die Meerenge von Northumberland trennt ihn vom Festland. Zwei Fährschiffe versehen die regelmässige Überfahrt: eines bei Borden, das nach Cape Tormentine in Neubraunschweig führt, das andere verbindet Wood Island mit Pictou auf Neuschottland über eine Distanz von 48 km. Die Insel ist erdgeschichtlich eine Fortsetzung des nördlichen Teils von Neubraunschweig; auf ihrem Festland treten die roten Felsen ebenfalls auf. Dieser weiche Fels gestattete eine rasche Erosion durch das Meer, wie die unregelmässige Gestalt der Insel beweist. Ihrem reizvollen Landschaftsbild dankt sie das Attribut *Garden of the Gulf*.

Die ersten Konföderationsgespräche fanden 1864 in Charlottetown statt, der heutigen Provinzhauptstadt. Die Inselbewohner traten dem Staatenbunde freudig bei, «unter dem Eindruck», schrieb der damalige Generalgouverneur Kanadas, Lord Dufferin, «dass es das Dominion war, welches der Prince Edward Island angegliedert wurde». Im Verhältnis zu ihrer vorwiegend britischen Bevölkerung von 113 000 Einwohnern ist das Fischereigewerbe der Insel ausserordentlich ertragreich. Von Bedeutung sind vor allem Hummer und Stint (Gattung *Osmerus*), Hering, Dorsch und Makrele. Zu einem wichtigen Wirtschaftsfaktor hat sich auch die Austernindustrie entwickelt. Wie in vielen Teilen Kanadas ist der Tourismus auch hier in raschem Aufschwung begriffen.

Neuschottland

Nova Scotia setzt sich aus einer mit Neubraunschweig durch den Isthmus von Chignecto verbundenen Halbinsel und der Insel Cape Breton zusammen. Ihre Fläche umfasst rund 55 000 km²; die Cobequid Hills auf dem Festland sind nicht höher als 300 m. 356 Leuchttürme und Nebelwarnanlagen bewachen die 7400 km lange Küstenlinie Neuschottlands mit seinen 314 Forellen- und Lachsflüssen und 516 Seegewässern. Die Bevölkerung dieser Provinz übersteigt heute 780 000 Einwohner, wovon 77% britischer Abstammung sind. Nach geschichtlicher Überlieferung gingen vor mehr als neunhundert Jahren Nordländer auf der Halbinsel an Land und nannten sie Markland. Am 24. Juni 1497 betrat der mit offiziellen Privilegien des Königs Henry VII. von England ausgestattete John Cabot die Nordostspitze von Cape Breton. Seine Ankunft sicherte England den Anspruch auf dieses Land, den seine Söhne später verwirklichten. Am 7. März 1604 segelte Pierre du Gast, Sieur de Monts, von Frankreich nach Nova Scotia, um es zu besiedeln, und errichtete die erste feste Kolonie von Europäern nördlich des Golfes von Mexiko bei Port Royal im Jahre 1605. Vierzig Familien französischer Farmer kamen 1632 von der Westküste Frankreichs nach Neuschottland, liessen sich auf Sumpfland nieder und vermehrten sich rasch. Als Neuschottland durch Vertrag zum integrierten Teil des britischen Empires wurde, weigerten sie sich, den Treueid zu leisten. Diese Weigerung war der Grund ihrer Deportation im Jahre 1755. Im Laufe des nächsten Jahrzehnts kamen Zehntausende von ihnen zurück und nahmen die britische Staatszugehörigkeit an. Ihre Nachkommen leben heute in besondern Siedlungen und stellen 12% der Bevölkerung dar.

In den siebziger Jahren des 18. Jahrhunderts legten elf mit Yorkshiremen beladene Schiffe in Neuschottland an; jene liessen sich in der Grafschaft Cumberland nieder, wo ihre Nachkommen auf dem Farmlande verblieben. An einem einzigen Tag im Jahre 1760 kamen nicht weniger als zweiundzwanzig Schiffe mit Neuengländern nach Nova Scotia und übernahmen das Land, das die Akadier verlassen hatten. Von den fünfundzwanzigtausend Loyalisten, die nach Ende der Amerikanischen Revolution hereinströmten, gründeten zehntausend die Stadt Shelburne. Um die Wende des 18. zum 19. Jahrhundert erfolgte eine Masseneinwanderung von Hochlandschotten, die dreissig Jahre dauern sollte. In dieser Zeit liessen sich fünfzigtausend auf Cape Breton und in den Festlandgrafschaften Pictou und Antigonish nieder.

Aus naheliegenden Gründen ist Neuschottland eine Provinz der Seefahrer und konnte sich bis 1881 rühmen, die relativ grösste Schiffstonnage aller Länder zu besitzen. Als einer der bedeutendsten Winterhäfen Kanadas war Halifax während zwei Weltkriegen der westliche Anker des nordatlantischen Verteidigungssystems. Das Fischereigewerbe Neuschottlands gehört zusammen mit demjenigen von Britisch-Kolumbien zum wichtigsten der Nation; einträglichste Fischarten sind Dorsch, Hering, Schellfisch, ferner Makrele und Hummer. Bei Digby an der Fundy Bay operiert die grösste Muschelfängerflotte der Welt.

Halifax mit seinen 222000 Einwohnern ist die einzige Stadt Kanadas, die ihr Entstehen einem Machtspruch verdankt. Sie wurde 1749 durch königliches Dekret als Gegengewicht zum französischen Bollwerk Louisbourg auf Cape Breton gebaut. Die zweitausend Siedler unter Edward Cornwallis hatten keine andere Wahl, als ihre Häuser an den felsigen Böschungen des Citadel Hill zu errichten. Die heutige Zitadelle Fort George ist als Hügelfestung die letzte Schöpfung einer Reihe von Befestigungswerken, die bis auf die Zeit der Stadtgründung zurückgehen.

Neufundland und Labrador

Die zehnte und neueste Provinz Kanadas, welche das Dominion um 402 000 km² vergrössert und damit das Motto seines Staatswappens *Von Meer zu Meer* entschieden verdeutlicht, verdient in doppelter Hinsicht zu den Meerprovinzen gerechnet zu werden. Weitgehend vergleichbare Lage am Nordostrand des nordamerikanischen Kontinents und erdgeschichtliche Zugehörigkeit zu den Appalachen machen engste Verwandtschaft offenkundig. Diese wird überdies durch ähnliche Oberflächenformen, ein kühlfeuchtes Klima und ursprünglich starke Bewaldung unterstrichen, wenn diese auch in Labrador zum grossen Teil von Tundra abgelöst ist.

Der Wald «zahlt» mehr Löhne in Neufundland als jedes andere Naturerzeugnis. Die auf ihm beruhende Holzstoff- und Papierindustrie ist in den zwei Zentren Grand Falls und Corner Brook konzentriert; letztere Stadt ist mit rund 40 000 Einwohnern der zweitgrösste städtische Mittelpunkt geworden. In der Gegenwart freilich spielen Mineralien im Export der Provinz eine erheblichere Rolle; in Neufundland selbst wie in Labrador fördern Minen Eisenerz, Kupfer, Zink, Blei, Asbest, Gips, Fluorspat und Pyrophyllit, welche das Gebiet zu einem der bedeutendsten Bergbaudistrikte Kanadas gemacht haben. Insbesondere die ehemalige Wildnis Westlabrador ist dadurch aus einer öden Busch-, Tundren- und Waldregion in eine der wichtigsten Erzbasen der Erde verwandelt worden, deren Zentren Schefferville und Labrador-City Eisen in alle Welt verfrachten.

Die Ursprünge der Besiedlung allerdings hängen mit der Fischerei zusammen, auf deren grosse Möglichkeiten als wohl erster John Cabot 1497 hinwies. Die reichen Fischgründe der Neufundlandbank wurden bald von englischen, portugiesischen, französischen und spanischen Fischern aufgesucht, und für einige Jahrhunderte galten sie als einträglichste Quelle der Meeresfischerei. Mit den modernen Jagdmethoden wandelte sich naturgemäss auch ihre Bedeutung, ebenso mit der Entdeckung neuer Fanggewässer. Doch blieb Neufundland auch weiterhin ein Anziehungspunkt der Grossfischerei. Um sie nicht zu beeinträchtigen, war die Ansiedlung lange Zeit verboten. Zusammen mit der eher abweisenden Natur des Gebietes erklärt dies, dass von den nunmehr etwa 1200 Siedlungen in Neufundland und Labrador nur 55 sich rühmen können, es auf mehr als 1000 Einwohner gebracht zu haben.

Die ersten systematischer organisierten Siedlungsanfänge gehen auf englische Abenteurer zurück, die 1610 Pflanzungen anzulegen suchten. Ihre ambitiösen Projekte hatten jedoch keinen Dauererfolg; der Besitz der Insel blieb in der Folge trotz offizieller Annektierung durch England 1583 lange und heftig umstritten. Hartnäckige Bemühungen der Franzosen, Neufundland unter Kontrolle zu bringen, veranlassten schliesslich die Briten, die Niederlassung in ihrem Südosten zu erlauben. Damit erhielten zahlreiche Nationen Gelegenheit, die Neufundlandbänke intensiviert zu bewirtschaften. Erst 1832 wurde indessen den Siedlern eine eigene Verwaltung gewährt; doch gelangte sie nicht vor 1855 zur Verwirklichung, als ihr Territorium zum britischen Dominion erhoben wurde. Auch davon abgesehen war das 19. Jahrhundert für die kleine Kolonie eine Periode des Ungemachs. Ihr Mittelpunkt St. John's wurde wiederholt fast völlig eingeäschert. Die Bevölkerung litt des öftern unter wirtschaftlichen Krisen; gerade sie aber brachten eine harte, handfeste Rasse hervor, die zwar mehrfach mit dem grossen Nachbarn Kanada in Kontakt zu kommen trachtete, sich jedoch bis 1949 immer wieder zum Alleingang entschied.

Auch im zwanzigsten Jahrhundert suchten Neufundland trotz Einführung von Bergbau und Holzindustrie verschiedene Depressionen heim, und das Mutterland Britannien musste wiederholt finanzielle Hilfe bringen. Der Zweite Weltkrieg aber brachte auch ihm Prosperität. In diesen Jahren wurde die Frage nach der politischen Zukunft aktuell. Ihre eingehende Diskussion endete mit einer Abstimmung, die eine knappe Mehrheit für den Anschluss an Kanada ergab, der am 31. März 1949 erfolgte.

Zahlreiche Impulse haben inzwischen Neufundlands Entwicklung im Sinne einer Partnerschaft Kanadas gelenkt, doch blieb auch mancher Charakterzug der Alten Welt bestehen. So bewahrte sich das Neufundländer Fischerdorf weitgehend die britische Individualität, wenn auch moderne Fangmethoden von ihm nicht ausgeschlossen blieben. Dagegen hat sich naturgemäss in den wenigen Städten das Leben seit längerem modernisiert und dem der übrigen kanadischen Provinzen angeglichen. In der östlichsten Stadt Nordamerikas, der Provinzkapitale St. John's mit ihren über 131 000 Einwohnern, dem Sitz der Regierung und dem Hauptquartier der bedeutendsten Handelsfirmen, entwickelte sich Maschinen-, Textil-, Holz- und graphische Industrie, die der Stadt mit den Geschäften ein nüchternes Gepräge geben. Abgesehen vom regen Seeverkehr, besitzt sie auch verschiedene Verbindungen mit dem Festland und stellt den Endpunkt des Transcanada Highway dar.

Nach wie vor bilden Auswanderer der Britischen Inseln den Grundstock der Bevölkerung, die gegenwärtig rund eine halbe Million Seelen zählt. Trotz dauernden Fluktuationen ist ihr eine erstaunliche Bodenständigkeit eigen; Sprachstudien vermögen verschiedenenorts Dialekte festzustellen, wie sie zur Zeit der Einwanderung im 17. oder 18. Jahrhundert gesprochen wurden. Die lange Geschichte voller Bedrängnis, Isolierung und Kämpfe um ein karges Überleben hat einen Volksschlag erzeugt, dem gleicherweise Einfachheit wie Gradheit und nicht zuletzt ein trockener Humor eigen ist, der in zahllosen Bonmots zum Ausdruck gelangt. Überdies leuchtet der Optimismus der Bevölkerung in Siedlungsnamen wie «Herzenswunsch», «Herzliche Zufriedenheit» oder «Kleine Herzensgemütlichkeit».

Neufundland brachte ein einzigartiges Erbe in die Konföderation Kanadas. Seine Naturreichtümer beleben Kanadas Wirtschaft erheblich. Der Zusammenschluss erbrachte eine nicht unbeträchtliche Erweiterung des Landes von Osten nach Westen, und eine halbe Million unabhängiger Bürger britischen Ursprungs bereichern heute die kanadische Nation.

---

127 Fischerboote am Pier von Prince Rupert, Britisch-Kolumbien
128 Inuvik mit der Iglukirche
129 Distant Early Warning (DEW) Line Station von Tuktoyaktuk am Mackenzie-Delta, Nordwest-Territorien
130 Frobisher Bay im späten Mai – die Bucht ist noch bis auf den Grund gefroren
131 Polygonaler Strukturboden in der kanadischen Tundra bei Tuktoyaktuk

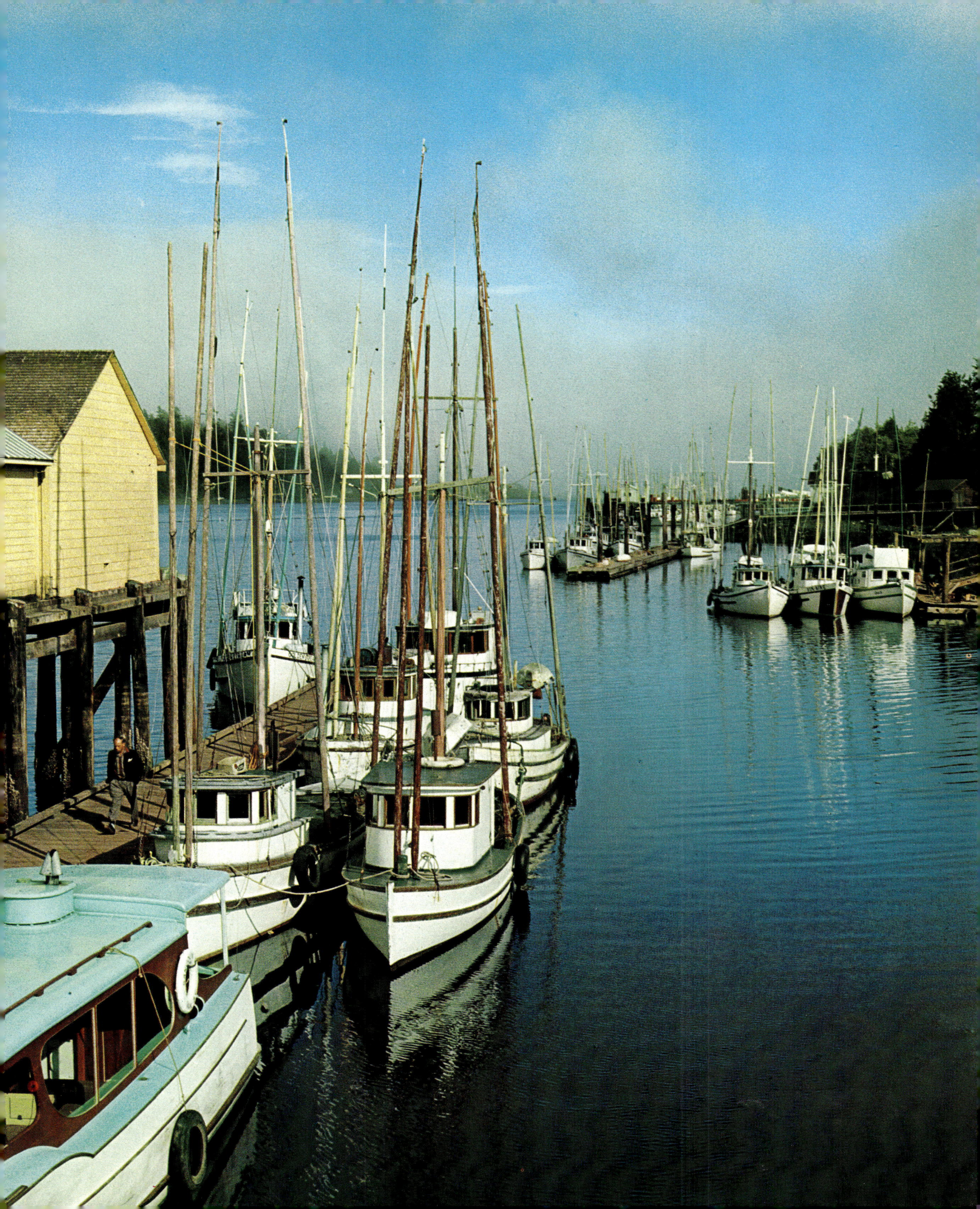

128

129

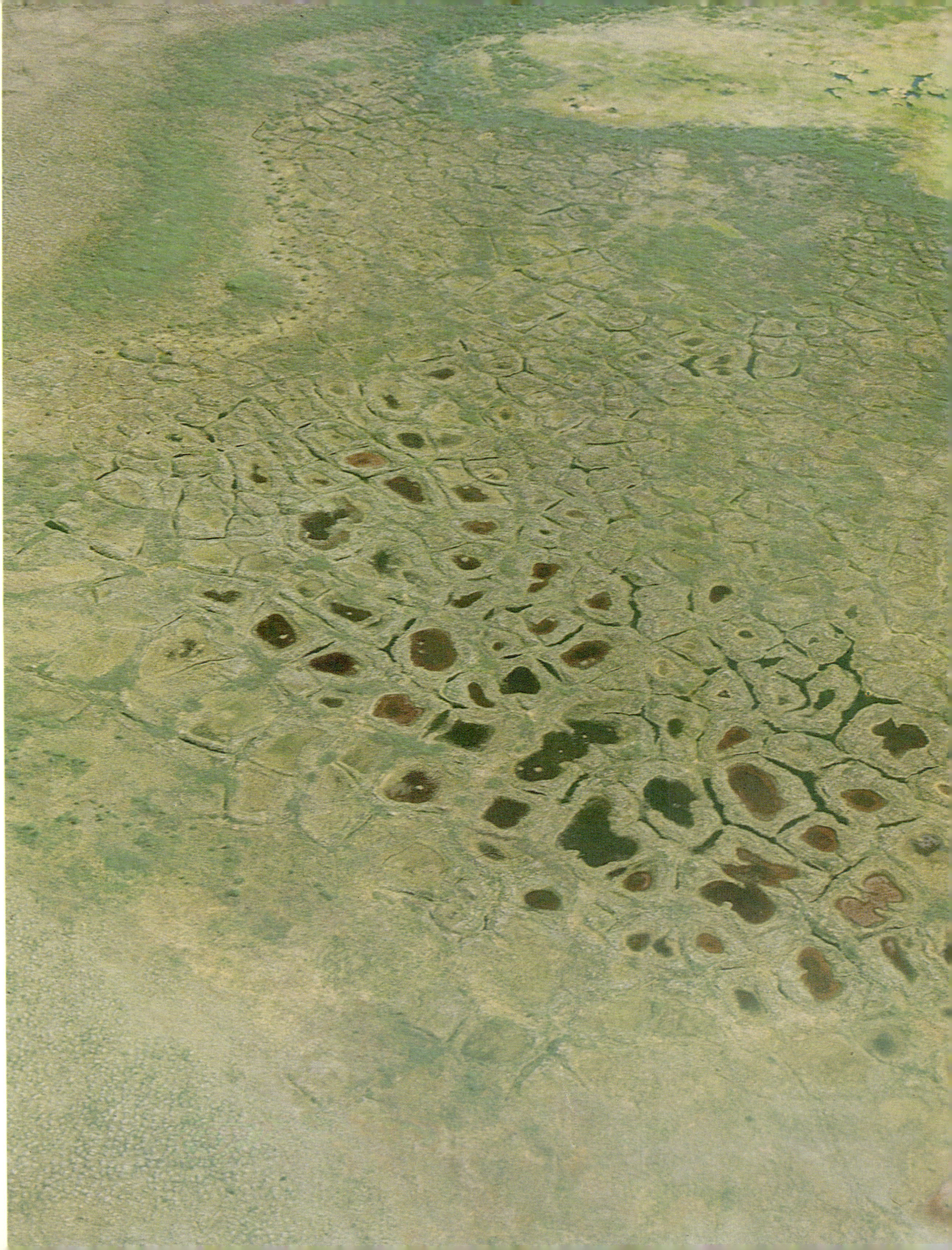

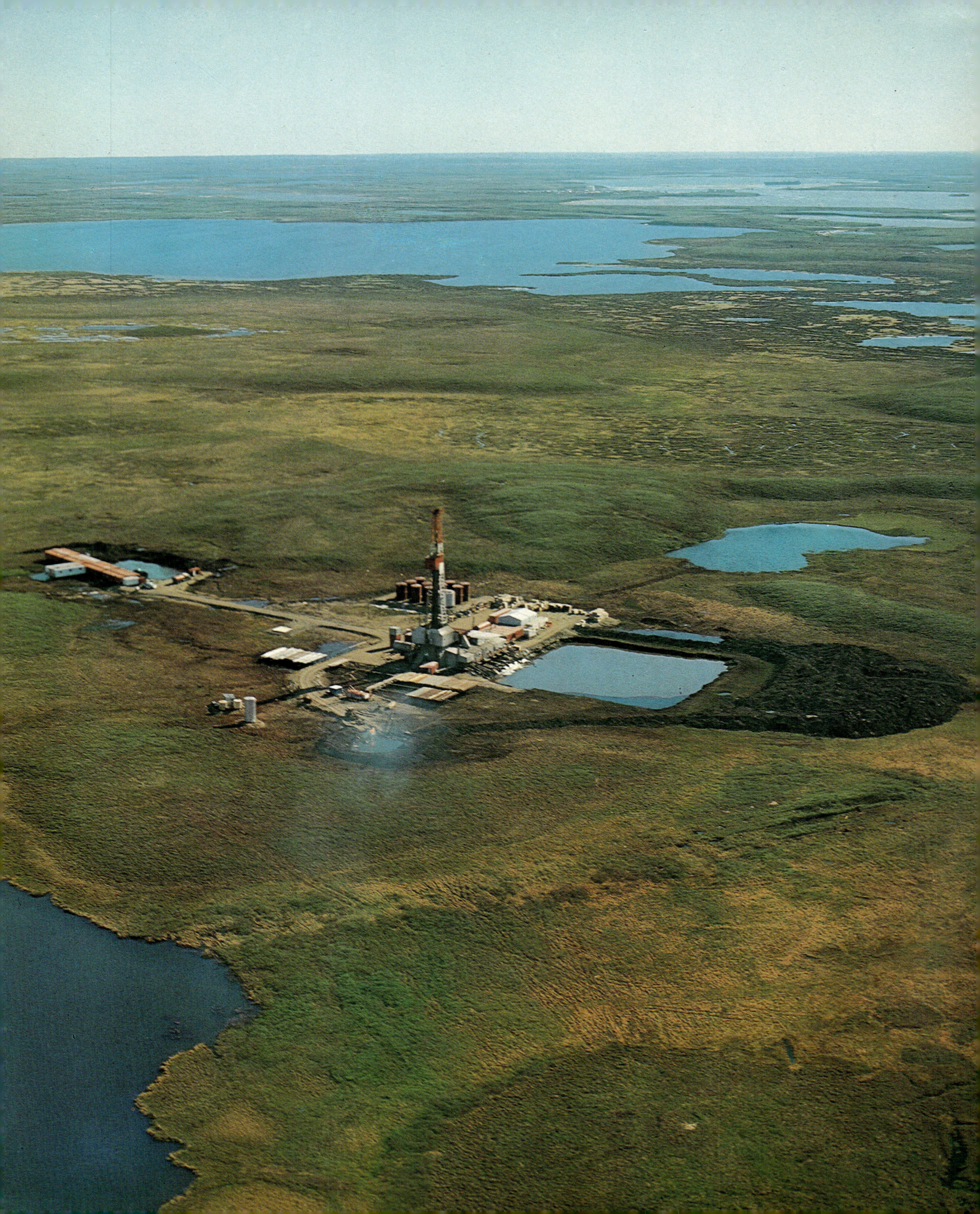

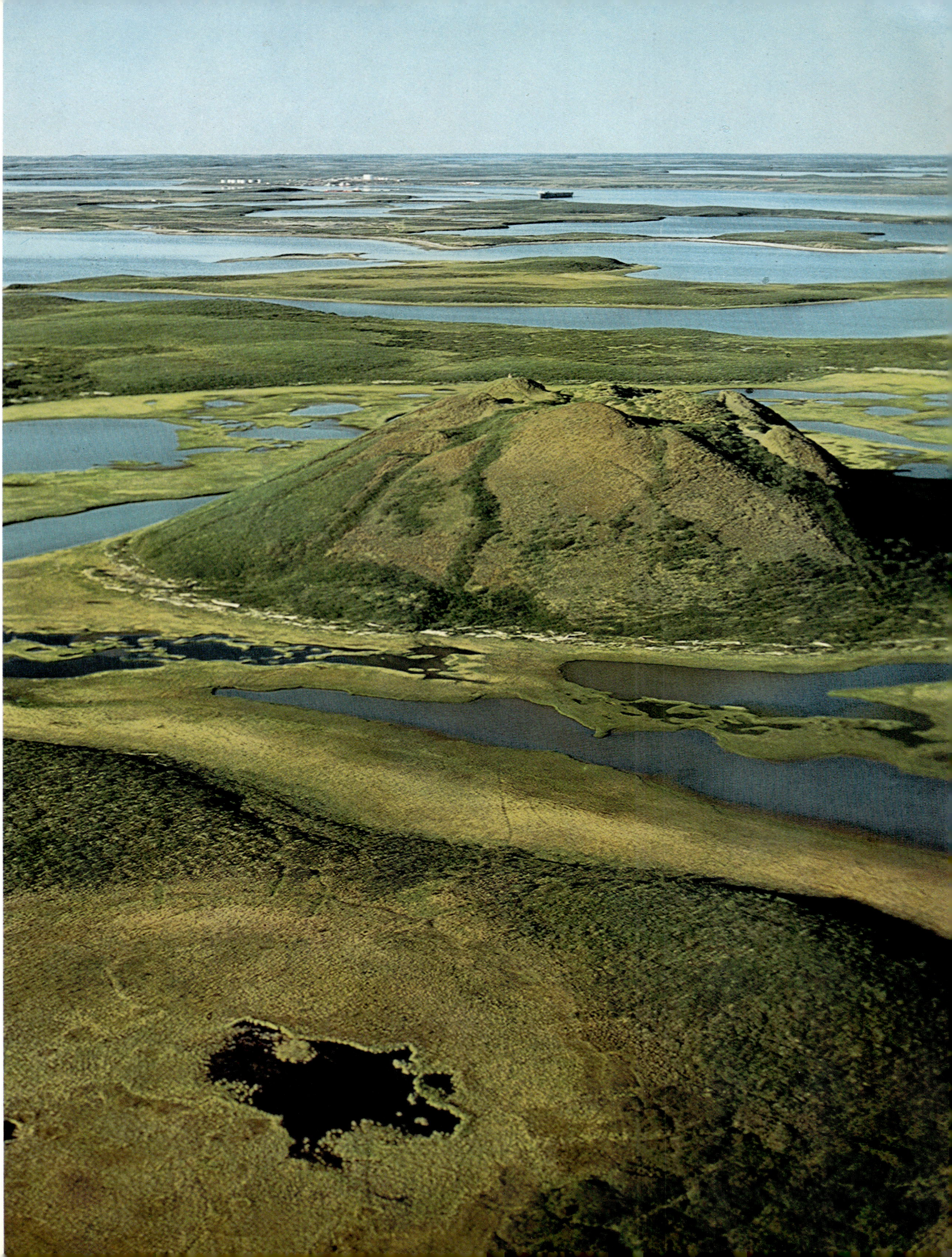

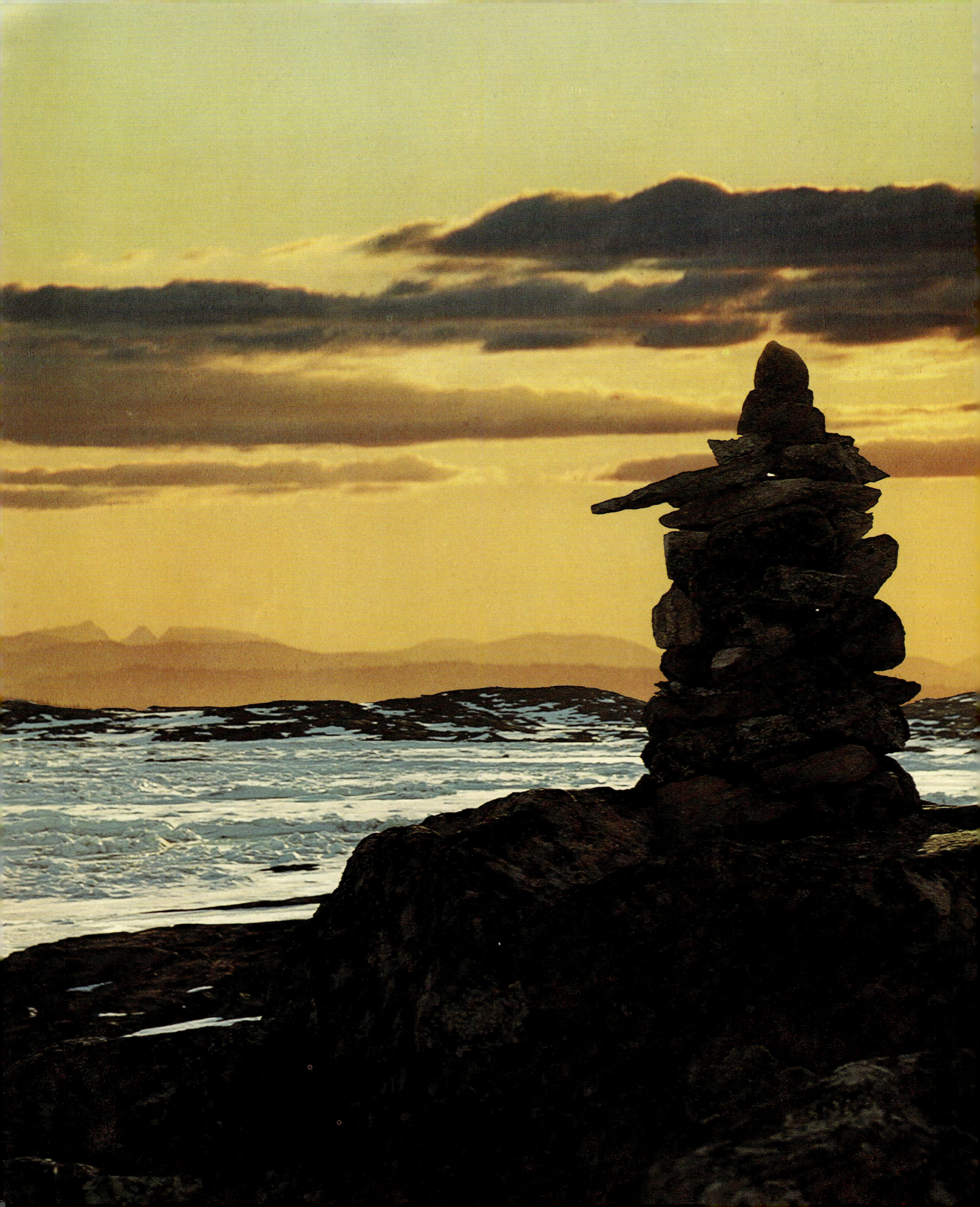

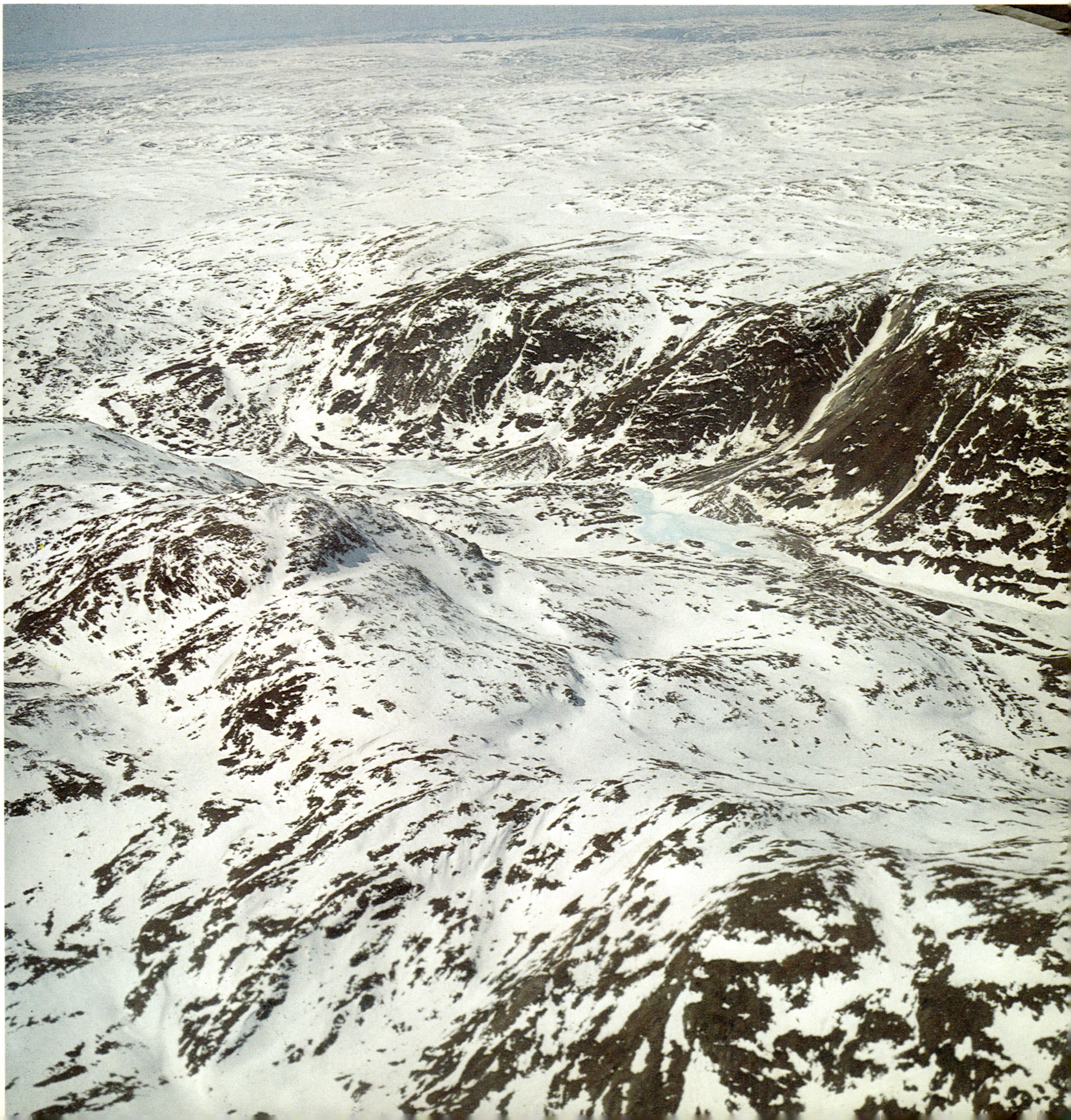

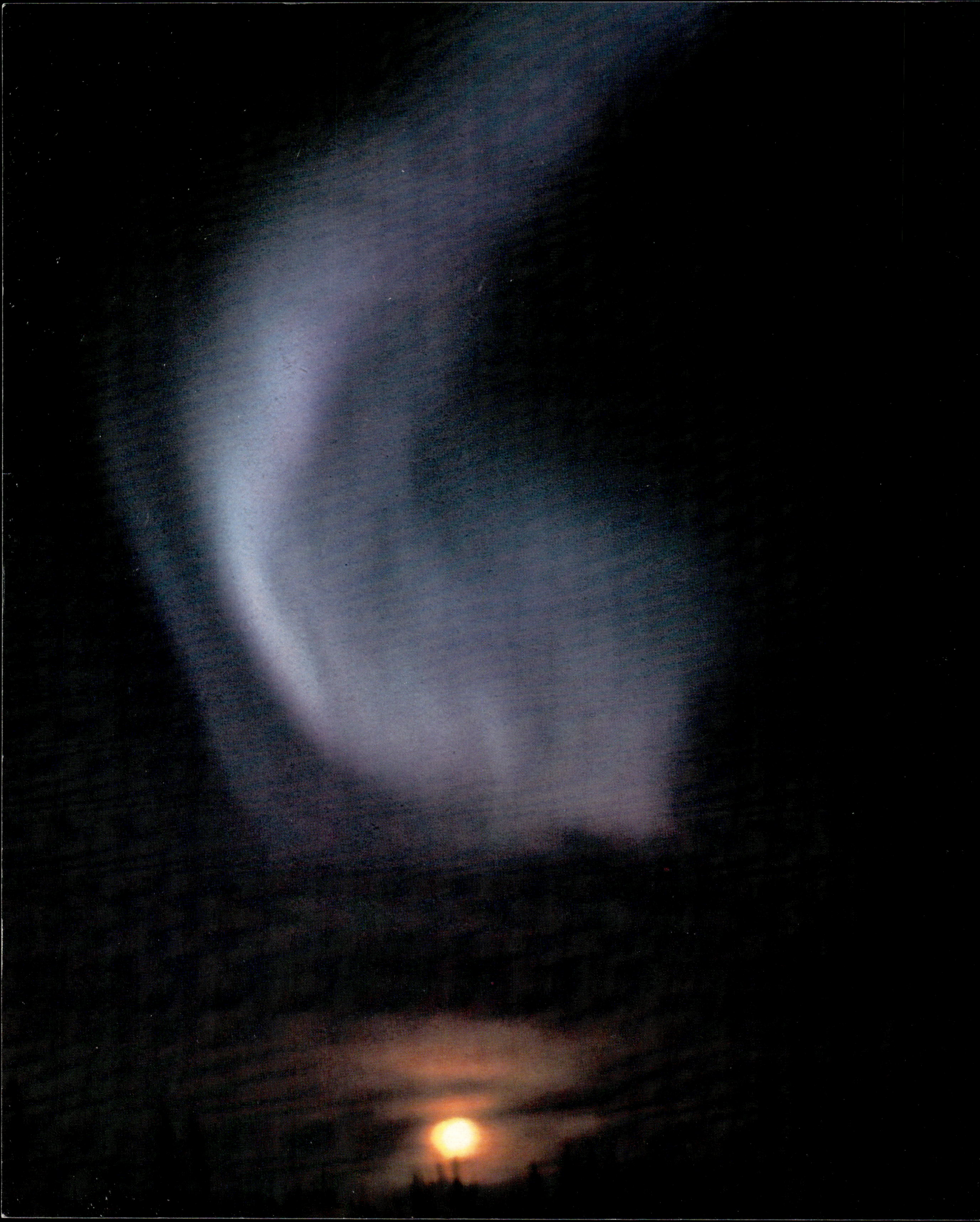

Der Norden

Zwei Territorien bilden den kanadischen Norden: das Yukon-Gebiet und die Nordwest-Territorien (NWT). Beides sind – wie ihre Bezeichnung schon aussagt – keine Provinzen. Sie werden vom Ministerium für Indianische Angelegenheiten und Nördliche Entwicklung (IAND: Indian Affairs and Northern Development) in Ottawa verwaltet. Über ein Drittel des Landes, rund 4 Millionen Quadratkilometer, sind somit noch nicht selbständig, sondern der Zentralgewalt der Bundeshauptstadt unterstellt. Das bekümmert so manchen Bewohner der kanadischen Arktis, und es wird vielleicht nicht mehr lange dauern, bis zumindest der Yukon seinen eigenen Provizialstatus erhält. Der Grund für die bisherige Bevormundung? Nur rund 50000 Menschen leben auf diesem riesigen Areal – und diese nur gedrängt auf wenigen Plätzen und Siedlungen. Ausserdem sind sowohl der Yukon wie auch die NWT allein nicht lebensfähig, und der Umstand, dass es letztlich der Staat ist, der sich um Entwicklung und Wirtschaft der nördlichen Landesteile kümmert, ist für den Norden bisher nur von Vorteil gewesen. Denn noch ist das Gebiet nördlich des 60. Breitenkreises Pionierland – letztes und grösstes Kanadas.

Es war im Jahr 1896, als George Carmack, Tagish Charlie und Skookom Jim in einem Seitencreek des Klondike auf Gold stiessen. Auf sehr viel Gold – denn sie machten sich sofort auf den Weg nach Fortymile, um ihre Claims registrieren zu lassen. Sie taten gut daran. Von Fortymile verbreitete sich das Gerücht vom Fund der drei Männer mit Windeseile über die ganze Welt: the goldrush was on. Historiker schätzen, dass es über 200000 Menschen waren, die sich in den folgenden Jahren auf den Weg in den Norden machten. Der Weg aber war schwierig. Britisch-Kolumbien war noch zum Grossteil unerforscht und ohne Strassen. Die ungeheuren Waldgebiete des Nordens wurden nur von vereinzelten Fallenstellern und Goldsuchern aufgesucht. Kein Weg führte durch die Wildnis – einziges «Verkehrsnetz» waren die Flüsse.

Sie sollten es bleiben. Mit Schiffen kamen die Goldsucher und Abenteurer des plötzlich ausgebrochenen Goldrausches in Skagway (Alaska) an: von dort führte in unsäglicher Mühe der Weg über den Chilcoot oder über den White Pass nach dem Bennett-See. Hier zimmerten die Männer ihre Boote und trieben den Yukon abwärts, bis innerhalb von wenigen Jahren die erst durch die Goldfunde entstandene Stadt, Dawson City am Zusammenfluss von Klondike und Yukon, auf 40000 Menschen angewachsen war. Es war dies die Zeit eines Jack London und seiner Gestalten wie Elam Harnish. Es war die Zeit französischen Can-Cans in den Etablissements von Arizona Charlie Meadows, die Zeit von Kitty Rockwell alias Klondike Kate.

---

132 Bohrplattform inmitten der aufgetauten Tundra bei Tuktoyaktuk
133 Pingo bei Tuktoyaktuk
134 Ein Inukschuk an der Frobisher Bay – diese Steinmänner hatten für die Eskimos magische Bedeutung
135 Baffin Land, im Mai aufgenommen
136 Nord- oder Polarlicht in Nordkanada

Der Grossteil der 200 000 Abenteurer starb unterwegs oder gab schon in Britisch-Kolumbien auf. Die Geschichte berichtet vom Zug der 1500 Männer und der 3000 Pferde, die von Ashcroft am Thompson in Britisch-Kolumbien aufbrachen, um quer durch die Wildnis der Rockies das polare Eldorado auf dem Landweg zu erreichen. Sechs Männer, doch kein einziges Pferd sollen in Dawson angekommen sein! Das Goldfieber brachte auch Vorteile: Das Land um den Yukon wurde erschlossen. Zwischen 1898 und 1900 baute man eine Bahnlinie: die White Pass and Yukon Railway, eine 180 km lange Schmalspurbahn, die Skagway über den 962 m hohen White Pass mit Whitehorse, der heutigen Hauptstadt des Yukon-Territoriums, verband. Bis 1964 sollte die Goldgräberbahn die nördlichste Bahn Kanadas bleiben – dann erwuchs ihr in der Great Slave Lake Railway ein Konkurrent: die neue Bahnlinie diente dem Abtransport der Blei-Zink-Vorkommen von Pine Point am Grossen Sklavensee.

Aber noch war es nicht soweit. Der Goldrausch ebbte wie alle Booms der Weltgeschichte wieder ab. Der Bonanza Creek, wie das unscheinbare Seitentälchen des Klondike nach den enormen Goldfunden benannt wurde, war mehrmals umgegraben und umgeschaufelt worden – kein Stäubchen Gold zwischen den Schottern und Kieseln sollte den aufmerksamen Goldjägern entgehen. Die Goldsuche war mittlerweile kommerzialisiert und mechanisiert worden – dann fanden auch die aufwendigsten Maschinen kein Gramm Gold mehr. Der Goldabbau wurde eingestellt und Dawson City verfiel – heute zählt die Stadt 800 Einwohner.

Dann kamen der Zweite Weltkrieg und die ersten Schlappen der Amerikaner: Pearl Harbour und die Besetzung zweier Aleuten-Inseln durch die Japaner. Die Amerikaner antworteten mit dem Bau des Alaska Highways. Die Bauzeit ist bis heute beeindruckend: In nur neun Monaten schlugen amerikanische und kanadische Pioniere eine 2437 km lange Schneise durch den borealen Urwald Britisch-Kolumbiens und des Yukon-Territoriums bis nach Fairbanks. Als der Landnachschubweg fertiggestellt war, hatte der japanische Spuk auf den Aleuten sein Ende. Amerika war wieder frei von fremden Truppen.

Wenn auch der Alaska Highway aus rein militärischen Erwägungen entstanden ist und heute längst keine martialische Bedeutung mehr hat, so ist die Strasse doch der eigentliche Anstoss für die Entwicklung der westlichen kanadischen Arktis gewesen. Seitenstrassen entstanden, und erst im vergangenen Jahr (1975) ist das letzte grosse Strassenprojekt des Yukon, der Dempster Highway von Dawson City nach Inuvik im Mackenzie Delta, fertiggestellt worden. Das kanadische Strassennetz hat das Nördliche Eismeer erreicht.

Im Osten ist es anders, nicht zuletzt auch als Folge der ungünstigeren klimatischen Bedingungen. Tief reicht die Hudson Bay in den Süden, mit dem südlichen Zipfel der James Bay sogar bis auf 52° nördlicher Breite. Eine derart riesige Wasserfläche (402 330 km²) verändert natürlich das Klima des Umlandes. So ist die Waldgrenze in Ostkanada bis auf 52° nördlicher Breite in den Süden gedrängt, während sie im Mackenzie-Delta bis auf 69° nördlicher Breite vorstösst. Diese klimatische Ungunst des Ostens, aber auch das Fehlen natürlicher Verkehrswege – im Westen stellen Yukon und Mackenzie durchaus akzeptable Verbindungen dar – haben die östliche kanadische Arktis nachteilig beeinflusst. Zehn

Monate im Jahr ist die Hudson Bay zugefroren, und nur während des Sommers ist es den Schiffen möglich, über die Hudson-Strasse den offenen Atlantik zu erreichen. Doch selbst diese relative Ungunst hat der Mensch für sich genützt: eine Bahnlinie erreicht die Hudson Bay bei Churchill (Manitoba), das sich zum nördlichsten Getreideausfuhrhafen Kanadas entwickelt hat. Weiter in den Norden führt kein Verbindungsweg. Da die Nickelvorkommen im Rankin Inlet nicht mehr und die Uranvorkommen des Chesterfield Inlets noch nicht abgebaut werden, ist das gesamte Gebiet des District of Keewatin für den Menschen zur Zeit uninteressant und nur an wenigen Punkten besiedelt.

Ähnlich steht es um den District of Franklin, der den gesamten Kanadischen Archipel umfasst. Verwaltungszentrale ist Frobisher Bay auf Baffin Land, das trotz seiner relativ südlichen Lage (63° nördlicher Breite) hocharktisches Klima hat. Bis tief in den Juli hinein ist die Meeresbucht zugefroren, bis das Eis auf wenige Wochen im August aufbricht und den Sommerfischern bescheidene Fangzahlen sichert. Es gibt kaum lebensfeindlichere und abweisendere Gebiete auf der Welt als Baffin Land und die anderen Inseln des Kanadischen Archipels. Bis tief in den Sommer hinein von Schnee bedeckt, kümmert nur schüttere Vegetation dahin: Moose, Flechten und vereinzelt Blumen. Dennoch ist die arktische Flora relativ reich an Arten: insgesamt sind 800 verschiedene Blütenpflanzen und Farnkräuter bekannt. Wichtigste Blumen sind der Polarmohn, die arktische Glockenblume, der Purpursteinbrech und die arktische Lupine. Das arktische Wollgras findet sich immer wieder in den feuchten Niederungen der sommerlichen Tauperiode.

Das arktische Klima beeinflusst auch den Boden des kanadischen Nordens; vor allem der Bodenfrost ist es, der formende und prägende Eigenschaft hat. Dauerfrostboden (englisch: Permafrost) entsteht dort, wo die Jahresmitteltemperatur unter 0° C absinkt und die sommerliche Wärme nicht mehr ausreicht, den im Winter gefrorenen Boden völlig aufzutauen. Sonne und Wärme reichen nur aus, die obersten Bodenschichten in Schlamm und Morast zu verwandeln. Unterhalb einer gewissen Schicht – an der Eismeerküste tauen nur wenige Zentimeter auf – bleibt das Bodenwasser gefroren, Schotter und Sandboden bleiben steinhart. Folgen dieser beständigen Tau- und Gefrierprozesse sind oft eigenwillige und schwer erklärbare Oberflächenformen in alluvialen oder fluviatilen Materialien.

Bekanntestes Phänomen sind die polygonalen Bodenmuster, die vom Flugzeug wie ein Schildkrötenpanzerrücken aussehen: aufgeworfene vieleckige Bodenhügel sind innerhalb des Polygons und entlang der Ränder mit Wasser gefüllt und ergeben ein Netz von bis zu 1 m breiten Wasserrinnen. Auch die Pingos sind für die Arktis typisch. Im Mackenzie-Delta hat man ungefähr 1500 solcher bis zu 50 m hoher Erdhügel gezählt, die in ihrem Inneren aus blankem, weissem Bodeneis bestehen. Sie ähneln überdimensionierten Frostaufbrüchen und können auch in ihrer Entstehung mit ihnen verglichen werden[1]. Die Eskimos des Mackenzie-Deltas haben sich die natürlichen Eiskeller zunutze gemacht: In Tuktoyaktuk wurde ein solcher Pingo horizontal angebohrt, mit Stollen und Tür versehen und dient während der heissen Sommerzeit als natürlicher Eisschrank – alljährlich werden im Mackenzie-Delta zur Mittsommerzeit über 30° C gemessen; das Maximum lag bei 38° C! – Steinringe bzw. -girlanden sind weitere arktische Bodenformen. Sie kommen im äussersten

Norden vor, in der sogenannten Frostschuttzone, worunter Böden mit Strukturen und Texturen verstanden werden. Nach Julius Büdel zählt man in der amerikanischen Arktis den Kanadischen Archipel in seiner Gesamtheit dazu.

An der Grenze zwischen Tundra und Wald kämpfen vereinzelt stehende Bäume um ihre Existenz: arktische Weiden, Birken und Fichten, die im äussersten Fall nur mehr 60–90 cm hoch werden, bilden die Baumgrenze. Ihr Wachstum geht überaus langsam vor sich; ein kümmerliches Bäumchen mag 200 Jahresringe an seinem 5 cm dicken Stamm zählen. Im Süden Kanadas wächst ein Baum innerhalb von zwei Jahren zu solcher Stärke. Planloses Baumfällen in diesem Kampfgebiet der Vegetation hätte katastrophale Folgen. Umweltschutz wird heute in der Arktis daher grossgeschrieben. Ölpioniere und Forscher, die vor Jahren mit ihren Raupenfahrzeugen ohne Rücksicht durch die sommerliche Tundra zogen, haben bis heute sichtbare Spuren hinterlassen – Zeichen des leicht verwundbaren ökologischen Gleichgewichts. Ist die Grasnarbe der Tundra aufgerissen, dringt die sommerliche Wärme tiefer in den Permafrost ein als gewöhnlich. Als Folge davon bilden sich übertiefe Wasserrinnen und Seen, die durch ihre Erwärmung den Tauprozess weiter beschleunigen. Die Zerstörung der Vegetation ist die Folge. Winterliche Winderosion und sommerliche Zerstörung der Flora und damit auch der Fauna sind nicht mehr zu verhindern.

Letztlich sind es solche Überlegungen, die bisher die kanadische Regierung davon abgehalten haben, ihre Einwilligung zum Bau von Pipelines durch das Mackenzie-Tal zu geben. Die technischen Voraussetzungen für den Bau einer frostsicheren Pipeline auf Permafrost wären zwar schon gegeben – was aber passiert, sollte das warme Öl an einer Bruchstelle auslaufen und in die Tundra fliessen? Man hat aus den Fehlern der Vergangenheit gelernt – und wie sehr der Mensch ganze Landschaften zu verändern vermag, erkennt man am baumlosen Mittelmeerraum, der eine Folge des planlosen Abholzens ist, von den Griechen angefangen bis ins Mittelalter.

Im Westen, wo durch die klimatische Gunst der Wald fast bis ans Eismeer dringt, im District of Mackenzie, hat der Kanadier seine nördlichen Landesteile für den Verkehr erschlossen. Strasse und Bahn führen bis zum Grossen Sklavensee, die Strasse reicht gar bis nach Yellowknife und Fort Simpson. Winterstrassen – also Fahrwege, die nur bei gefrorenem Boden und zugefrorenen Flüssen befahrbar sind – führen nach Echo Bay, dem alten Port Radium am Grossen Bärensee, und durch das Mackenzie-Tal über Wrigley, Norman Wells, Fort Good Hope nach Inuvik weiter. Diese Winterstrassen zu Allwetterstrassen auszubauen ist das Ziel der nächsten Jahre. Dann wird Inuvik nicht mehr nur über den Dempster Highway, sondern auch über den Mackenzie Highway erreichbar sein.

Der sommerliche Schiffsverkehr endet in Tuktoyaktuk. Der eigentlich «verkehrt» fliessende Mackenzie – er entwässert anstatt in den besiedelten Süden in das eisstarrende Nordmeer – dient dem Waren- und Touristenverkehr bis zu mehreren Monaten im Jahr. Das Seen- und Flusssystem Athabaska-See–Sklavenfluss–Grosser Sklavensee–Mackenzie eröffnet seit den frühesten Pioniertagen einen Verkehrsweg ans Polarmeer. Um so leichter war es, die Ölfunde bei Norman Wells zu verwerten – ein Projekt der Amerikaner hat dabei Geschichte gemacht: das CANOL Project (CANOL für CANadian OIL). Von Norman Wells sollte eine Pipeline nach Whitehorse gebaut werden, um während des Krieges die Truppentransporte über den Alaska Highway mit Sprit versorgen zu können. Die Begleitstrasse wurde noch gebaut – dann machte das Kriegsende ein weiteres Investment der US-Militärs auf kanadischem Territorium überflüssig. Der alte Plan aber ist in veränderter Form wiedererstanden; nicht nur eine, sondern gleich mehrere Pipelines sollen das Mackenzie-Tal durchziehen: eine Rohrleitung, um das kanadische Öl aus dem Mackenzie-Delta abzutransportieren, eine andere, um das alaskische Prudhoe-Öl in den Süden zu schaffen, eine dritte, um das Erdgas von Aklavik zu den Verbrauchern in Südkanada zu bringen. Pläne gibt es auch auf dem Eisenbahnsektor: Die British Columbia Railway soll bis nach Whitehorse und Dawson City verlängert werden – nach der Uhuru-Eisenbahn in Tansania das vielleicht gigantischste Bahnprojekt der Gegenwart. Über diese Bahn soll die ganze Vielfalt von Mineralien und Erzen aus dem Yukon abtransportiert werden: Kupfer, Gold, Eisen, Zink, Blei, Silber, Asbest.

An der Ostküste von Baffin Land hebt sich das kristalline Grundgerüst des Kanadischen Schildes zu einem bis zu 2000 m hohen Küstengebirge empor, das von tiefeingreifenden Fjorden gegliedert und zum Grossteil auch vergletschert ist. Diese randliche Aufwerfung setzt sich bis nach Ellesmere Land fort, dessen Gletscher mächtige Ausmasse erreichen. Nur der schmale Robeson-Kanal trennt die nördlichste Insel des Archipels vom dänischen Grönland, ein seichter Sund, der bis auf wenige Tage im Jahr ständig zugefroren ist. Schon wenig nördlich der Station Alert auf Kap Sheridan beginnt das geschlossene Packeis. Parry und Cook, die angeblichen Bezwinger des Nordpols, haben von diesem Winkel der Arktis ihre Expeditionen gestartet. Ob sie die 770 km bis zum Pol wirklich geschafft haben, war lange Zeit hindurch Gegenstand eines Prozesses zwischen Parry und Cook und ist bis heute strittig. Wer die Aufzeichnungen Nansens gelesen hat, wird die Angaben der beiden Amerikaner nach wie vor bezweifeln [2].

Der District of Franklin, obwohl lebensfeindlich und bis auf einige Eskimosiedlungen auf den südlichen Inseln völlig unbewohnt, ist heute *das* Prospektionsgebiet Kanadas. Wie die Amerikaner in Alaska auf ungeheure Erdöl- und Erdgasreserven gestossen sind, so haben auch die Kanadier im Mackenzie-Delta, auf Victoria Island und den Queen Elizabeth Islands nördlich des Lancaster Sound Erdöl- und Erdgaslagerstätten entdeckt. Mächtige C-130-Herkules-Transportmaschinen, speziell konstruiert für kurze Start- und Landebahnen, versorgen von der Base Resolute auf Cornwallis Island aus alle Bohrmannschaften, die in der weissen Hölle dieses abgelegensten Gebietes der Erde ihre Bohrlöcher niederbringen, bei –60° C im Winter und bei +20° C im Sommer. Im Winter dürfen Dieselaggregate und andere Motoren nicht abgestellt werden, da sie bei derartigen Minustemperaturen nicht mehr in Gang gesetzt werden können; andererseits würden im kurzen arktischen Sommer Bohrplattformen und Baracken im wässrigen, aufgetauten Boden versinken. Nur durch das Aufschütten mächtiger Schotterfundamente, auf denen die Anlagen errichtet werden – vor allem im Mackenzie-Delta bei Inuvik – kann der Sommerbetrieb aufrechterhalten werden.

Hochfliegende Pläne bestehen: man erwägt den Bau einer Erdgas-Pipeline vom Sverdrup-Archipel über die Banks-Insel nach Norman Wells im Mackenzie-Tal und den Bau einer weiteren Rohrleitung über die Halbinsel Boothia Felix über die Hudson Bay in den Süden nach Ontario. Andere fantastische Projekte überraschen den Interessierten: z.B. der Bau einer Eisenbahnlinie vom Milne Inlet zu den Eisenerzlagerstätten von Mary River auf der Hochfläche des nördlichen Baffin-Landes. Es wäre die nördlichste Bahnlinie der Welt (sieht man von der Kohlenbahn auf Spitzbergen ab). Doch auch bei dieser Bahn ist der Bau eine Frage der Kosten und der Rentabilität: das Erz könnte nur wenige Wochen im Jahr abtransportiert werden und käme in der Gestehung unvorstellbar teuer.

Immer wieder ist es die unwirtliche Natur, die den Menschen in seine Schranken weist. Zwar erfährt er mit jedem Jahr mehr über den Reichtum seines Landes unter Schnee und Eis – aber als ungelöst erweist sich immer wieder die Frage des Abtransportes. Die kommerzielle Auswertung der berühmt gewordenen Fahrt des Tankers «Manhattan» durch die Nordwestpassage scheiterte letzten Endes an den ungeheuren Transport- und an den noch höheren Versicherungskosten. So bohrt und gräbt der Mensch zur Zeit zwar an allen Ecken und Enden der kanadischen Arktis nach Bodenschätzen, kartiert und notiert Lage und Ergiebigkeit – und wartet auf schlechtere Zeiten, wo nicht mehr die Rentabilität die Ausbeutung einer Mine bestimmt, sondern die Notwendigkeit: dann also, wenn die Ressourcen der Erde anderswo zu Ende gehen und der Mensch auf die «auf Eis gelegten» Rohstoffe zurückgreifen muss.

Anmerkungen
[1] Eine genaue Erklärung der Pingo-Entstehung würde den Rahmen dieses Buches sprengen; siehe jedoch Bildband «Arktis», Wien 1975, vom gleichen Autor.
[2] Siehe Bildband «Arktis», Wien 1975, a.a.O.